SCHÖPFUNG

Das Buch:

In den eigenartigen kohärenten Zuständen von „Wellenpaketen" gilt für die Quantenphysik die sogenannte „Unschärferelation": Es ist die Vereinigung unvereinbarer Gegensätze zu einer neuen höheren Einheit. Kohärente Zustände liegen dabei mitten zwischen „Teilchen und Wellenaspekt"[1]. Dieses Prinzip gilt auch für die Erschaffung des Universums: Schöpfung ist auch ein Prozesshaftes Gleichzeitiges und insofern zugleich Einheit und Trennung der Liebe als Liebe in der Ausschüttung der Urenergie einerseits und der manifestierten Gestaltung als ein zu Liebendes andererseits. Denn die Liebe in der Ausschüttung ist das „Chaos", das die Weisheit als Ordnung in sich enthält. Die Weisheit ist die im Chaos noch nicht erkennbare Ordnung und der Wille zur Gestaltung. Ohne Ausschüttung keine Ordnung, ohne Ordnung keine Schöpfung. Gott ist beides: Das ist jene „Unschärferelation" zwischen Teilchen und Welle – beide sind untrennbar Getrennte. Reine Wellenhaftigkeit gibt es ebenso wenig wie reine Teilchenhaftigkeit, denn beide sind in einander verflochten und rückgekoppelt, können aber einander nie völlig vernichten. *Das Buch soll den Leser anregen, über dieses für die Zukunft wichtige Thema nachzudenken. Fragen oder Anregungen sind erwünscht unter* **anonymos-telepathie@web.de**

Der Autor:

Prof. Dr. Werner Smigelski, geb. 1929 in Leipzig ist emeritierter Hochschulprofessor. Vor über 30 Jahren wandte er sich auf innere Eingebung der Mystik zu und lebt seitdem zurückgezogen in der Eifel. Er empfängt seitdem spirituelle Durchsagen und ist ein detaillierter Kenner der mystischen Überlieferungen aller Weltreligionen. Die zentrale Botschaft in seinen Werken ist eine Zusammenschau wichtiger spiritueller Texte zum Inneren Weg, die im Kern aller Überlieferungen offenbar werdende und im göttlichen Geheimnis selbst begründete wesentliche Einheit aller Religion. Die Erschließung dieser bisher eher fragmentarisch nebeneinander stehenden Überlieferungen für eine heute – im Zuge einer spirituellen „Globalisierung" – anstehende religiöse Neubesinnung ist das Anliegen seiner Schriften, die allen denen gewidmet sind, die einen tieferen Einblick in den großen Sinnzusammenhang der Menschheit als Teil des Universums suchen.

Vom gleichen Autor sind erschienen:

„Telepathie - Kommunikation der Zukunft", ISBN 3-8334-3158-X
„Der Traum des Jakob", ISBN 3-86548-488-3
(unter dem Pseudonym Anonymos)

„Wege zur Erleuchtung – zwischen Selbsterkenntnis und Verblendung",
ISBN 978-3-8334-6984-8

„Inkarnation", ISBN 978-3-8334-8509-1

---

[1] Werner von Heisenberg Physik: „Reine „Wellenhaftigkeit" gibt es in Wirklichkeit ebenso wenig wie reine „Teilchenhaftigkeit". Beide sind ineinander verflochten und rückgekoppelt, können aber einander nie völlig vernichten."

SCHÖPFUNG

UNSCHÄRFERELATION VON GEIST UND MATERIE
VERHÜLLUNG UND OFFENBARUNG

Werner Smigelski
(Durchsagen von ANONYMOS)

1. Auflage 2008 © Dr. Werner Smigelski

Alle Rechte liegen beim Autor
Herstellung und Verlag: Books on Demand GmbH, Norderstedt

ISBN 978-3-8370-4821-6

Buchgestaltung:
tastdesign, Düsseldorf, www.tastdesign.de
Umschlagbild: Erschaffung des Kosmos, aus Martin Luthers „Biblia" (veröffentlicht
von Hans Lufft)

Bibliografische Information Der Deutschen Bibliothek:
Die Deutsche Bibliothek verzeichnet diese Publikation in der Deutschen
Nationalenbibliografie; detaillierte bibliografische Daten sind im Internet
über <http://dnb.ddb.de> abrufbar.

INHALT

VORWORT

In dieser Schrift geht es darum, die beiden korrespondierenden Aspekte „Geist und Materie" als einander bedingende zu erkennen. Es ist die Verbindung von Energien und Gedanken, denen gleiche Strukturmuster zugrunde liegen. Energien enthüllen in der Manifestation den Sinn der in ihnen wirkenden Ideen , wobei der göttliche Plan Gestalt annimmt. Darin sind Gottes Absichten und Pläne festgelegt und sind in den Gestaltungen die Selbstoffenbarung Gottes, die aus den Formen wieder enträtselt werden muss. Denn die Form für sich allein ist eine Illusion, sie bildet lediglich ab und verhüllt gleichzeitig. Der Sinn ist die Enthüllung des Geheimnisses der Gedankenwelt Gottes über die Transparenz der Formen. Dabei ist für die Auflösung dieses Geheimnisses allein die Liebe die Führerin.

Aus der unendlichen Fülle des anfänglich erscheinenden Chaos der sich sichtbar machenden Ideen entstehen durch die Liebe sichtbare Formen, das mit der Ausgießung des Lichts beginnende Universum: Es werde Licht! Das Licht als Urenergie manifestiert sich als erste sichtbare Form in Rhythmen, Zyklen, Perioden, d.h. in einer dem Licht innewohnenden Gesetzlichkeit, die als erstes Prinzip der Ordnung gilt und sich darum auch in allen gestalteten Geschöpfen wiederfinden lässt. Beim Ausfluss der Ideen im Licht ist anfänglich darum weder Chaos noch Symmetrie, sondern nur die Vollkommenheit der göttlichen Ideen, die eben weder chaotisch noch gesetzlich geordnet sind, sondern eine Einheit bilden, die sich im permanenten Hervortreten in die sichtbare Schöpfung in unendliche Vielheit verströmt, die sofort zur Gestalthaftigkeit drängt. Dabei ist weder die Vielheit Chaos, noch die Gestalthaftigkeit bereits Ordnung. Denn es ist im Austreten als Idee die Vollkommenheit noch enthalten, die nun in ihrer Umsetzung als Schöpfung sichtbar wird und sich in unendlichen Partikeln als Stoff gewordene Ideen wieder zu Gestalten sammelt, um sich so in den vollkommenen Ideen Gottes in der Schöpfung sichtbar zu machen. Das vollbringt allein die LIEBE. Dieser Prozess ist ein gleichzeitig ewiger und erscheint nur als anfängliches Chaos und endgestaltete Entropie. Dabei ist er die permanente Sichtbarmachung Gottes und seiner sichtbaren Vollkommenheit.

GOTT
Monade[2] der „Trinität" als Einheit von „Vater, Sohn und hl. Geist"

VATER (Schöpfer)
Schöpferwille
SOHN (Schöpfung)
Gestaltungswille aus LIEBE
LIEBE Initiiert als Impuls den zeugenden Schöpferwillen
zur Gestaltwerdung der Ideen,
HL. GEIST
URENERGIE
ALS DURCHDRINGUNG VON VATER UND SOHN
Urkraft ist Schöpferwille, Gestaltungswille (Liebe), Ideenwille (Geist)
als eine Einheit: HL. GEIST

LIEBE und WILLE erzeugen wie „VATER und MUTTER" im Universum die SEELE, die das Universum als darin ewig waltendes Leben durchläuft. ALLSEELE und ALLGEIST sind als Urenergie im Universum das LEBEN. Es ist jene vereinte Polarität[3] von „GEIST und MATERIE", jene zwei spiegelbildlichen Seiten des Universums, das die URENERGIE als „SUBSTANZ und FORM" im ÄTHER durchflutet.

---

[2] Monade ist das Allumfassende einer Einheit.
[3] G.Spencer Brown „Die Welt muss sich zunächst selbst zerteilen, und zwar in einen Zustand, der sieht, und in einen, der gesehen wird. Durch uns ist sich das Universum seiner selbst bewusst. Im Menschen teilt sich das Universum selbst in Subjekt und Objekt."

DIE SCHÖPFUNG ALS BESEELTE GESTALT

Das Universum

Gott als Schöpfer ist WILLE, LIEBE und GEIST, die in einer permanenten Emanation als LICHT aus dem göttlichen Zentrum herausfließen. Dieses Licht ist die URENERGIE als Einheit von Schöpferwille, Allseele und Allgeist. Die ganze Schöpfung ist Energie, die sich in hierarchisch gegliederten Stufen unterschiedlicher Frequenzbereiche darstellt. Die Gesamtheit des Universums besteht aus Energien und ist durch das Licht in ihrer unendlichen Vielfalt als eine sich gemeinsam entfaltende Einheit verbunden. Über diese Lichtenergien fließen die Ideen als das organisierende Prinzip ein und die Frequenzen bestimmen die unterschiedlichen Strukturen.

„Eine Materie an sich gibt es dabei nicht! Denn alle Materie entsteht und besteht nur durch den Geist. Dieser Geist ist der Urgrund aller Materie, wobei nicht die sichtbare und vergängliche Materie das wahre Reale ist, sondern der unsichtbare und unsterbliche Geist dahinter: GOTT."

(Max Planck)

Träger und das alles Belebende dieser unendlichen göttlichen Ideen ist die Allseele (Liebe), und der Gestalter im Universum ist der Allgeist, der in sich selbst zwar keine Form hat, aber dennoch das Prinzip ist, das alle Formen schafft. Der Geist ist demnach gleich dem Licht, das in sich zwar ewig Licht bleibt, aber so lange nicht in Erscheinung treten kann, als es keine substantielle Gestaltung gibt, die es erleuchtet. Insofern ist der Geist der Urgrund alles Geschaffenen und das Licht die vom Willen und der Liebe des Schöpfers beseelte, lebendig wirkende Kraft.

Diese göttliche Liebe als das Schöpferische schlechthin, als unermessliche Kraft eines gestaltenden Willens bedarf einer „Gegenkraft", um in Erscheinung zu treten. Die erste Erscheinlichkeit Gottes ist das ausströmende Licht, das als Erstes sich aus Gott ergießt und so als erste Emanation Gottes zu verstehen ist. Das Licht findet in allen substantiellen Gestaltungen der Schöpfung die Möglichkeit einer Sichtbarwerdung, wobei in der Ausgießung des Lichts zugleich auch alle gedanklichen Keime als gestaltgebende Ideen der gesamten Schöpfung enthalten sind. Es ist die Verbindung von Allseele und Allgeist, die gemeinsam Reingeistiges in der Schöpfung in manifester Sichtbarlichkeit ermöglicht; denn das Licht als „Erst-Geschaffenes" ist beides: Substanz und Geistiges – wie „Welle und Teilchen". Das gilt auch für die Verbundenheit von Gedanken und Energie, die sich gegenseitig Bedingende[4] sind, weil jeder Gedanke als ein Geistiges sich in wahrnehmbarer Gestalt verwirklichen will. Denn was wir als Geist bezeichnen besteht aus Objekten, die mit den Objekten submikroskopischer Materie verwandt sind und Regeln unterliegen, die denen der Quantenmechanik ähneln. Nach David Bohm besteht auch in der Welt der Gedanken eine Wechselwirkung zwischen Geist und Quant, denn *„Geistige Phänomene wie Gedanken scheinen auch Komplementarität aufzuweisen. Denn Gedanken existieren als Manifestationen wie transzendente Archetypen, ähnlich wie Quantenobjekte mit ihrer transzendenten Überlagerung (Welle) und ihren manifesten Aspekten (Teilchen)."*

Gott als Urquelle der Liebe durchflutet als Seele ständig die Schöpfung in allen ihren Manifestationen. Gott ist Wille in sich, und das ist Kraft, Weg und Ziel in einem. Der Plan ist im Weg enthalten als bewusste Gestaltwerdung einer unendlichen Hierarchie, wobei es sich um abgestufte Kraftstationen (Dimensionen) handelt, die transparent sein müssen, um die Urenergie als Kraft durchzulassen. Die Liebe ist selbst dieser Energiestrom und die Gestalten in den unterschiedlichen Dimensionen sind die Transformatoren. Denn alles ist

---

[4] Goswami S.214 Es ist klar, dass die Daten, die zwischen Geist und Quant Parallelen wie Unschärfe, Komplementarität, Quantensprünge, Nichtlokalität aufweisen

von der Allseele mit Leben durchdrungen, weil die Seele der „Gottes-funke" ist, der von Anfang an als Leben in der gesamten Schöpfung ist. Das ist die „Fleischwerdung des Geistes" im unendlichen Prozess der Verwirklichung Gottes in der Schöpfung; denn der ganze Schöp-fungsprozess ist ein Prozess von Involutionen des Geistes ins Fleisch: „Und das Wort ward Fleisch ..." Das ist die Idee von der Schöpfung, die aus dem Geist Gottes sichtbar in der Schöpfung herausgestellt wurde. Die Bedeutung: das „Wort" bezieht sich auf die Idee, nicht auf ihre Ver-wirklichung. Christus kam als Mensch Jesus und zugleich auch als „Idee" des Geistes, um die geschaffene Welt wieder in die ursprüngli-che Idee zurückzuführen. Darum: „Das Licht kam in die Finsternis, und diese hat es nicht begriffen". Der Geist als „Wort" kam in die Materie und wurde von ihr nicht angenommen. Der Geist konnte jedoch nur über einen Menschen in die Materie kommen. Insofern ist Jesus Chris-tus das „Wort", aber auch der Geschaffene, der in der Materie zur Erlö-sung der Materie lebte und starb.

Die Schöpfung als Hierarchie unterschiedlicher Energiebereiche
Nach Dionysius Areopagita

Dionysius Areopagita beschreibt als erster dieses Prinzip der in sich kreisenden Schöpfung, in deren Bewegung sich das Licht zur Materie verdichtet, um sich wieder zum Licht der Ideen aufzulösen, so wie es im „Traum von der Jakobsleiter"[5] veranschaulicht ist. Areopagita beschreibt diese Schöpfungsbewegung als eine Hierarchie, die aus unendlich vielen unterschiedlichen Bewusstseinsdimensionen besteht. Es ist die beseelte Gestalt der Schöpfung die sich vom imma-teriellen göttlichen Zentrum ausgehend bis hin zur materiellen „Peri-pherie" des Kosmos erstreckt, der für uns die einzig wahrnehmbare Dimension ist. In einem ewigen Kreislauf durchläuft die Liebe alle Manifestationen der Schöpfung, wobei die „Himmlische Hierarchie"

---

[5] Genesis 28,12 ff.: Jakob sah Engel daran auf- und niedersteigen – Abstieg und Wiederauf-stieg des Geistes im Universum.

selbst dieser permanente Ausfluss der Liebe aus dem Zentrum Gottes ist. Es ist die ureigenste Bewegung der Liebe, die zugleich im Abstieg des Geistes alle Gestalten der Schöpfung für sich als unabdingbares Liebesobjekt erschafft. Um diesen ewigen Kreislauf zu vollenden, erfahren alle Manifestationen wieder eine Auflösung und Transparenz in einem rückführenden Wiederaufstieg des Geistes aus der Materie ins Zentrum. Das bedeutet, dass das, was zur Materie verdichtet wurde, sich in einem Bewusstseinsaufstieg wieder zum Licht der Ideen hin auflösen muss. Albertus Magnus hat im Prolog zur „Himmlischen Hierarchie" des Dionysios Areopagita diesen Grundgedanken mit folgenden Worten umrissen: „An den Ort, von dem die Flüsse ausgehen, kehren sie zurück, um wiederum auszufließen." Gott ist der Ort, von dem alles Seiende ausgeht: alles, was ist, hat Gott erschaffen, um ihm Anteil am göttlichen Sein zu geben und es dadurch in alle Ewigkeit wieder zu sich zurückzuführen. Das ist die URENERGIE, die sich in die Hierarchie verströmt und wieder ins Zentrum zurückstrebt.

Und das erfolgt durch eine Rückspiegelung der spirituellen Hierarchie in der untersten Bewusstseinsdimension, dem materiellen Kosmos, an dessen Schnittpunkt der Mensch als „Ebenbild" Gottes steht, um die Liebe wieder zurückzuspiegeln. Es ist die Rückspiegelung alles dessen, was im Ausfluss von der Liebe erschaffen wurde, um der Liebe Gottes die Möglichkeit zu geben, sich von seinen Geschöpfen wieder lieben zu lassen. Insofern ist der materielle Kosmos als Spiegelbild Gottes in der Tat das eigentliche Ziel der Liebe und zugleich die größte Anforderung und Erprobung der Liebe, und zwar in der Zurückführung der in den Gestalten gefangenen Liebe über eine zunehmende Transparenz der Materie. Und das geht nur über den Menschen, der das einzige Geschöpf ist, das beiden „Bereichen" der Schöpfung angehört, nämlich Materie und Geist, und darum bewusst Gott als seinen Schöpfer erkennen und lieben kann.

Nach Dionysios Areopagita ist das Wesen der Hierarchie eine heilige Rangordnung, die aus drei von einander getrennten „Reichen" besteht, die sich in einer Stufenordnung in unzählige höhere, mittlere und niederste „Engelgesellschaften" und „Geistwesen" aufgliedern lässt. In der Darstellung dieser heiligen Ordnung beschreibt Dionysios die drei Energiebereiche, ihr Verhältnis zueinander und ihr Wirken, *das auf Grund eingegossener Erleuchtung das göttliche Wirken nachzubilden sucht.* Alle diese Wirk-Energien haben drei fundamentale Aufgaben: zu reinigen, zu erleuchten und zu vollenden. Reinigung bedeutet, Befreiung von allem was Gott unähnlich ist und die Wiedervereinigung mit ihm verhindert. Erleuchtung ist die Erfüllung mit göttlichem Licht und Vollendung ist Befreiung von Unvollkommenheit. Das sind die fundamentalen Auswirkungen der alldurchdringenden Urenergie.

Aus der immateriellen Einheit des göttlichen Zentrums ergießt sich das Licht als ein Gemeinsames von Allseele und Allgeist in die Vielheit unendlicher Gestalten der Schöpfung, deren „Substanz" vom Feinstofflichen bis hin zum Grobstofflichen im materiellen Kosmos reicht. Im Ausfluss wird das Licht zugleich in „Urenergie und Urstoff" (Welle und Teilchen)gespalten und ist jetzt kein rein Geistiges mehr, sondern hat Ähnlichkeit mit der Äther- Substanz der Seele, sodass zwischen „Materie als Träger der Gestaltungen" und der wirkenden Energie zwar ewig ein Unterschied bestehen bleibt, beide jedoch eine untrennbare Einheit bilden. Das ist die „Erschaffung einer scheinbaren Dualität", zugleich aber jene unteilbare immanente Spannung, jene „Unschärferelation", die das Leben selbst ist. *„Denn Substanz ist ein seelisches Spezifikum und tritt in der stofflichen Materieform nur als Kraft oder Lebensäußerung in Erscheinung. So ist zwar in jeder Materie irgendeine substanzielle Seelenkraft vorhanden, die Materie selbst ist aber nichts anderes als ein Gerichtetes, ein aus sich selbst verhärtetes Geistiges."*[6] Und doch gilt auch für den Kosmos als die für uns einzig vorstellbare materielle Dimension, dass auch der Kosmos allein durch die Urenergie des Lichts belebt wird.

---

[6] Jakob Lorber

Diese Urenergie als göttlicher Wille und Allgeist erschafft in einer Stufenfolge die Schöpfung, bestimmt darin ihre Gestaltungen und Wirkungen je nach den Bedingungen der Dimensionen, wobei die Grundimpulse der Urenergie immer die gleichen bleiben: LIEBE als göttlicher Zeugungswille und die LIEBE als göttlicher Gestaltungswille. Es sind die in der Urenergie integrierten Energien von „Wille, Liebe und Geist", welche die alles umfassende Grundlage für die Schöpfungen der Gottheit darstellen. Die Urenergie als Schöpferwille ist Gott selbst als Quelle des Universums, der Gestaltgebungswille ist die Liebesenergie und der Heilige Geist ist der Ideengeber im Willen Gottes, der die Gestalten ursächlich bestimmt, wobei die Herausstellung aller Manifestationen durch die Liebe erfolgt. So sind drei Energien in der Urenergie verbunden: der Wille als Schöpfungskraft schlechthin, daneben die gestaltgebende Energie der Liebe als Sichtbarmachung und der Heilige Geist als Strukturierung aller zugrunde liegenden Ideen, jener Allgeist in der Urenergie, der in alle Manifestationen einfließt und ständig vorhanden ist.

Das ist die „Trinität" des **Einen Gottes** in drei Bereichen. Denn Gott als Urquelle der LIEBE durchflutet die Schöpfung in allen ihren Manifestationen über die URENERGIE als das göttliche Schöpferische schlechthin, dessen erste Erscheinlichkeit das LICHT ist. „Es werde Licht"! Aus der immateriellen EINHEIT des göttlichen Zentrums ergießt sich das LICHT als ein Gemeinsames von ALLSEELE und ALLGEIST in die VIELHEIT unendlicher Gestalten der SCHÖPFUNG. Die Urenergie ist die Ursache für das Universum als gestaltete Monade, wobei Liebe, Wille und Geist in der Urenergie vereint sind. Sie gehören im Zentrum zusammen als latente Urkraft, die zur Gestaltung drängt.

DIE GLIEDERUNG DER HIMMLISCHEN HIERARCHIE IN DREI TRIADEN

Erster Bereich:
Das göttliche Zentrum der Hierarchie

Um ein immaterielles geistiges Zentrum befindet sich der höchste Bereich der spirituellen Hierarchie, *in dem die lauterste Liebe in rein geistiger, unwandelbarer Bewegung um Gott kreist, und wo es für sie keine Veränderung oder Eintrübung gibt. Es sind die Seraphim[7] als „Entzünder oder Erwärmer" und als der Ausdruck für die flammende Glut der Gottesliebe, die diese Liebesglut in allen untergeordneten Dimensionen entzünden sollen, und es sind die Cherubim, die „Erfasser" des göttlichen Lichtes und somit die „erleuchtete Weisheit", um sie als erfüllende Wahrheit bis hin zu den Menschen mitzuteilen. Es ist das göttliche Liebesfeuer im Zentrum, denn das Göttliche im Himmel ist die Liebe, weil die Liebe immer auch eine geistige Verbindung aller Wesen mit dem Herrn herstellt. Im Zentrum sind daher diese obersten Aspekte ranggleich mit Gottes Leben.[8] Es sind die höchsten Energieschwingungen der göttlichen Liebesglut als der erste um Gott gebildete Kreis.*

So wird das Zentrum als erste Triade unmittelbar vom Urgrund erleuchtet und durchstrahlt. Es wird durch kein Sinken nach unten

---

[7] Dionysios Areopagita / Himmlische Hierarchie: „Höchste Geister sind Seraphim und Cherubim".

[8] In der ersten Triade sind alle Kräfte immerdar um Gott versammelt und ununterbrochen mit ihm vereint. Keine andere Ordnung ist Gott näher und keine ist den direkten Ausstrahlungen der Urgottheit stärker ausgesetzt als diese. Es ist die höchste Konzentration einer unvorstellbaren Urenergie. – Diese trifft auf die Seraphim und Cherubim unmittelbar und wird auf sie übergeleitet. Sie sind die „Glutentfacher und Ergießer der Weisheit" im immerwährenden Umkreisen Gottes, um die Energien im Entzünden weiterzuleiten und sie zu ähnlich wirksamer Glut im Universum anzufachen, alles zu reinigen und über die höchste Erleuchtung wieder zu Gott emporzuführen. „Und der Geist Gottes schwebte über den Wassern."

getrübt, sondern bleibt vom Urlicht erfüllt und durch Teilnahme an der göttlichen Weisheit darin umfangen und stellt auch im Ergießen aus der Quelle noch immer eine Einheit mit Gott dar, die noch keine Vielheit kennt und alles in Einem enthält. Es ist das intensivste Mitwirken und engste Beisammensein mit Gott. Denn Gott selbst ist diese Einheit und Allheit in drei Hypostasen[9] und erstreckt seine Liebe und Weisheit über die gesamte Schöpfung. Von ihm herab bis zu den äußersten Bereichen wiederholt sich diese Trinität in allem als Ursprung aller Ursprünge und Urgrund aller Geschöpfe.

Im Zentrum reinster Geistigkeit richtet sich alles nur nach der unwandelbaren göttlichen Liebe, und die Erleuchtung durch das göttliche Licht ist „Speise und Beseligung". Swedenborg spricht in diesem Zusammenhang vom „Liebeshimmel und Weisheitshimmel". *Die Liebe und die Wahrheit sind die beiden höchsten Prinzipien, die direkt aus dem Willen Gottes herausfließen; denn das GUTE gehört dem Willen an, aus dem die Tat wird, während das WAHRE dem Geist angehört. Daraus leiten sich zwei Arten von Liebe ab: Die Liebe zum Herrn und die Liebe zum Nächsten.*[10]

Im innersten Bereich der Hierarchie herrscht nur die „Liebe zum Herrn", in den weiteren Bereichen der Hierarchie ist es daneben auch die „Liebe zum Nächsten". Im Himmel versteht man unter „den Herrn lieben" nicht, ihn als Person zu lieben, sondern das Gute, das aus ihm stammt zu lieben und es aus Liebe zu wollen und zu tun. Unter den „Nächsten lieben" versteht man auch nicht, den Gefährten als Person zu lieben, sondern das Wahre zu lieben, und das Wahre wollen und tun. Gemeint ist Joh. 15, 10.12: „Wenn ihr Meine Gebote haltet, so werdet ihr in meiner Liebe bleiben."

Dieser innerste Bereich ist nicht vorstellbar, weil er den Menschen verschlossen ist. Der sinnlich wahrnehmende Mensch kann darum über das

---

[9] Hypostasen: Trinität von Gott Vater – Gott Sohn – Gott Hl. Geist
[10] Swedenborg

Göttliche nur aus der Sicht der Welt denken, und sich darum das Göttliche nur analog in körperlicher Gestaltung vorstellen.[11] Diese Bilder, die der Sinnenwelt des menschlichen Verstehens entnommen sind, müssen nach dem Grundgesetz verstanden werden, dass alles Sinnenfällige immer auch ein rein Geistiges beinhaltet. Es ist das Gesetz der Analogie, wonach alle irdischen Vorstellungen über sich selbst hinaus ins Überirdische deuten. – So weist die irdische Hierarchie der Kirche auf die himmlische hin, die sie nachbildet und mit der sie zugleich eine Einheit der Ordnung und des Wirkens bildet. Nur in Offenbarungen wird den Menschen dieser Zusammenhang eröffnet.

Zweiter Bereich:
die mittlere Triade der Hierarchie – Prinzipien

Die Ausgießung des „Heiligen Geistes" als Urenergie im Fluss der Schöpfungsentstehung bedingt zwangsläufig eine permanente Gestaltung in den Manifestationen. Diese entstehen spontan und sind bereits als Ideen im Ausfluss latent enthalten. Sie werden dabei nach der Ausgießung je nach Entwicklungsstand aus ihrer Latenz in die Erscheinbarkeit entlassen. Im Zentrum gibt es noch keine Gestaltung, und darum können die latenten Strukturprinzipien aller Manifestationen erst mit der Gestaltung im zweiten Bereich der Hierarchie als Erscheinbarkeiten je nach Notwendigkeit entstehen. Es entstehen zuerst „Gestaltprinzipien", indem sich aus der Urenergie unterschiedliche Energiestränge differenzieren und sich einem bestimmten Strukturprinzip unterordnen, das wiederum die Wirksamkeit dieser Energien umwandelt. Diese Energien erlangen dadurch bereits eine gewisse Selbstständigkeit, wodurch sie sich zu unterscheiden beginnen, verbleiben aber nach wie vor durch das dreifache Grundprinzip der Urenergie integriert. Nur in ihren Wirkungen sind sie unterschiedlich. Jede weitere Energie-Differenzierung entspricht immer der Position in der Hierarchie, muss aber immer von der Ganzheit her gesehen

---

[11] Swedenborg / Himmel und Hölle

werden, aus der sich weitere Differenzierungen von Energien heraus-
entwickeln.

So wie die elektrische Energie im Stromnetz verborgen bleibt, es
sei denn sie bringe eine Lampe zum Erleuchten, so ist es auch mit
der unermesslichen Urenergie im immateriellen göttlichen Zentrum,
die auch nur im Ausfließen in die Hierarchie zur Erscheinlichkeit
gelangt und damit zugleich ihre Wirkungskräfte offenbart. Und dieser Prozess beginnt in der zweiten mittleren Triade der Hierarchie. Es
ist in den himmlischen Bereichen ein Prozess unendlich differenzierter und weitverzweigter Gestaltungen der Liebe. Diese gehen als
Energieströme aus den geistigen Lebenssphären eines jeden Wesens
hervor und bilden einen Zustand, an dem man das Wesen und die
Beschaffenheit ihrer Neigungen erkennen kann. Die zweite Triade
der Hierarchie ist der Beginn von Wechselwirkungen zwischen Energien und von deren gestaltbildendem Einfluss auf die Bedeutungen
aller Wesen und Erscheinungen. Es entstehen erste „Gruppierungen
von Ideen als Engelgesellschaften" in den unterschiedlichen Dimensionen dieser Triade.

In der zweiten Triade „kondensieren" quasi Energien erstmals zu
bestimmenden Wirk- Kräften, die immer mit der Vorstellung gestalthafter Geschöpflichkeiten verbunden sind, an denen man Kraft,
Wesen und Wirken unterscheiden kann, was vorerst für diesen zweiten Bereich analog, also immer sinnbildlich, verstanden werden muss.
Es handelt sich um Prinzipien, die quasi Differenzierungen, Derivate
und Abspaltungen von Energien aus der Urenergie darstellen. Nur so
muss man auch die Bezeichnungen verstehen, wenn Areopagita im
zweiten mittleren Bereich von „Engelgesellschaften" spricht, die
bestimmte Prinzipien als Kräfte repräsentieren. Er unterscheidet
„Herrschaften",„Mächte" und „Gewalten":

*„Herrschaften bedeutet einen in jedem Sinn herrlichen unbezwingbaren
Aufschwung nach oben, ein Herrschertum, das gänzlich dem wahrhaft
Seienden verhaftet bleibt."*

„Heilige Mächte bezeichnet eine gewisse tugendhafte Mannhaftigkeit und einen vorbildhaften Mut."
„Heilige Gewalten besagt eine unzerstörbare Harmonie bei der Aufnahme des Göttlichen und gütige Hilfe für alle tieferstehenden Wesenheiten."
(Dionysios)

Jede dieser Gesellschaften bildet als Einheit eine sie repräsentierende „Engelsgestalt" – wie Michael, Gabriel oder Raphael – deren Benennung etwas über ihre wesensmäßigen Funktionen und über die Maßgabe eines göttlichen Prinzips aussagt. Diese mittlere Ordnung der himmlischen Gesellschaften ist durch den Besitz gottähnlicher Eigenschaften gekennzeichnet – wie Reinheit, Erleuchtung oder Vollkommenheit – die aus dem ersten Bereich vermittelt werden und so als Offenbarungen dem zweiten Grad zugeführt werden. Diese Einstrahlungen unterliegen dem Gesetz der Teilhabe am göttlichen Prinzip: Jegliche Teilhabe an Gottes Natur und Leben muss durch Vermittlung der Glieder der höheren Ordnung an die nächste tiefere Ordnung erfolgen, wobei sich die Energieeinstrahlungen beim Vordringen in tiefere Ordnungen immer mehr auffächern, aber dafür in ihrer Strahlkraft allmählich schwächer und dunkler werden.

Die unzähligen „Engelgesellschaften" gestalten sich aus Wesen, die im gleichen „Guten" sind, wodurch auch die geistigen „Entfernungen" zwischen den jeweiligen Gesellschaften bestimmt werden, denn „Abstände" zwischen den geistigen Welten sind nicht lokaler Art, sondern bestehen ihrem Ursprung nach in den Verschiedenheiten der inneren geistigen Zustände. Die Lebens-Sphäre der verschiedenen „Gesellschaften" ist die jeweilige Sphäre ihrer Neigungen, und diese sind jeweils allen Wesen einer Gesellschaft gemeinsam. [12]

---

[12] Dabei ist jede einzelne Gesellschaft eine Art „kleiner Himmel". Infolgedessen erscheint eine ganze Gesellschaft als eine Einheit in Engelgestalt, die benannt wird nach Erzengeln wie Michael, Gabriel oder Raphael – sie alle werden nach ihren Funktionen benannt und sind Prinzipien. (Swedenborg)

„Die Sphären fließen aus dem Leben der Neigungen und dem daraus entspringenden Denken hervor. Wer in der Liebe zum Herrn oder Nächsten steht, wendet sich ständig dem Herrn zu – umgekehrt aber, wer in der Liebe zu sich befangen ist, kehrt sich automatisch beständig vom Herrn ab. Dadurch erfolgt eine ständige Veränderung der „seelischen Substanz" in den Gesellschaften; denn im Himmel verhalten sich die „Räume" gemäß den Zuständen ihres Inneren und ebenso die „Bereiche", die nicht festgelegt sind wie im Kosmos, sondern immer der Richtung ihrer inneren Tendenz entsprechen, wobei es aber nicht die Engel sind, die sich dem Herrn zuwenden, sondern der Herr wendet sich denjenigen zu, die das lieben, was von ihm einfließt, denn die Liebe nimmt alles auf, was mit ihr übereinstimmt. Diejenigen, die an sich selbst verhaftet sind, verlieren die Fähigkeit, die himmlische Liebe aufzunehmen und beginnen sie zu verweigern. Auch „Engel" entscheiden bereits darüber, in welchem Bereich sie sich befinden. Es ist immer eine Frage der Aufgeschlossenheit und Empfangsbereitschaft der Liebe gegenüber, was zugleich bedeutet, die Wahrheit in den Willen zu übernehmen." [13]

Die sieben (Ur)Geister Gottes nach Lorber und die sieben Strahlen nach Bailey

Nach wie vor sind die „Engelgesellschaften" im zweiten Bereich reine Geister, was Körperlosigkeit bedeutet. Für menschliche Vorstellungen sind eher abstrakte Prinzipien, die man vielleicht als Wirkkräfte beschreiben könnte.[14] Ähnlich wie Dionysios und Swedenborg unterscheiden auch Jakob Lorber „Sieben Geister Gottes" und Alice Bailey

---

[13] Swedenborg

[14] Swedenborg: *Der sinnliche Mensch kann das Göttliche nur aus der Sicht der Welt heraus denken – wer aber nur aus der Natur und dem Licht heraus denkt, kann nur in den begrenzten räumlichen Vorstellungen denken – Im Himmel ist Raum und Zeit nicht begrenzt. „Und von den sieben Geistern" (Offenb. 1,4) bedeutet das Göttliche im Himmel, das vom Herrn ausgeht, weil der Geist Gottes das ausgehende Göttliche oder das göttlich Wahre vereinigt mit dem göttlich Guten im Himmel ist. Hieraus wird klar, dass unter den „sieben Geistern" das göttliche Dasein im Himmel verstanden wird.*

die göttlichen Energien in ihrer Schrift „Sieben Strahlen" *als „Verkörperungen von sieben Typen von Kräften", welche die sieben Qualitäten der Gottheit dokumentieren. Die sieben Qualitäten wirken sich in allen Gestaltungen und Formen aus, die sich im ganzen Universum finden. Die sieben Strahlen sind die sieben Kraftströme, die von der Urenergie ausgingen, nachdem dieser Wirbel von Energien in Bewegung kam."*[15]

Die sieben „Strahlen" oder „Urgeister"[16] sind Prinzipien von Energie-Typen und Kräften, welche die sieben Qualitäten der Gottheit dokumentieren. Die sieben Qualitäten wirken sich in der geschaffenen Welt in allen Formen aus, und treten miteinander im ganzen Universum in Beziehung. Es sind die sieben Kraftströme, die von der Urenergie ausgehen, nachdem dieser „Wirbel von Energien" in Bewegung kam. Geist und Materie gerieten in einen gegenseitigen Kraftaustausch, und so begann sich das Universum zu bilden, ein Prozess, der schließlich im Kosmos zu dem für uns realen wahrnehmbaren Sein führte.

In den Darstellungen der zweiten, mittleren Triade der Hierarchie handelt es sich generell um die Erschaffung eines spirituellen Universums, wobei Lorber in dieser hierarchischen Ebene unter den „urgeschaffenen großen Geistern" die Gedanken Gottes als aus ihm hervorgehende Ideen versteht. Lorber unterstreicht in seiner Auflistung dabei die jeweilige Bedeutsamkeit der sieben Urgeister als Prinzipien.

---

[15] Diese Idee ist uralt und wahr. Wir finden die sieben Äonen oder die sieben Emanationen (göttliche Kraftströme) und das Leben und Wesen der sieben „Geister vor dem Throne Gottes" in den Schriften Platos und aller Eingeweihten wieder, die in alten Zeiten die fundamentalen Erkenntnisse festgelegt und die menschliche Denkweise durch die Zeitalter hindurch beeinflusst und gelenkt haben.

[16] *„Man muss bedenken, dass jeder Strahl eine Idee verkörpert, die als ein „Ideal" wahrgenommen werden kann. Die Strahlen rufen im Wandel der Zeiten jene Archetypen (Urbilder) hervor, welche die Erscheinungsformen auf dem Planeten modellieren und die Wirksamkeit der Evolution von innen heraus gewährleisten. Die dem Menschen angeborene Tendenz, Archetypen zu bilden, hat die moderne Psychologie bereits richtig erkannt. Es ist längst eine bekannte Tatsache, dass sich die gleichen Gesetze im Mikrokosmos wie im Makrokosmos auswirken. Jeder Strahl ruft drei energetische Vorbilder hervor, die dem Aspekt der Materie wie eine Schablone aufgedrückt werden, ob es sich nun um einen Menschen, eine Nation oder einen Planeten handeln mag. "* Bailey: „Die sieben Strahlen"

Bailey verbindet dagegen mehr die sieben Energiestrahlen mit Vorstellungen ihrer Wirkungen. Allerdings benennt auch sie diese Energien mit ähnlichen Begriffen wie Dionysios als „Herren", „Mächte" oder „Herrschaften", wohl um damit die Intentionen und Wirkungen dieser Energien zu unterstreichen. Es ist der Versuch, „himmlische Kräfte"[17] zu veranschaulichen, so wie man in alten Schriften von „Engeln" spricht. Wichtig ist dabei nur, dass es sich dabei um eine erste Differenzierung der Urenergie in Wirkkräfte handelt.

Wenn man das Prinzip von den sieben Urkräften übernehmen will, so sind die ersten drei Energien noch im Ausfluss der Urenergie vereint: Wille – Liebe – Geist. Erst für die zweite Triade driften diese Energien mehr und mehr als unterschiedliche Wirkkräfte auseinander, um sich als Strukturprinzipien in allen Gestaltungen zu entfalten. Lorber[18] geht in seiner Aufzählung von der Liebe aus, gefolgt von der Weisheit und dem Willen Gottes.

1. Gott ist die Liebe – Diese lässt sich in allen geschaffenen Dingen finden; denn ohne sie wäre kein Ding möglich.
2. Aus der Liebe geht die Weisheit als das Licht hervor. Auch diese kann man in jedem Wesen an seiner Form erkennen.
3. Das Dritte was aus der Liebe und Weisheit hervorgeht ist der Schöpfungswille Gottes – durch ihn bekommen die gedachten Wesen erst eine Realität, so dass sie dann wirklich sind und da sind.

Bailey lässt ihre Aufzählung der sieben Energien (Strahlen) mit dem Willen beginnen, gefolgt von der Liebe und dem Geist. Die Reihenfolge spielt dabei keine Rolle, weil alle drei Kräfte in der Urenergie vereint sind und gleichzeitig zur Wirkung kommen.

---

[17] Heisenberg spricht in diesem Zusammenhang von „Potentia" als einen Bereich außerhalb von Raum und Zeit, einem transzendenten Wirklichkeitsbereich, den „Quantenraum". Quantenwellen sind darin wie die Platonischen Archetypen, die im transzendenten Bereich des Bewusstseins existieren etc.
[18] Jakob Lorber, Die 7 Urgeister Gottes

1. Der Herr der Kraft oder des Willens. Diese Willensenergie ist die Schöpferkraft schlechthin als Prinzip eines ersten Impulses für die Bewegung allen Lebens.

2. Der Herr der Liebe. Die Liebe ist das Prinzip der Anziehung und Hingabe in der gesamten Schöpfung.

3. Der Herr des Geistes. Diese Energie ist das Prinzip der Ideen als Ursprung aller Manifestationen. Es ist der Geist als Bewusstsein im Universum.

Aus dieser ersten „Trinität" der Urenergie, dem Willen als Schöpfungskraft, der gestaltgebenden Energie der Liebe und dem Heiligen Geist als Durchdringung aller Gestaltungen mit Bewusstsein, leiten sich alle weiteren Energien ab. Der Schöpferwille und der Gestaltgebungswille sind bereits eine Art Aufteilung der Urenergie und bestimmen gemeinsam mit dem Heiligen Geist als Ideengeber im Willen Gottes die Herausstellung aller Manifestationen. Das erfolgt durch „Luzifer"[19], den Lichtträger und höchsten Engel, und das Ergebnis ist die HIERARCHIE der gesamten Schöpfung. Es ist die Ausgießung der Urenergie im Fluss der Schöpfungsentstehung. Diese bedingt zwangsläufig eine spontane Gestaltung aller Manifestationen, wobei diese bereits durch die Ideen im Ausfluss latent enthalten sind und mit ihrer Manifestation lediglich aus ihrer spirituellen Latenz herausgestellt werden. Dabei verändern sich die Wirkungen der Energien, indem diese sich einem immanenten Strukturprinzip (IDEE) unterordnen und sich selbst verwandeln und innerhalb der Urenergie beginnen, eine gewisse Selbständigkeit zu entwickeln und darzustellen und sich so von anderen Energiearten absetzen. Natürlich bleiben alle Energiearten mit einander verwandt, unterscheiden sich jedoch in ihren Wirkungen.

---

[19] Jes. 14/12 – Ez. 28/14 – Off. 12/3 (7 Häupter) ff. Lorber – Deut. 32/39

Lorber benennt als 4. Urkraft, die aus den dreien hervorgeht, die *heilige Ordnung. "Ohne diese Ordnung kann kein Wesen irgendeine bleibende und stetige Form und somit auch nie einen bestimmten Sinn haben."* Es ist die Kraft der Strukturierung der immanenten Ideen.

Bailey bezeichnet den 4. Strahl als "Herr der Harmonie". Mit dieser Beschreibung verlässt sie aber den Bereich der spirituellen Hierarchie und sieht darin mehr eine menschliche Verhaltensweise. Denn Harmonie ist als Prinzip die erste Antwort auf das Gesetz der Dualität, was immer zugleich auch Kampf bedeutet und darum im Prinzip der Harmonie einen Gegenpol findet. Beide Pole sind zwar notwendige für das Leben als Prozess, dessen Ziel die Vollendung im Kosmos ist, haben aber in der 2. Triade der spirituellen Hierarchie noch nicht diese Bedeutung, sondern sind hier nur als das Prinzip von strukturierter Harmonie sowie Vollkommenheit und Schönheit zu verstehen.

Der 5. "Urgeist" ist für Lorber der "Göttliche Ernst", gemeint ist der göttliche Plan, die strukturelle Ordnung aller Dinge. "Ohne den kein Ding als etwas Bestehendes möglich wäre, weil er gleich ist der ewigen Wahrheit in Gott und erst allen Wesen den wahren Bestand, die Fortpflanzung, das Gedeihen und die endliche Vollendung gibt. Ohne den göttlichen Ernst würden alle Wesen in sich zerrinnen."

Für Bailey ist der 5. Strahl "Der Herr des Denkens und Erkennens". Auch hier verlässt Bailey die spirituelle Hierarchie und wendet sich menschlichen Verhaltensweisen wie Denken und Erkennen zu, insofern als der Mensch das Denkprinzip in den unterschiedlichen Bewusstseinsdimensionen mit einbringt. Es handelt sich aber beim 5. Strahl um das Prinzip der Weiterführung der "Weisheit" als Bewusstsein.

Als 6. Urgeist benennt Lorber die "Geduld", die auch Hildegard von Bingen als *die Grünkraft des Lebens* bezeichnet.
"Wo Liebe, Weisheit, Wille, Ordnung und der Ernst vorhanden sind, da muss auch offenbar eine höchste Geduld vorhanden sein. Denn ohne sie

würde sich alles überstürzen und in ein Chaos übergehen". Die göttliche Geduld als Prinzip eröffnet allen Wesenheiten – nach ihren Maßgaben – Möglichkeiten der Weiterentwicklung und schließlichen Vollendung in Gott. *„Die Geduld ist die Grünkraft des Lebens und Mutter der ewigen, unwandelbaren Barmherzigkeit Gottes. Nur die göttliche Geduld bringt mit der Zeit alles ins harmonische Gleichgewicht."* (Hildegard von Bingen)

Bailey sieht den sechsten Strahl als *„Herr des Idealismus und der Hingabe".* *„Diese Strahlkraft kämpft zielbewusst für ein Ideal und widmet sich ausschließlich den Vorhaben des inneren Lebensimpulses, die den ganzen Ausdruckskörper dieser Wesenheit beeindrucken."* Prinzipien sind immer ideale Voraussetzungen für die Realität und gelten für alle Bedingungen im Universum. Darum trifft der Begriff der Hingabe schon eher ein Prinzip; denn es ist immer mit dem Prinzip der Anziehung aller Geschöpfe zum Dienst am anderen und damit zugleich an Gott und seiner Schöpfung verbunden. Als Prinzip ist der sechste Energiestrahl eine Art Weiterführung der Urenergie von Liebe und Weisheit. Dieses wird in der Hingabe als dienende Liebe in Demut und im Sinne einer bedingungslosen Zuwendung ohne eigene Bedürfnisse gerechtfertigt. Es ist die Liebe als Opferung, d.h.: Eines opfert sich für das Andere, um das Weiterleben zu ermöglichen.

Der siebente Urgeist ist für Lorber die „BARMHERZIGKEIT". *„Diese bringt alles zurecht – sie ordnet alle die früheren Geister und ermöglicht den Geschöpfen ihre Reifung zur Erlösung aus ihrer Gebundenheit in die Freiheit der Teilhabe am Leben Gottes. Dieser siebente Geist in Gott bewirkte auch, dass Gott selbst das Fleisch annahm, um alle im Fleisch gefangenen Geister aus den Banden des notwendigen Gerichtes der Materie zu erlösen."*
Die Barmherzigkeit als Prinzip ist nur im Liebesopfer des Schöpfers in seiner Schöpfung selbst zu sehen.

Für Bailey ist der siebte Strahl „Der Herr der zeremoniellen Ordnung oder Magie" (ein eher verwirrender Begriff). Dieses Prinzip des siebenten Strahls beinhaltet den Zusammenschluss aller organisierten Strukturen auf allen Schöpfungsebenen im gesamten Universum. Es handelt sich um alle „Gesellschaften" als makrokosmische wie auch mikrokosmische Gebilde, die sich zusammenfinden (Atome zu Molekülen, Planeten zu Sonnensystemen, und diese wieder zu Galaxien etc.). Gemeint ist also das organisierende Prinzip in den unterschiedlichen Dimensionen. Es betrifft das integrierende Zusammenspiel von Gruppierungen in der gesamten Hierarchie.[20] Die Energie des siebten Strahls ist als das organisierende Prinzip die Basis innerhalb der gesamten Schöpfung.

„Die sieben Urgeister oder sieben Strahlenkräfte, aus dem zentralen Kraftwirbel geboren, mit Leben und Qualität begabt, setzen sich aus ungezählten Myriaden von Energieeinheiten zusammen, denen allen die Aspekte des Lebens eingepflanzt und eingeboren sind, die mit Qualität ausgestattet und imstande sind, nach außen in Erscheinung zu treten. Diese Energien strahlen in die nächste Triade ein, an deren Basis der Kosmos als materielle Welt steht".[21]

Dritter Bereich:
Die unterste Triade der spirituellen Hierarchie

Dieser letzte Bereich ist es, der die Hierarchie nach unten hin zur Dimension des Kosmos abschließt. Entziehen sich die beiden oberen

---

[20] Wie sehr aber Bailey dabei an die irdischen Bedingungen und Vorstellungen gebunden ist, wird deutlich, wenn sie weiter ausführt, dass der Einfluss dieses siebenten Strahls sich gegenwärtig außerordentlich stark für alle menschlichen Organisationen auf der Erde auswirke. Das Hereinkommen dieses Strahles ist bis zu einem gewissen Grad für die derzeitigen Tendenzen in der politischen Welt verantwortlich, Gewaltherrschaft von Machtgruppen zu begünstigen und die Globalisierung in der Welt voranzutreiben.

[21] Bailey schrieb diese Vorhersagen vor 80 Jahren und sah eine erneute Aktivierung dieses Strahls im 20. Jahrhundert. Diese Energien sind immer aktiv. Bailey meint damit, dass im 20. Jh. wieder neue Gruppengebilde entstehen. Sie hat das aber zu früh gesehen, denn gemeint ist die jetzt erst entstehende Globalisierung als eine neue Gruppenstruktur für die gesamte Menschheit. Diese bildet sich ab jetzt aus und sorgt für große Veränderungen und Unruhe.

Bereiche der Hierarchie wegen ihrer absoluten Gestaltlosigkeit weitgehend einer menschlichen Vorstellung, so wird der unterste Bereich wegen seiner Gestalthaftigkeit einer bildhaften menschlichen Vorstellung wieder zugänglicher. Areopagita schreibt dazu: *„Müssen diese beiden (oberen) Bereiche im Verborgenen bleiben, ... so tritt die unterste Stufe der Hierarchie der Engel mehr in die Vorstellung einer Sichtbarkeit. Darum ist diese letzte Stufe der Hierarchie die Grundordnung in der Kette gegenseitigen Einwirkens. „Der Chor der Erzengel" auf der mittleren Stufe der Hierarchie hält die beiden Flügelgruppen (dritte und erste) durch seine Mittelstellung in dieser Hierarchie gemeinschaftlich zusammen. Der Chor der Erzengel steht so in Gemeinschaft mit den göttlichen Mächten und den heiligen Engeln, die so die sämtlichen Ordnungen der himmlischen Geister nach unten hin abschließen."*

Auch im dritten Bereich der Hierarchie sind *„Engel reine, persönlich freie, dienende Geister und stehen miteinander in einem Reich schenkender und empfangender Liebe in Gemeinschaft zusammen. Die reine Geistigkeit der Engel bedeutet Körperlosigkeit. Engel stehen im Gesetz der Liebe und sind dennoch frei durch ihr inneres Jasagen zu Gott. Dieser Einklang ist LIEBE."* (Swedenborg)

Diese Engelwesen stehen den Menschen viel näher und gelten darum als Boten und Helfer innerhalb der Hierarchie. Alle hierarchischen Bereiche kommunizieren miteinander und nehmen so gegenseitigen Einfluss, wobei dieser prinzipiell von höheren Gesellschaften zu niederen Bereichen ausgeht. Umgekehrt gibt es von den unteren „Himmeln" in die oberen keinen Einfluss, weil die Weisheit der höheren Engel bei weitem die der unteren übertrifft. Alle geistigen Gesellschaften haben unterschiedliche Ordnungen, deren Verschiedenheit sich aus dem Dienst herleitet, den diese Gesellschaften leisten, wobei das höchste Prinzip des Dienens Gerechtigkeit und Güte ist.

„Abstieg" der Energien

Die dritte Triade der Hierarchie ist gekennzeichnet durch einen permanenten „Abstieg" aller Energien bis hin zum KOSMOS als der materiellsten Dimension der gesamten Schöpfung. Dieser Abstieg ist durch zwei Aspekte gekennzeichnet: Es handelt sich dabei um Zustands- und Bewusstseinsveränderungen, die immer parallel laufen. Beide sind Voraussetzungen für Individuation und Gestalthaftigkeit, die im Kosmos dann ihren Abschluss in der „Ebenbildlichkeit des Menschen" mit Gott findet.

Jede individuelle Gestalthaftigkeit verlangt nach „seelischer Führung". In den beiden oberen Bereichen handelte es sich bei den „Prinzipien" oder Engelgesellschaften nicht um individuelle Seelen, sondern um eine Art gemeinsamer Gruppenseele, die das Wesen eines Prinzips zum Ausdruck bringt. Zwar gilt auch in der dritten unteren Triade nach wie vor das integrierende Gesetz einer Gruppenseele als Ausdruck einer gemeinsamen Wesenheit, aber daneben bilden sich in den einzelnen Mitgliedern solcher Gesellschaften individuelle seelische Möglichkeiten aus, die erst die Zugehörigkeit zu einer bestimmten Gesellschaft bestimmen. Wichtig ist zwar nach wie vor die Beachtung des integrierenden Energieprinzips, das in allen ihm zugehörigen Formen lebendig ist, aber in der dritten Triade verlagert sich mehr und mehr der Schwerpunkt auf die Einzelseele oder auf ein individuelles Selbst als Vorstufe für ein Ich im Kosmos.

Die Seele

Die Seele ist das Produkt aus „Liebe und Geist" oder hinsichtlich ihrer Wirksamkeit im Universum aus gestalthafter „Substanz und Bewusstsein": Sie ist im Universum das "verkörperte Leben Gottes" und tritt ins Dasein, um die wesenhafte Liebe, die Eigenschaft von Gottes Natur, offenbar zu machen. Dieses formgewordene Gottesleben offenbart den Zweck der ganzen Schöpfung.

Die Seele ist ihrem innersten Wesen nach Licht, sowohl wörtlich vom Standpunkt der Wellenlehre der Physik her gesehen, als auch symbolisch im Sinne der „Erleuchtung", die das Dunkel jedweden Bewusstseins erhellt. Denn die Seele ist in allen Geschöpfen ein innewohnendes Lichtwesen, das durch den jeweiligen Träger über bestimmte Strahlvibrationen seine Tönung erhält. Sie ist ein Zentrum schwingender Energie, das im Innern der Form für die Dauer der Wirksamkeit eines Energiestrahles seinen Wohnsitz hat.

Die Seele ist in dreierlei Hinsicht bewusst: sie ist gottbewusst, gruppenbewusst und eigenbewusst: Gottbewusst im Zentrum, Gruppenbewusst in der zweiten Triade und eigenbewusst in der dritten Triade, wo sich das Eigenbewusstsein allmählich über ein sich herauskristallisierendes „Ego" entwickelt. Das Ego gelangt endgültig während der menschlichen Inkarnation zum vollen Durchbruch, um dann die Führung zu übernehmen, der sich die Seele im Leben unterordnen muss.[22] Denn auf dieser Stufe ist die kreative Unschärfe „wer" denn im Leben die bewusste Erfahrung auswählt, verschwunden. Der Mensch vollzieht eine Trennung zwischen Ego und Seele und reagiert fast nur noch auf konditionierte „mentale Programme" in einer klar festgelegten äußeren Bewusstseinshierarchie. Und doch bleibt die „kreative Unschärfe" zwischen Seele und Ego bestehen: Wer letztendlich die bewusste Erfahrung im Leben auswählt und bestimmt. Durch das Ego teilt sich die „Welt" in Subjekt und Objekt", denn der Mensch ist sich seiner selbst bewusst.

Das ist der Grunde dafür, dass der Mensch immer ein getrenntes individuelles Ego voraussetzt, das wählt und einen „freien Willen" hat. Doch alle erlernten „Programme" (Logik, Motorik, Kybernetik), die zu abgeleiteten Sekundärhandhabungen im Leben beitragen und Voraussetzungen für das Leben sind, bleiben immer noch Teil einer

---

[22] Goswami S.242 „Durch das Erscheinen des Ego reagieren mentale Programme in einer klar festgelegten Hierarchie aufeinander."

übergeordneten seelisch geführten Bewusstseinshierarchie, die jedoch in ihrer alltäglichen kausalen Kette einen Riss hat. Dieser „Sprung" oder diese Diskontinuität, ist die Folge des „spirituellen Quantensystems"[23], das hinter allen Aktionen als nichtlokales Bewusstsein wirkt, weil es in kein wahrnehmbares Bezugssystem einzuordnen ist. Allerdings wird diese „Diskontinuität" im Leben verschleiert und als Akt eines „freien Willens" des Ego ausgelegt, woraus dann irrtümlich eine Identifikation des „nichtlokalisierbaren" Subjektes der Seele, mit einem begrenzten individuellen Selbst entsteht. Das sind die Verblendungen eines jeden Menschen, die aufzulösen der Sinn im Leben ist.

Die Seele ist zwar für den Ausdruck und das Erscheinen des LEBENS schlechthin verantwortlich, unterzieht sich aber dem Eigenwillen eines Menschen, obwohl sie das Gefäß für das göttliche Bewusstsein ist. Denn die Seele ist dazu bestimmt, die Liebe zu verkörpern, Gottes Absicht und Willen zu erfüllen und diese verständig für das große Schöpfungswerk zu benutzen. Dafür ist die Seele als „Gottes Funke"[24] in den Geschöpfen zwar immer autark und unabhängig, aber dennoch immer von einer sie einfärbenden und eintrübenden Substanz umkleidet. Allein die Seele stellt die Verbindung zwischen Energie, Bewusstsein und Gestalt her, was man kurzum LEBEN nennen kann.[25]

Die Seele bringt im Leben die Liebe zum Ausdruck, indem sie selber das Bewusstsein ist, das allein um die Gottheit weiß. Sie wirkt über den göttlichen Willen und den Geist und erschafft eine Welt neuer Formen, die der Gottheit liebende Absichten offenbaren oder verhül-

---

[23] Quanten sind spirituelle Energiefelder, geistige Zustandsformen, Kraftpotentiale der ätherischen Substanz.
[24] Meister Eckehard spricht vom Seelenfünklein Gottes in jedem Geschöpf.
[25] Bailey: „Ich werde den Ausdruck LEBEN für SEELE gebrauchen, Das ist der dritte Aspekt, die „Mutter", überschattet und befruchtet vom Hl. Geist und vereint mit gestalteter Substanz. Leben und Substanz rufen in ihrer Wechselwirkung durch Reibungen „Feuer" hervor, das Formveränderungen und dauernde Umbildungen erzeugt."

len. Sie ist jene vibrierende Energieeinheit als Teil aus Gottes ganzer Fülle, welche die Liebe und das Leben erscheinen lässt, weil sie den Stempel der Ideen aus dem Born göttlicher Liebe in sich trägt. Wille oder Lebensenergie sind dabei synonyme Worte, sie drücken etwas Abstraktes aus, das für sich existiert und mit einer wie immer gearteten körperlichen Erscheinungsform nichts zu tun hat. Der Wille-zum-Sein kommt allein von Gott und ist identisch mit der alles durchdringenden göttlichen Energie. Diese vom Zentrum ausstrahlenden Energien bringen den Willen oder Lebensdrang[26] und die Liebe mit der in Schwingung befindlichen „Substanz des Weltalls" über die Seele zur Gestaltung.

Diese Liebesglut der Urenergie fließt nicht unmittelbar in die Schöpfung, sondern erfährt innerhalb der Hierarchie im absteigenden Ausfluss eine stufenweise Herabminderung, welche immer der Aufnahmebereitschaft der jeweiligen Dimensionen angemessen ist, damit diese nicht durch die immense Glut verletzt werden. Die Aufnahmebereitschaft jeder Dimension macht dabei auch ihre jeweilige „Entfernung" vom Zentrum aus. Swedenborg berichtet in „Himmel und Hölle", dass dieser „Abstieg der schöpferischen Energien" entsprechend dem jeweiligen Bewusstseinslevel einer Dimension durch ständige Zustandsveränderungen gekennzeichnet ist. Denn im Himmel gibt es keinen Entwicklungsprozess über Zeit- und Raumvorstellungen, sondern nur sich ständig verändernde Zustände. „Die Engel sind nicht beständig im gleichen seelischen Zustand der Liebe und daher auch nicht im gleichen Zustand der Wahrheit".

---

[26] Bailey: „Dies ist das Vorstadium, aus dem die Schöpfung von Formen hervorgeht; der Gotteswille, der seinen Kraftstrom in dem Ozean des Raumes und des Raumäthers (der Materie) spielen ließ, schuf als erste Differenzierung die drei Hauptstrahlen, aus denen sich die gesamte Hierarchie heraus entwickelte. Aus dem zentralen Kraftwirbel geboren, mit Leben und Qualität begabt, setzen sich alle Gestalten aus ungezählten Myriaden von Energieeinheiten zusammen, denen allen die Aspekte des Lebens eingepflanzt und eingeboren sind, die mit Qualität ausgestattet und imstande sind, nach außen in Erscheinung zu treten."

Im Gegensatz und im Vergleich dazu leben wir auf Erden immer in einem äußerlichen Entwicklungsprozess, der unser Leben in den Bildern gestaltet und der Zeit unterworfen ist. Darum erfahren die Menschen auch nicht die Zustandsveränderungen ihrer eigenen Seele, sondern bleiben fast immer im äußeren Prozess der Materie gefangen. *„Zustandsveränderungen im Himmel sind (im Abstieg) eine Art Abdunkelung der „Lichtes", was im „Himmel" die Wahrheit repräsentiert. Das göttlich Wahre erscheint in den himmlischen Dimensionen verschieden, was sich je nach Aufnahme und „Einsicht der Engel" ausrichtet.*[27] *Die Zustände ergeben sich aus der Gemeinsamkeit von Wahrem und der Liebe als dem Guten. Zuweilen entstehen in diesen Zuständen Störungen in der richtungsgebenden Verbindung beider Aspekte. Es entsteht eine Spaltung zwischen Verständnis für das Wahre und einer geringen Neigung für das Gute. Das führt zwangsläufig dazu, dass die Aufnahme des bisherigen Wahren auch als falsch gesehen wird. Dadurch erfolgt eine Umwandlung des jeweiligen Zustandes".*[28]

Zustandveränderungen sind immer als Veränderungen von Liebe und Weisheit zu verstehen; denn Engel oder ganze Engelgesellschaften sind nicht beständig im gleichen Zustand. Zu diesen Zustandsänderungen im Himmel schreibt Swedenborg weiter: *„Ich bin aus dem Himmel unterrichtet worden, warum dort solche Zustandsänderungen stattfinden. Die Engel nannten dafür mehrere Ursachen:*

Die Freude am Leben und am Himmel, die ihnen aus der vom Herrn stammenden Liebe und Weisheit erwächst, würde nach und nach ihren Wert verlieren, wenn sie ununterbrochen darin erhalten würden, wie es bei denen zu geschehen pflegt, die pausenlos in Lustbarkeiten und Vergnügungen sind.

---

[27] Swedenborg: *„ ...weil die Engel geistig sind, ist für sie das Göttlich-Wahre das Licht. Je nach der Weisheit der Engel ist das himmlische Licht verschieden."*
[28] 106 Swedenborg: *„Was diese Umwandlung betrifft, wurde ich dahingehend unterrichtet, dass bei den Bösen wohl das Verstehen wieder in der Weise verwandelt werden kann, nicht aber ihr Wollen. Das ist vom Herrn so vorgesehen, dass man das Wahre nur aufnehmen kann, wenn man auch zugleich im guten Willen ist."*

Eine weitere Ursache liege darin, dass sie ebenso wie die Menschen ein Eigenes haben, das in der Liebe zu sich selbst besteht, und dass zwar alle im Himmel durch den Herrn von ihrem Eigenen abgehalten werden, was jedoch immer wieder erfolgt. Nur in dem Maße, wie sie vom Eigenwillen abstehn, sind sie in Liebe und Weisheit, in dem Maße aber, wie es nicht geschieht, sind sie in der Liebe zu sich selbst."

„Weil nun ein jeder sein Eigenes mehr und mehr liebt und dadurch angezogen wird, so treten bei ihnen Zustandsveränderungen und aufeinander folgende Wandlungen ein. Um diese ihre Seelen abdunkelnden Veränderungen wieder rückgängig zu machen, versucht der Himmel, sie ständig davon abzuhalten, sich in sich selbst zu verlieben; denn nur darin liegt der Grund dieser Veränderungen und nicht im Zustrom der Energien. Er liegt allein in der beginnenden Eigenliebe, die solche Seelen beständig von der Liebe zum Herrn abzieht."

Zustandsveränderungen haben darum immer auch einen unvermeidlichen Abstieg innerhalb der Hierarchie zur Folge. Auf diese Art lösen sich die Dimensionen ab, was jedoch nicht im Ganzen erfolgt, sondern in einer Gesellschaft nach der anderen (gemeint ist: Jeder nach seiner Maßgabe).*„Sind die Engel als Bewusstseinsträger im letzten Zustand des Abstieges der dritten Triade angelangt, so beginnen sie traurig zu werden, weil ihnen deutlich bewusst wird, dass ihr weiterer Abstieg die Inkarnation auf Erden bedeutet, weil sie das Leben der Menschen mit Schrecken aus ihren Beobachtungen kannten. Denn jede höhere Bewusstseinsdimension ist sehr wohl in der Lage, das Ziel eines weiteren Abstieges zu kennen, was umgekehrt nur als eine Art „Erinnerung" an vorherige Zustände der Fall ist."*[29]

---

[29] Sie hegen zwar noch die Hoffnung, in Kürze wieder in den vorherigen Zustand (Himmel) zu gelangen, denn der Himmel besteht für sie darin, von ihrem Eigenen abgehalten zu werden.

DER KOSMOS

Schöpfung in Raum und Zeit

Der Kosmos ist die unterste Bewusstseinsebene in der Schöpfung und zugleich als materiellste Ebene die „Rückspiegelung" der spirituellen Hierarchie. Denn der Kosmos ist in Wahrheit die spiegelbildliche *„Ausstülpung"* der geistigen Hierarchie. Es handelt sich dabei um eine Art Umstülpen von Geist in eine sichtbare Bilderwelt, und zwar nicht wie ein einfacher Dimensionswechsel im hierarchisch geordneten Universum geschieht, sondern es handelt sich um zwei Seiten einer Einheit von prinzipiell unterschiedlichen Bereichen, nämlich Geist und Materie. Geeint werden die beiden getrennten Bereiche durch die Liebe, die als „Unschärferelation" zwischen beiden Bereichen das Leben beider ermöglicht. So erklären sich auch die spiegelbildlichen Paralleldimensionen. Denn der Kosmos besteht ähnlich wie die geistige Hierarchie ebenfalls aus einer „Triade", die Bailey als die drei „Naturreiche" im Kosmos bezeichnet und die als Parallelwelten zur geistigen Hierarchie zu verstehen sind. Dabei gilt das Gesetz der Parallelität: je höher die geistige Sphäre in der Hierarchie ist, um so materiell verdichteter sind die spiegelbildlichen kosmischen Parallelwelten. Darum entsprechen sich die erste Triade der geistigen Hierarchie und das erste Naturreich im Kosmos, ferner die zweiten und ebenso die dritten Bereiche. Das gilt vor allem für die jeweils entsprechenden Energien, die wir im Kosmos als erlebbare Wirkkräfte erkennen können.

Der materielle Kosmos ist für den Menschen der sinnenhaft wahrnehmbare und erkennbare Frequenzbereich. In diesem Bereich herrscht ein Zusammenspiel von geistigen Wirkkräften und erscheinenden Bildkräften. So ist der Planet Erde einmal in das kosmische Sonnensystem mit eingebunden, unterliegt aber andererseits auch den geistigen Wirkungen im gesamten Universum, denn in jeder

Dimension der Schöpfung wird sich Gott seiner selbst als Liebe bewusst, weil die Vereinigung der Liebe mit sich selbst das einzige Ziel in der Schöpfung ist.

Die bewirkenden Kräfte in der Schöpfung sind die Urenergien, wobei die drei Urstrahlen die Grundsubstanz aller Ideen sind. Diese kommen aus der 1. und der 2. Triade der spirituellen Hierarchie und werden bereits in der dritten Triade der Hierarchie tausendfältig und immer individueller differenziert. Dadurch entsteht die Vielheit in der Schöpfung. Man kann diese Idee am besten verstehen, wenn man sich klar macht, dass alle Geschöpfe eine Ansammlung von Atomen und Zellen und in eine Form gegossen sind. In dieser Form sind Organe und Zentren für differenzierte Lebenskräfte eingebaut, die durch Rhythmus und wechselnde Einflüsse zwischen Geist und Materie ihre Funktionen erfüllen und in der Schöpfung aus sinnvoll gebildeten und belebten Formen ein einheitliches System darstellen. An diesem Schöpfungswerk sind alle Wesen und Geschöpfe mit beteiligt. Diese Umsetzung von Ideen und Gedanken ist ein ständiges „Ausprobieren", denn erst wenn Gedanken sichtbar umgesetzt sind, kann man sie deutlich erkennen und auch korrigieren. Allein das ist das Leben der Liebe in der Verwandlung und Reibung, im Hervorbringen und im Vernichten.

Der Dualität des Kosmos entsprechend bilden sich alle Energien als gegensätzliche Kräfte aus, die Spannung und Reibung im Leben ausmachen und in einer Rückspiegelung der Liebe über das menschliche Bewusstsein wieder in die Harmonie und Einheitlichkeit der Grundstrahlung gebracht werden müssen. Diesen Gegensatz zu den himmlischen Tugenden benannte Gregor der Große im Mittelalter als höllische Untugenden. Denn alle Energien sind immer mit Leben und Qualität begabt und setzen sich aus ungezählten Myriaden von Energieeinheiten zusammen. Im Menschenreich rufen sie bewusste Wahrnehmungen und eine bewusstseinsmäßige Höherentwicklung zu einer harmonischen, alles umfassenden Synthese hervor. Das Ergebnis ist die Gesamtheit aller kosmischen Manifestationen, die durch das

Licht als eine sich entfaltende Einheit miteinander verbunden sind. Auch alle menschlichen Monaden, die durch den schöpferischen Willen eines „Strahlenherrn" ins Dasein kommen, sind ein Teil dieses kosmischen Manifestationskörpers.[30] In diesem Zusammenhang verweist Bailey auf die Astrologie, die sich mit diesen kosmischen Einflüssen der Strahlen befasst, welche im kosmischen Manifestationskörper als seine Eigenschaften sichtbar in die Außenwelt treten.

Dabei sind alle Strukturen (Gestaltungen) das Ergebnis unendlicher Energiekombinationen[31] verschiedener Elemente und Atome, die wiederum der Ausdruck bereits vorher festgelegter Ideen (Geist) sind. Die entscheidende Ursache ist dabei das Licht, das Elemente zu unendlichen Strukturen kombiniert, die jedoch für den Menschen nur ausschnitthaft zu erfassen sind. Giordano Bruno spricht von einem „inneren Prinzip" im Kosmos, wenn er behauptet, dass der Motor aller Bewegungen aus diesem inneren Zusammenhang von „Gestirnsseelen" resultiert. Damit vergleichbar ist auch die Vorstellung eines „Quantenäthers" als integrierendes Medium.[32] In der Schrift „Die Implizite Ordnung" von David Bohm wird der „Quantenäther" als richtungsweisend für das zukünftige Denken der Menschheit bezeichnend. *„Die implizite Ordnung ist fundamentaler und umfassender als die explizite Ordnung. Sie erscheint wie ein Wurzelgrund, in dem die Objekte der expliziten Ordnung vor ihrer Manifestation in virtueller Form als „Keime" oder „Urbilder" ruhen".*[33] Das entspricht der Ideenlehre von Pla-

---

[30] „Wie Er ist, so sind auch wir in dieser Welt". (Sanskrit)

[31] Liebe ist auch hier die alleinige Ursache; denn die Liebe ermöglicht jene Urenergie, die alle Gesetze der Physik im Kosmos aufheben kann. Es sind feinstoffliche Energien, die nach ihrem Passieren in den Kosmos eine Frequenzumwandlung erfahren. Hyperschnelle feinstoffliche Energieschwingungen werden verlangsamt und verdichten sich mehr und mehr, um schließlich die Konsistenz grobstofflicher Gebilde anzunehmen. Daher ist es völlig unlogisch, von kleinsten Bausteinen in der kosmischen Materie zu sprechen. Es gibt nur Übergänge vom Feinstofflichen zum Grobstofflichen und umgekehrt. (Biophotonen)Prigonine

[32] F. A. Mesmer.„ Es gibt eine das ganze Weltall durchdringende und alles verbindende Kraft.

[33] Bohm / Die implizite Ordnung

ton und deckt sich mit den Vorstellungen von morphogenetischen Feldern nach Sheldrake.[34]

Bereits das Licht[35] ist ein Geschaffenes und doch auch noch ein Geistiges, das sich in der Schöpfung manifestieren will. Auch Gedanken sind Energie, die sich sichtbar verwirklichen wollen. Das erfolgt nach den jeweiligen Bedingungen einer Bewusstseinsdimension. Dabei sind alle Informationen Übertragungen von Urenergie, denn alles ist belebt und von Energie durchflutet. In der Schöpfung gibt es unendlich viele Abstufungen von Energieformen, die bei der Umsetzung von Gedanken und Ideen in ein sichtbar daraus Hervorgehendes entstehen. Diese Energien, die aus der Urenergie kommen, werden nun verwandelt bis hin zur sichtbaren Materie des Kosmos, in dem es unterschiedliche Aggregatzustände gibt, die alle auf den alles belebenden biophotonen Prozess zurückzuführen sind. Alles erfolgt dabei über Strahlungen, die im Kosmos Moleküle zur Entfaltung von biologischen Lichtvorgängen anregen, die zur weiteren „Liebesverschmelzung" mit anderen Molekülen führen, wobei die DNS im Menschen der größte Lichtspeicher ist. „Chaos" ist Ausschüttung von Licht, Ordnung ist Struktur. Chaos ist Liebe, Ordnung ist Weisheit. Ohne Ausschüttung keine Ordnung, ohne Ordnung keine Schöpfung. Die Schöpfung ist ein Prozesshaftes Gleichzeitiges und insofern zugleich Einheit und Trennung der Liebe als Liebende und Geliebte.

Mit anderen Worten: Die im Ausfluss der Urenergie des Lichtes enthaltenen Ideen (implizite Ordnung) haben grundlegende Bedeutung für die im Kosmos erst folgenden Manifestationen (explizite Ordnung). Nur über diese Hypothese könnten endlich jene starren Denkschemata der klassischen Physik überwunden werden, weil so eine spirituelle Komponente in die völlig verhärteten expliziten physikalischen Gesetze hineingebracht würde. Auch für Teilhard de Chardin

---

[34] Morphogenetische Felder sind biologisch gesehen solche, die sich über die Zellgrenzen hinaus erstrecken. Es sind unsichtbare organisierende Strukturen, nicht elektro-magnetische Energien.
[35] „Licht in allen Zellen", S. 7

sind alle Elemente im Kosmos bereits im Geist angelegte Grundbaustoffe, aus deren Anfang das gesamte Universum resultiert: *„Es sind im Schöpfungsausstoß gestaltgebende Teile des Lichtes latent enthalten. Diese unterschiedlichsten Baustoffe, die sich vom Licht als Energien abspalten, durchdringen als Licht den gesamten Kosmos."* Es handelt sich dabei um jene Interferenzwellen, an deren Kreuzungspunkten je ein Quant als Zwischenteil von Materie und Energie erzeugt wird. Die Art dieser Überschneidungen ist für die gesamte Materie gestaltgebend und formbestimmend.[36] *„Dabei sind Frequenzkohärenzen, die zur Biophotonenbildung sich differenzieren als Elemente bereits ein „Strukturmuster". Das im Schöpfungsakt ausgegossene Licht ist die Sichtbarmachung des Geistes und enthält als Geistesausfluss alle Grundelemente bereits in sich, die dann im ausgegossenen Licht zu Teilchen durch Überschneidung der Wellen sich zusammenfinden wie bei einer Zeugung."*

Alle materiellen Manifestationen im Kosmos sind in Wahrheit die „beseelte Gestalt" des dahinter wirkenden Geistes und darum hinsichtlich menschlich – sinnenhafter Wahrnehmung immer nur die „halbe Wirklichkeit". Denn alles sinnenhafte Wahrnehmen ist immer eine Art Illusion – wie bei einem auf eine Leinwand projizierten Film. Alle Bewegungen im Kosmos spielen sich dabei auf einer fixen Konstante ab, wie die beweglichen Bilder auf einer konstanten Filmleinwand. Der Mensch erlebt zwar nur diese zeitlichen Bewegungen aller ablaufenden Bilder als Realität. Dies ist aber die irrelevante Fiktion einer kosmisch bedingten Bewusstseinsvorstellung und Illusion.

Raum und Zeit

Im Kosmos, dessen „Rohmaterial" aus Raum, Zeit und Materie besteht, ist alles in ständiger Bewegung, die auf den einzelnen Gestirnen jedoch nicht wahrnehmbar oder erlebbar ist, sondern nur an den wechselnden Zustandsbeobachtungen abgelesen werden kann. Alle

---

[36] Teilhard de Chardin „Der Mensch im Kosmos."

Planeten im Sonnensystem oder in den Galaxien unterliegen durch ihre Energiefelder kosmisch bedingten immanenten Bewegungen. Dabei ist es nicht eine Frage von Gravitation und Anziehungskraft, sondern eine Frage von Energien, die eine solche Bewegung bewirken. Die „Gravitation" ist im Kosmos eine „Schwellenkraft", in der sich Relatives und Absolutes berühren, auf keinen Fall ist sie als Schwerkraft im Sinne der klassischen Physik zu definieren. Daher sind auch alle astrophysikalischen Messungen nur „scheinbare" und darum falsch. Sie sind nur richtig, solange es sich dabei um die Erde selbst handelt. Sobald man aber über die irdisch bedingten Vorstellungen hinaus die Bewegungen im Kosmos messend erfassen will, sind sie illusorisch. Masse und Gewicht der Erde verlieren völlig ihre Bedeutung im Kosmos. Denn im Kosmos sind alle Gebilde schwerelos, deshalb aber nicht schon ohne Anziehungskraft. Diese ist aber eine Voraussetzung für die Zusammengehörigkeit aller Gebilde im Universum bis hin zur atomaren Ebene im Kosmos; denn auch der Kosmos ist eine Manifestationsebene einer alles erfassenden „Liebesumarmung" im Universum. So muss man auch den permanenten „Materiezerfall" als spirituelle Energieumwandlung sehen; denn alle Materie verstrahlt sich im unendlichen Kreislauf letztendlich auf dem Wege der Umwandlung von Substanz in Geist, um sich wieder in die Urenergie aufzulösen. Dabei entsteht jene „Gravitationskraft", die eine „Energie des Ausgleiches" aller Materie- und Geistkräfte darstellt; es ist der „Motor" aller Bewegungen, jene „Unschärferelation" im permanenten Oszillieren von „Welle und Teilchen": Das Leben schlechthin. Nicht die radiale Bewegung der Gestirne ist als Ursache ihrer Schwerkraft anzusehen, sondern die Bewegungen selbst sind Ausdruck des Lebens.[37]

Das gilt für alle Bewegungen im Kosmos, bei denen es sich z.B. auch niemals um eine permanente „Ausdehnung" handelt – eine Vor-

---

[37] H.F. Krause: „Der Baustoff der Welt"; K. spricht von der Schwerelosigkeit der Gestirne und verweist die Gravitation in die Systemimmanenz irdischer physikalischer Vorstellungen. Darum gilt Gravitation nur für alle Erscheinungen auf der Erde, die einer gleichen Ursache, nämlich der radialen Struktur des Energiefeldes der Erde unterliegen.

stellung, die lediglich durch die Gebundenheit an menschliche Raumvorstellungen bedingt ist. Es handelt sich dabei nicht um eine wirklich
expandierende Bewegung, sondern um eine in sich kreisende, und
zwar in einem virtuellen Raum. H.F. Krause spricht in diesem Zusammenhang davon, dass es sich bei *„Raumvorstellungen im Kosmos möglicherweise nur um eine Fiktionsillusion handele".*[38] Auch die Vorstellung
Einsteins von einem „aufblasbaren Ball" ist ein wenig glückliches Hilfs-
angebot für die Erklärung einer illusionären Vorstellung, wohl aber
derzeit für das menschliche Fassungsvermögen noch die bestmögli-
che. Das einzig Richtige wäre dagegen das ehrliche Eingeständnis
dieser Illusion, weil nur das die herkömmlichen mechanistischen physikalischen Vorstellungen überwinden kann und damit eine bewusstseinsmäßige Weiterentwicklung nicht weiterhin blockiert. Einstein
spricht von kosmologischen Konstanten, die sich auf die Erhaltung
der Energie und die Relativität der Zeit beziehen, nicht auf die Bewegungen selbst im Kosmos. Er sah darin ein physikalisches Gesetz, das
allerdings an die Grenze der Lichtgeschwindigkeit gebunden blieb
und darum nur Gültigkeit für die kosmische Systemimmanenz hat.
Immerhin waren diese Feststellungen wichtig, weil damit die Frage
nach Gott weiterhin offenblieb.

Zeit und Lichtgeschwindigkeit sind im Kosmos nur Hilfskonstruk-
tionen. Leider versucht die heutige Physik in ihren Überlegungen
noch immer, beide zu ergänzen, um Lösungen für die „Welträtsel" zu
finden, was aber nach menschlichen Maßstäben und Vorstellungen
nie gelingen kann. Denn die Zeit ist kein Maßstab für den Raum und
schon gar nicht für das Universum, weil die Zeit als solche überhaupt
nicht existiert und darum keinerlei Verbindlichkeit für das Universum
besitzt, wodurch auch menschliche Raumvorstellungen völlig illusorisch werden. *„Deshalb kann die Kosmologie niemals auf ein einziges
physikalisches Gesetz einer rein materiellen Ebene reduziert werden.*

---

[38] Krause a.a.O.

Denn jedes physikalische Gesetz ist provisorisch, weil jede materielle Ebene kontextabhängig ist von dem, was jenseits von ihr liegt."[39]

Raum ist zwar ohne Zeit nicht vorstellbar und Zeit nicht ohne Raum; denn ohne Bewegung im Raum gäbe es auch keine Zeitvorstellung. Insofern stellt die Zeit aber immer nur eine Koordinate für das Verstehen des Daseins im Kosmos dar. Der Mensch schafft sich über die Bewegungen im Raum eine Ordnung in der Zeit und legt diese Ordnung als „seine" Welt aus. Alles ist Zeit, wobei keine Zeit eine andere behindert, aber jegliches Sein eine „gesonderte Zeit" in einem Kontinuum ist. Newton hatte dieses Kontinuum „Zeit" als etwas Äußerliches „vergegenständlicht", als einen dahinfließenden Strom von Vergangenheit, Gegenwart und Zukunft. Zeit wird somit zu einem grundlegenden Bestandteil unserer Welterfahrung[40], sodass selbst die Vorstellung unserer persönlichen Identität eng mit dem Gedächtnis und der fortdauernden Erfahrung in der Zeit verbunden ist. Andererseits unterscheidet sich unsere persönliche Erfahrung von der „objektiven Zeit" zutiefst. *„Die Erstreckung von Körpern im Raum und der zeitliche Ablauf von Ereignissen in der Folge von Früher und Später ist keine Qualität des Wahrgenommenen selbst, sondern ist dem wahrnehmenden Geiste eigentümlich, der im Diesseits gar nicht anders kann, weil Raum und Zeit seine Kategorien sind"* (Kant). Den ersten „Todesstoß" erfuhr diese absolute Zeitvorstellung durch die Relativitätstheorie von Einstein.[41]

Im Kosmos gilt natürlich als Maßstab für alle Bewegungen die „Geschwindigkeit des Lichtes"[42] als das absolut höchste erscheinbare Maß. Wenn es auch im Kosmos für die Bewegungen von Materie eine

---

[39] David Peat 166 aus „ Heraklit ":„Meiner Meinung nach weist die Zeit ebenfalls den Aspekt der Innenwelt auf. So wie Newton verstärkte Aufmerksamkeit auf die Außenwelt der Zeit lenkte, die fließende Bewegung, in der eine winzige Gegenwart eine Zukunft, die es nicht gibt, von einer Vergangenheit trennt, die auf immer verschwunden ist, so möchte ich das Augenmerk auf die Innenwelt der Zeit lenken." Inkarnation S.11 136 Goswami

[40] Paul Davies „Gott und die moderne Physik"

[41] Hans Peter Dürr:„Physik der Transzendenz"; Zitat von E. Kant

[42] J.A. West:„Die Schlange am Firmament"

Irreversibilität gibt, so lässt sich jedoch diese Vorstellung in Bezug auf die Zeit nicht aufrecht halten, dass auch sie nur in einer messbaren Richtung verlaufe. Denn in anderen Frequenzbereichen unterliegt alles Erscheinende nicht mehr dem Maß der „Lichtgeschwindigkeit", und darum ist auch die Zeit im transzendenten Bereich „zweispurig". So „überschreiten" z.B. „Geschwindigkeiten" von Gedanken, die nicht mehr durch „Masse" behindert werden, jede Lichtgeschwindigkeit. Je höher die Frequenz, umso transparenter ist auch die „Substanz" als Träger, und darum für den Menschen nicht mehr sinnenhaft messbar. Allerdings stehen diese Frequenzen den Menschen in Gedanken, in ihrer Phantasie und über Intuitionen durchaus zur Verfügung. Vor allem aber sind die Menschen im Traum, bei Visionen und transzendenten Einbrüchen aus anderen Frequenzbereichen immer auch an diese Frequenzen angeschlossen. Dabei ergibt sich zwangsläufig die Frage, wie man diese hohen Schwingungen auch bewusst auf „Geschwindigkeiten", die weit über der Lichtgeschwindigkeit liegen, bringen kann.[43]

Der Mensch lebt in einer Welt von Zeit und Raum, wobei diese beiden „Prinzipien" jede Wahrnehmung des „Seienden" als Realität bedingen. Denn Raumvorstellung ist nur im Kosmos möglich und verweist dabei immer nur auf **EINE** Dimension der Wirklichkeit. Allein diese Beengtheit des kosmischen Raumes ist die Stätte menschlichen Wirkens und disponiert den Menschen dazu, lineare Kausalzusammenhänge zu sehen und innerhalb dieses gedanklichen Energiestromes quasi Ursachen und Wirkungen wahrnehmen zu können. Das ist

---

[43] Wie ist eine Höherpotenzierung der Schwingungen möglich? (W.S.)
*Das ist gar keine Frage. Du selbst hast eine der höchsten Schwingungsgeschwindigkeiten auf Erden. Die Erhöhung der Schwingungen ist notwendig, um die nächsthöhere Dimension zu erreichen. Beim automatischen Schreiben hast du sie bereits erreicht. Das muss nur noch auf alle Sinneswahrnehmungen übersetzbar gemacht werden. Obwohl du bei diesem „Umschalten" selbst nichts spürst, bist du auf eine andere Wellenlänge umgestiegen. Im Traum ist es genauso und du spürst auch nichts. Nicht du machst dabei etwas, sondern es wird umgeschaltet, indem du dich führen lässt und alle bewussten gedanklichen Kontrollfunktionen ausschaltest – eben dich einfach diesen Schwingungen überlässt. Jede Höherpotenzierung aller Frequenzen erreicht die Menschen nur über die **Chakren**. (Anonymos)*

aber nur **EIN** Aspekt der Wahrheit. So war diese Art des Erfassens der Welt für das Leben der frühen Menschheit nicht allein dadurch bestimmend gewesen. Die Menschen wurden weniger von ihren intellektuellen Fähigkeiten dominiert, sondern besaßen z.B. in der Epoche des „magischen Bewusstseins" noch andere Erfahrungszugänge, über die das Leben beeinflusst wurde.

Für uns scheint die Zeit in der Gegenwart immer schneller zu fließen und der Raum das zu sein, was die Dinge enthält, und das logischerweise ohne Anfang und Ende. Diese Vorstellungen von „Realität" führen zwangsläufig zu irreal unvorstellbaren „Überdehnungen" aller Maße, die für die materielle objektive Welt in der Tat real zu sein scheinen, Entfernungen von Milliarden von Lichtjahren, die aber rein tautologisch sind und nichts aussagen. Es sind lediglich „gemessene" Illusionen in einer begrenzt wahrnehmbaren kosmischen Dimension, die durch eine Akzeptanz weiterer übergeordneter Frequenzbereiche völlig annulliert würden. Denn die Schöpfung ist eine permanente, in deren „Fluss" der Kosmos als nur eine, und zwar materielle Dimension installiert ist. Was jedoch die „spirituelle Hierarchie" anbetrifft, existieren weder „Zeit noch Raum" als Maßstäbe, denn für das Absolute, für die transzendente Einheit, gibt es keine Zeit. Darum ist in allen Religionen auch dieses „Absolute" das Ziel der Erkenntnis und damit zugleich auch die Überwindung der Zeit, die den Menschen nur zum Sklaven in der materiellen Welt macht. Das Universum ist eine sich durchdringende Hierarchie von Energien mit verschiedenen Dichtigkeiten, zu denen unser Sinne vorerst nur einen begrenzten Zugang haben.[44]

„Die Zeit hat im göttlichen Plan viele Bedeutungen und Auswirkungen. Sie ist der Prozess, durch den z.B. das „Licht" im Kosmos als Maß (Einstein) verankert ist und damit zugleich der Mechanismus, der alles regelt und die Gesetzmäßigkeiten auf Erden bestimmt. Die „Her-

---

[44] J. A. West; „Die Schlange am Firmament"

ren der Zeit in der Hierarchie"[45] sind dafür verantwortlich und „überwachen" die Prozesse im Kosmos, während die Erzengel die Aufgabe haben, die Verbindungen zwischen den „Räumen" (Dimensionen) der universalen Hierarchie und dem Kosmos herzustellen und ständig aufrecht zu erhalten, um die Schöpfungsenergie der Liebe darin zu verteilen.[46] Dieser wechselseitige Austausch zwischen Kosmos und spiritueller Hierarchie ist heute bereits von der „Quantenphysik" wiederentdeckt worden, was zu einem neuen Verständnis der Schöpfung verhelfen wird. Es ist ein neuer Denkansatz dafür, wie spirituelle Energie der Schöpfung mit den materiellen Bedingungen im Kosmos korrespondiert und über „morphogenetische Felder" Gesetzmäßigkeiten schafft und alles reguliert. So wurden auch zwischen der Menschheit und den Hierarchien Regeln als Grundgesetze festgelegt.

Denn wir nehmen Zeit auf unterschiedlichen Bewusstseinsebenen und in verschiedenen Erscheinungsformen wahr. Und das bedeutet: Die Zeit weist auch auf den Aspekt der Innenwelt hin.[47] Um die „Innenwelt der Zeit" zu verstehen, muss man an die grenzenlose Unmittelbarkeit der Gegenwart anknüpfen[48], weil die Realität unseres Daseins sich stets in der Gegenwart befindet. Denn es gibt auch jenseits unserer objektiven äußerlichen Wahrnehmungen Zeit, die sich in die ferne Vergangenheit und Zukunft erstreckt. Der gegenwärtige Moment ist dafür lediglich eine „Tür", die Zugang zu unterschiedlichen Zeitebenen hat. Nur das menschliche Denken hilft aus dieser realen gegenwärtigen Gebundenheit heraus, denn nur im Denken kann jeder Mensch durch die Annahme höherer Bewusstseinsdimensionen, in

---

[45] Michael Ende; „Momo"

[46] S. Nidle; „Der Photonenring": Alle kosmischen Gestirne benötigen spirituelle „Hüter", um mit der Spirituellen Hierarchie zusammenzuarbeiten, womit auch die Entwicklung und Betreuung des menschlichen Bewusstseins zusammenhängt.

[47] Gerhard Häberli „Die Einheit von Kosmos, Atom und Geist": „Ich sage bewusst nicht: „Wesen der Zeit", weil ich glaube, dass wir in unserem Bewusstsein ein unmittelbares Wissen vom Zeitablauf besitzen – es gehört zu den Aufgaben der Physik, das Verhältnis zwischen unmittelbaren Wissen von der Zeit und unserem symbolischen Wissen von der Zeit im Außen aufzuklären."

[48] David Peat aus „Heraklit" Kosmos und Innenwelt / Um die Zeit als Innenwelt wahrzunehmen, muss man verstehen, dass die Realität unseres Daseins sich stets in der Gegenwart befindet.

die das kosmische System eingebettet ist, die gegenwärtige Zeit überschreiten. Darum erscheint es dringlich, sich den leider noch immer hypothetischen höheren Dimensionen gedanklich zuzuwenden, was zwar auch schon erfolgt, aber der offiziellen Schulphysik als nicht „beweisbar" suspekt erscheint und daher meist ignoriert wird. Hier sei auf Burkhard Heims sechsdimensionales Weltmodell hingewiesen: *„Im virtuellen sechsdimensionalen Raum existieren potentielle Strukturmuster, die auch im uns zugänglichen Raum realisiert werden."*[49]

Das wird in Zukunft allgemein erkannt werden und zu einem neuen Erkennen der kosmischen Zusammenhänge verhelfen. Vorerst liegt es daran, dass fast alle Menschen noch zu sehr an ihre jetzigen konditionierten Bewusstseinsgrenzen gebunden sind, die nur selten „durchbrochen" werden können. Denn das erfolgt nur mit Hilfe von empfangenen Intuitionen und einer offenen spirituellen Bereitschaft. Gegenwärtig blockiert die Wissenschaft jeglichen Fortschritt mit ihrem fatalen Dogmatismus, nämlich alles, über tradierte und begrenzte aber „objektiv beweisbare Begrifflichkeiten" verstehen und erklären zu können. Zwar wurden alle diese Erkenntnisse bereits von den Philosophen des Altertums entdeckt, jedoch im Kontext der historischen sprachlichen Begriffsvorstellungen formuliert und sind darum heute fast unverständlich. Das ist der Grund, dass alles immer wieder gesagt und dem zeitgemäßen begrifflichen Denken angepasst werden muss. Nur so kann das heute so festgefahrene Modell einer rein mechanistischen, naturwissenschaftlichen Auffassung überwunden werden. Man muss sich trotz dieses hemmenden Widerstandes jener „objektive Beweise" fordernder Wissenschaftler auf das Risiko einlassen, auch nach heutigen möglichen Messmethoden nicht beweisbare und objektiv ungesicherte Hypothesen anzuerkennen.

Genau wie im permanenten Kreislauf des Universums gibt es auch für den Kosmos weder Anfang noch Ende, und die Vorstellung eines

---

[49] Burkhard Heim „Elementarstrukturen der Materie."

Urknalls ist darum absurd. Insofern ist der *"Omegapunkt" als Endziel der Schöpfung* auch nur ein virtueller und steht nicht für Gott[50]. Auch eine solche Vorstellung basiert auf den dafür völlig irrelevanten Zeitvorstellungen eines Anfangs und einer räumlichen Illusion des Kosmos. Dieser "sogenannte Urknall" und das, was man meist darunter versteht, geschieht permanent und ist ohne Anfang und ohne Ende. In der menschlichen Vorstellung einer zeitlichen Begrenzung, die automatisch auch einen Raum impliziert, erscheinen darum alle Bewegungen nacheinander und räumlich-zeitlich ausgedehnt. Heisenberg[51] hat dagegen die Theorie Einsteins in seiner Quantentheorie im "Lichtraum des Universums" in die Unendlichkeit weiterer Frequenzbereiche überschritten, und damit wurde "Gott" auch im Kosmos wieder sichtbar über unsichtbare und unendliche Welten. Auch für den Kosmos gilt die Permanenz einer ständigen Folge von "Urknällen". Das darf man aber nicht zu einem universalen integrierenden Prinzip erheben, weil es lediglich Stationen in einer permanenten Folge sind. Darin gibt es weder Anfang noch Ende, und darum sollte diese Vorstellung endlich überwunden werden.

Selbst wenn man unter einem "Urknall" lediglich die "Ausgießung des Heiligen Geistes" verstünde, wäre das keine plausible Erklärung für den tieferen Sinn dieses Vorganges, sondern nur für das menschliche Verständnis eine letztlich nichtssagende Feststellung eines scheinbaren Anfangs. In Wirklichkeit handelt es sich dabei um eine Art "Ausstülpung oder Umstülpen" von Geist in Materie.[52] *Der Kosmos*

---

[50] Frank J. Tippler "Die Physik der Unsterblichkeit": "Der Omegapunkt in der Schöpfung ist nicht die dreieinige Gottheit, weil die drei "Seinsweisen" in der Analyse liegen und darum nicht selbst der Omegapunkt sein können. Der Heilige Geist hat in der Physik die Funktion der Wellen (Frequenzen). In der Wellenfunktion steckt die gesamte Physik – in der Quantenkosmologie gibt es keine Zeit. Die String-Feldtheorie sieht alle Strukturen auf einer tieferliegenden Ebene, in denen man noch nach Raum und Zeit unterscheidet, und das gilt nicht für die Quantentheorie und das Universum."

[51] Die Quantenphysik stellt ein völlig neues Weltbild dar und so das alte Konzept wie deterministische Bahnverläufe und kausale Kontinuitäten zweifelhaft erscheinen lässt

[52] David Bohm a.a.O.: "Im Meer potentieller Energien tauchen ständig wahrnehmbare Universen auf." In diesem Zusammenhang spricht Bohm von impliziter und expliziter Ordnung. Implizite Ordnung ist dabei die Tiefenstruktur aller Dinge, die raum- und zeitlos ist. Dies sind die Ideen Platons.

stellt ein sich selbst erneuerndes und selbstorganisierendes Ganzes dar, in dem das „Quantenvakuum" eine dominierende Rolle spielt und als ein mit potentieller Energie erfüllter „Raum" zu verstehen ist. Es handelt sich um einen „pulsierenden Strom" von Universen, worunter man keine zyklische Abfolge verstehen darf, in der ein Universum das nächste bestimmt oder ein Universum Anstoß für das Nachfolgende sei, *sondern der Fluss ist ein permanenter und ergießt ein Universum in das andere ohne Verlust und Anstoß.*[53]

[53] Ilya Prigonine: „Dialog mit der Natur"

DURCHDRINGUNG VON GEIST UND MATERIE UND DIE VERÄNDERTE WIRKUNGSWEISE DER 7 STRAHLEN

Die Durchdringung von Geist und Materie lässt sich über die Rückspiegelung der spirituellen Hierarchie vom materiellen Kosmos aus im Symbol des Sechssterns verdeutlichen:
2 Dreiecke wachsen einander entgegen und durchdringen einander im Sechsstern.

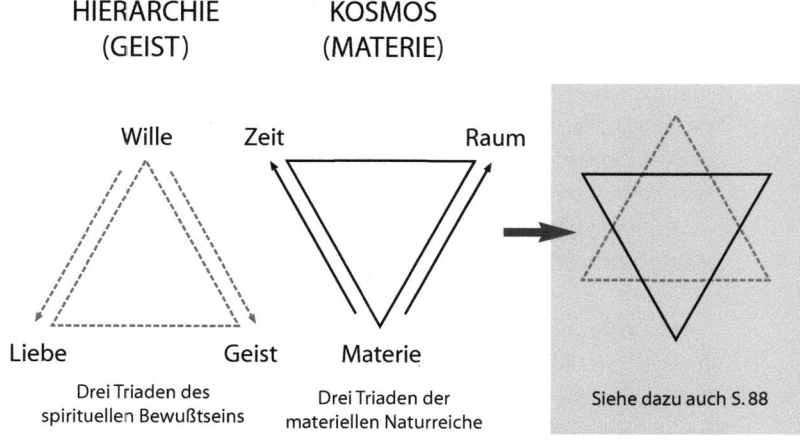

Geist und Materie sind die zwei Aspekte der göttlichen Monade, in der diese durch die Liebe vereint sind. Die Liebe „erschafft" ständig „neue" Universen durch die ewig kreisende Seelenenergie, die dem Geist zur Ausgestaltung unendlicher Ideen zur Verfügung steht. Geistige Energien verwandeln sich in erscheinende Gestalten.

Denn Materie ist aus Schwingungen aufgebaut. Dabei ordnet sich in den Schwingungsknoten, wo sich die Kräfte aufheben, durch Überlagerungen (Interferenzen) von Frequenzen Materieteilchen in Feldverdichtungen an.[54] Durch Energiezufuhr entstehen dynamische Strukturen, die sichtbarer Ausdruck eines unsichtbaren Schwingungsfeldes sind. Im Kosmos vollzieht sich die Umsetzung der Urenergie in die wahrnehmbare materielle dreidimensionale Welt. Es ist jener permanente Verdichtungsprozess von Energien zu Materie, deren kleinste Teilchen die Quarks sind. Diese stehen an der Grenze von Licht und der Energieumwandlung, denn das Licht ist das organisierende Prinzip in der Schöpfung wobei dieser permanente Prozess das Leben schlechthin ist. Darum befindet sich auch in allen biologischen Gebilden Licht: BIOPHOTONEN. Sie sind notwendig für die Kommunikation der Zellen und Informationen. Resultat: Die Gesamtheit aller Lebewesen (Biosphäre) ist durch das Licht mit einander verbunden, eine sich gemeinsam entfaltende Einheit. Die Biophotonen sind dabei die optimalen Regulatoren aller chemischen Umsetzungen, denn der gesamte Stoffwechsel wird zentral von ihnen gesteuert. So verknüpft z.B. das Sonnenlicht die ersten Moleküle zu größeren Gebilden. *Nach Popp ist der Evolutionsprozess der Gesamtheit aller Lebewesen (Biosphäre) als eine untereinander verbundene sich gemeinsam entfaltende Einheit zu betrachten. Es gibt ein globales Ziel, zu welchem das Leben als ein Ganzes ständig hinstrebt: Erweiterung der Kommunikation und Kooperation.*[55]

Alle Evolution erfolgt aus dem EINEN (Homogenes), um über die VIELHEIT (Heterogenes) wieder zum Homogenen zurückzukehren: *„Evolution ist eine sich ständig beschleunigende Vorwärtsbewegung aller Teilchen im Universum, welche diese gleichzeitig auf einem von Zerstörung begleiteten Weg, doch ununterbrochen und pausenlos, vom materiellen Atom bis zum universalen Bewusstsein führt, in welchem Allmacht*

---

[54] Teilchen, die in der Quantentheorie (Heisenberg) Feldern zuordnet werden, nennt man Photonen, aus deren Schwingungsfeldern Materieteilchen als Verdichtungen dieser Felder hervorgegangen sind.216 Sie sind als Knoten sich überlagernder Wellen zu verstehen und scheinen dem „Nichts" zu entspringen. Biophotonen S.216

[55] Biophotonen/Popp S. 237

und Allwissen verwirklicht werden, mit einem Wort: zur vollkommenen Verwirklichung des Absoluten Gottes."[56] Dies vollzieht sich ausgehend von jenen winzigen Mannigfaltigkeiten, die wir Moleküle und Atome nennen, bis hin zu ihrer Häufung im Aggregat, wenn sie zu Formen gefügt sind. Alles geschieht nach strenger Gesetzmäßigkeit, denn das gleiche fundamentale Prinzip beherrscht sowohl die Evolution des Atoms, wie auch die eines Sonnensystems. Der Makrokosmos wiederholt sich im Menschen, dem Mikrokosmos, und der Mikrokosmos reflektiert sich in allen geringeren Atomen.

Darum ist es notwendig, die Urenergie[57] wieder bewusst in alle Überlegungen einzubeziehen und sie als die Lebensenergie selbst zu begreifen. Das im Schöpfungsakt ausgegossene Licht ist die Sichtbarmachung des Geistes und enthält als Geistausfluss alle Grundelemente bereits in sich, die dann im ausgegossenen Licht zu Teilchen durch Überschneidung der Wellen sich zusammenfinden wie bei einer Zeugung und auf diese Weise die Materie von licht bis dicht ermöglichen. An sich ist das ein ganz einfacher Vorgang, doch der Vorgang von der Zeugung bis hin zur Gestaltwerdung bleibt ein schwer vorstellbarer Prozess, ein Mysterium, das erst mit einem höheren Bewusstsein zu erfassen sein wird. *„Denn mit unserem linearen Raumzeitbewusstsein allein ist nur eine einfache Ursache-Wirkungs-Beschreibung möglich, und das ist der „blinde Fleck" im vordergründigen realen Denken. Doch unser Bewusstsein ist sich seines Seins auch jenseits der Trennung von Subjekt-Objekt bewusst und ist in der Lage, jene scheinbare Spaltung zu transzendieren, indem es den „Quantenzustand" des einfachen „Zweiersystems" überwindet."* (Goswami)

Sonnenlicht verknüpft die ersten Moleküle zu größeren Gebilden, was der Beginn der seelisch belebten Biosphäre ist. Das sind die

---

[56] Alice Bailey

[57] Die Urenergie anzuzapfen ist schon lange möglich, nur noch nicht einsatzfähig. Tesla und Reich entdeckten bereits rotierende Energiefelder. Tesla wollte der Welt darüber die freie und unerschöpfliche Energie zuteil werden lassen, die durch das Anzapfen der Erd- und Atmosphärenladung verfügbar ist und mit Hilfe einer Trägerwelle wie beim Radio weiter geleitet werden kann. Die Zeit wäre jetzt dafür bereit.

bereits im Geist angelegten Grundbaustoffe, aus deren Anfang das gesamte Universum resultiert. Es sind im Schöpfungsausstoß noch Teile des Lichtes latent in ihm enthalten. Dort befinden sich die unterschiedlichsten Baustoffe, die sich vom Licht als Energie im gesamten Kosmos abspalten und das Licht als Energie im gesamten Kosmos durchdringen. Die Ideen, die mit den Interferenzwellen an deren Kreuzungspunkten je ein Quant als Zwischenteil von Materie und Energie erzeugen, sind in der Art ihrer Überschneidungen für die gesamte Materie in Form der Elemente bestimmend. Darum befindet sich auch im gesamten Leben „Licht", das für die Kommunikation der Zellen untereinander und für deren Gestaltung unerlässlich ist.

So werden *„Biophotonen durch Kohärenz zur Brücke für höhere Dimensionen und bilden die Mitte zwischen potentieller und aktueller Information."* Sie sind die Schnittstelle zwischen den virtuellen ganz auf der wellenhaften Seite stehenden Feldern der potentiellen Information und den messbaren auf der teilchenhaften Seite stehenden Feldern der aktuellen Information. Kohärente Zustände sind die Schnittstellen, an denen über die „Unschärferelation" das Geistige ins Materielle hinein wirksam werden kann."[58] Es sind „Polaritäten", die als komplementäre Eigenschaften[59] in der chinesischen Philosophie Yin und Yang[60] genannt wurden und einen Zustand, das „Tao", bezeichnen, das seinen eigenen Gegenpol mit einbezieht, um wirklich stabil sein zu können. Der „Tao-Zustand" ruht in sich und kann doch ständig neue, Energie und Leben schaffende Gegensätzlichkeiten aus sich heraus erzeugen.[61]

Diese kosmische Durchdringung von „Licht und Finsternis" erfolgt in einer Art gegenläufigen Bewegung von Geist und Materie. Sie wachsen sich förmlich entgegen. Die Materie im Kosmos bringt in einem langen Entwicklungsprozess von der Zelle bis hin zur

---

[58] Popp, Fritz Albrecht
[59] Niels Bohr war der erste, der dieses Komplementaritätsprinzip formulierte
[60] chinesische Philosophie
[61] Das Taoprinzip vermag auf den verschiedensten Systemebene jene Polaritäten hervorzubringen, die für die Entstehung und Weiterentwicklung des Lebens notwendig sind.

Geschöpflichkeit einen biologischen Lebensträger hervor, der aufnahmebereit ist für die Inkarnation des Geistes im Sinne eines menschlichen Bewusstseins. Und damit steht der Mensch genau im Schnittpunkt, in dem Geist und Materie aufeinandertreffen, um sich gegenseitig zu durchdringen und die Materie durch den Geist wieder transparent werden zu lassen. So treffen die absteigenden Bewusstseinsdimensionen der spirituellen Hierarchie im dreidimensionalen Kosmos auf den Menschen, der das Ziel in der Materie ist, um durch ihn von da aus wieder einen spirituellen Aufstieg zu beginnen. **AUS JESUS MUSS CHRISTUS WERDEN.** Im Menschen treffen sich beide Entwicklungsstränge. Es ist das Zusammenschließen der Antipoden im „Tao-Zustand", der nur über die Liebe, jene unbegreifliche „Unschärferelation" im Universum das Leben und das „Liebesspiel Gottes", Lila, selbst ist.

Diese „Schnittstelle" ist zugleich der „zweite Start" als Rückspiegelung der spirituellen Hierarchie des Geistes aus der Materie, dem Kosmos. Der „erste Start" war die Ausgießung des Geistes im Abstieg in die Materie, weil im Universum immer ein Zusammenspiel zwischen Geist und Materie besteht. Dieser „Schnittpunkt" wurde vor ca. 25.000 Jahren im Vormenschen erreicht, eine Epoche, die Yukteswar als die *„größte Dunkelheit der Menschheit"* bezeichnete und die Ken Wilber in seiner Schrift „Halbzeit der Evolution" mit dem bezeichnenden Untertitel beschreibt: „Der Mensch auf dem Weg vom animalischen zum kosmischen Bewusstsein". Von diesem Zeitpunkt an erfolgt der Wiederaufstieg des Geistes aus der Materie. Geistmorphologie kehrt zurück in die Quelle und die Materiemorphologie löst sich auf, um als pure Energie von der Quelle für die Schaffung neuer Universen wieder eingesaugt zu werden.

Darum hat auch jedes Gestirn im manifesten Kosmos eine entsprechende geistige „Parallelwelt", welche wiederum die kosmischen Gebilde beeinflusst und mitbestimmt. Die Folgen solcher geistiger Bestimmungen und Einflüsse können bis in die materielle Welt der Gestirne durchschlagen. So ist z.B. unser Sonnensystem eine sehr lange Zeit durch eine Zone größter „geistiger Dunkelheit" in ihrer übergeordneten Galaxie gewandert[62]. Diese Phase ist überwunden und beendet, was aber keineswegs bedeutet, dass auch auf Erden eine katastrophenfreie und nach menschlichen Vorstellungen konfliktfreie Phase anbricht. Vom Geistigen her gesehen, sind nämlich alle bestimmenden Einflüsse wertneutral und dienen in jeder Weise immer nur dem Prinzip der Liebe. Mit solchen „dunklen Phasen" hängt zwangsläufig auch die Entwicklung des Bewusstseins der Menschheit zusammen, das ebenfalls vom Geistigen aus gesehen zu anderen Zeiten weder schlechter noch besser war. Es handelt sich immer nur um Veränderungen, die von der Liebe aus betrachtet überall gleichwertig sind und nur unterschiedliche Formen annehmen. In solchen dunklen Phasen wird allerdings auch immer zugleich die größte Liebe in der gesamten Schöpfung erbracht.

Diesen hierarchischen Zusammenhang des gesamten Universums zu verstehen, erscheint von der Peripherie des Kosmos aus gesehen unmöglich, weil es hierbei keine vergleichenden und folgerichtigen Zuordnungen und Rückführungen gibt. Man muss darum versuchen, den großen Zusammenhang im Universum als eine Kreisbewegung von „Abstieg und Wiederaufstieg des Geistes" in der Schöpfung zu sehen. Dieser Wendepunkt ist im Kosmos erreicht, indem der gesamte Prozess der universellen Bewegung hier die Umkehr antritt, und das ist auch der schmerzlichste Punkt im gesamten Universum. Es ist wie das Auftreffen eines Tennisballes, wobei die Rückschlagbewegung eine genauso heftige ist wie die Aufschlagkraft. Darum bleiben als sichtbare Auswirkungen auch zu erwartende katastrophale Ereignisse auf der Erde nicht aus.

Die Menschheit erleidet diesen „Wendepunkt"[63] in der Gegenwart sehr schmerzlich, weil sie eine gravierende Bewusstseinsveränderung

---

[62] Swami Sri Yukteswar, „Die Heilige Wissenschaft": „ ... es war daher die dunkelste Phase des Kali-Yuga im gesamten Zyklus von 24.000 Jahren".
[63] Ken Wilber: „Halbzeit der Evolution"

erfährt. Denn dieser „Aufprall" ist im Kosmos ja nicht nur ein Moment, sondern in menschlichen Zeitvorstellungen eine längere Phase, in der jetzt gerade erst der „Rückschlag" begonnen hat. Im 20. Jahrhundert erlebte die Menschheit diesen „tiefsten Aufprall" besonders heftig, und es scheint darum geboten, die oft erschreckenden Kriegskatastrophen und materiellen Zerstörungen nicht nur als Folgeereignisse im kosmischen Sonnensystem zu sehen, sondern auch als einen notwendigen Befreiungsakt von erdrückenden Traditionen sowie als einen geistigen Umwandlungsprozess und Wendepunkt in der menschlichen Bewusstseinsentwicklung zu begreifen. Denn davon ist nicht nur die Menschheit betroffen, sondern die gesamte Hierarchie der Schöpfung, die an der Kreisbewegung des Allbewusstseins mit beteiligt ist. Augenscheinlich sind die besonders Betroffenen zwar die Menschen, weil sie als Träger des Bewusstseins dasselbe wieder in die entgegengesetzte Richtung bringen müssen, was zugleich auch das größte Opfer Gottes in seiner eigenen Schöpfung ist, seinen eigenen „Sohn" aus Liebe zur Hilfe zu schicken.

Da es sich beim Schöpfungsakt um einen permanenten handelt, ist natürlich auch dieser Wendepunkt letztendlich immer nur ein fiktiver, weil es in einer permanenten und endlosen Bewegung keinen Einschnitt gibt. Es ist vielmehr so zu verstehen, dass es sich um keinen einmaligen Akt, sondern um einen permanenten Ausgießungsvorgang handelt: In einer ewigen Kreisbewegung durchläuft dieser „pulsierende Lebensstrom" einen Abstieg in die Materie und wieder einen Aufstieg in die Transparenz des Geistes. Insofern ist auch der „Wendepunkt" kein Punkt, sondern eine Phase im permanenten Prozess – wie bei einem Riesenrad, bei dem es ein Oben und Unten nur in der Vorstellung gibt. Für die menschliche Bewusstseinsentwicklung steht jetzt dieser „Wendepunkt" an, wobei das nächste „Schöpfungsgeschehen" bereits unterwegs ist, um auch einst wieder in den Bereich einer Wende zu gelangen. Dann werden die gleichen Bewusstseinsentwicklungen so wie jetzt auf der Erde vielleicht in einer anderen Galaxie vollzogen werden. Schöpfungen gehen so gesehen ineinander über; nur übersteigen diese Prozesse unsere menschlichen Vorstellungen, denn am Schöpfungsvorgang sind alle im Universum mit beteiligt, weil jeder Aufstieg die Vorbereitung auf eine neue Schöpfung beinhaltet. Nach A.Wheeler[64] ist *„Das Universum ein sich selbst erzeugender Kreislauf, wobei die Irreversibilität das Merkmal des gesamten Universums ist."*

Die Veränderung in den Wirkungen der 7 Strahlen im Kosmos (nach Alice Bailey)

Gemäß der Dualität[65] im Kosmos verändern sich automatisch auch die jeweiligen Wirkungen der „sieben Urstrahlen" in polarisierte Gegensätzlichkeiten. Stellten sie innerhalb der spirituellen Hierarchie allgemeine grundlegende Eigenschaften, also Prinzipien dar, so erhalten sie jetzt im Kosmos als gestaltgebende Kräfte zusätzliche Bedeutungen, um nach Maßgabe der jeweiligen Bedingungen im Kosmos die in ihnen prädestinierten Ideen in Gestalt zu setzen und in einem manifesten Formleben zu offenbaren. Seit der Entstehung der Quantenphysik rücken die Zusammenhänge zwischen Energien und Bewusstsein immer stärker ins Blickfeld der Forschung. Bereits G.Th. Fechner postulierte im 19.Jhdt. die Hypothese, dass Atome Zentren reiner Energien seien und begriff diese als unterste Bausteine einer geistigen Hierarchie. Auch für Bailey hatten alle „Teilchen" eine bewusstseinsmäßige Qualität. Für Wigner ist die Wurzel des Quantenprinzips das Bewusstsein. *„Alle Elementarteilchen besitzen erste Anklänge einer Willenskraft, Selbstaktivität oder eines Geistes."*(Cochran)[66] Nach dieser Theorie erfolgt die „Geisthaftigkeit der Materie" aus der Unschärferelation, die sich wiederum aus dem Doppelcharakter der Materie als „Welle und Teilchen" ergibt. Dabei repräsentiert die Wellenhaftigkeit den geistigen Aspekt, die Teilchenhaftigkeit den mate-

---

[64] Wheeler, J.A.; Geometrodynamics 1962 Biophotonen 402ff
[65] Als Renè Descartes die Welt in Materie und Geist teilte, verzichtete er stillschweigend darauf, die Religion dabei zu erwähnen und ignorierte somit die „Unschärferelation" zwischen beiden und die damit verbundenen Spannungen zwischen Religion und Wissenschaft."
[66] Für ihn ist die Quantenmechanik die mathematische Beschreibung der doppelten Geist-Partikel-Eigenschaften der Materie. Biophotonen S. 411 ff.

riellen. In ihrem Werk „Das Bewusstsein des Atoms" spricht Bailey von einer „Hierarchie des Teilchenbewusstseins", das die verschiedenen Eigenschaften gedanklicher Ideen in den Elementen der Teilchen bei einer Gestaltwerdung bestimmen. Man vermutet, dass „Atome noch verschiedene Elemente von bisher ungeahnten Eigenschaften besitzen könnten, die rein psychischer Natur sind und die Wirkungen der sieben Strahlen bestimmen. Dabei ist die Kohärenz der Biophotonen die Brücke zwischen Geistigem und Materie.[67]

Die Wirkungen der sieben Strahlen

a. Jeder Energiestrahl ist die Wesensäußerung (oder Auswirkung) eines kosmischen Lebenszentrums. Daher sind alle Gebilde (Galaxien, Sonnen, Planeten etc.) im Kosmos miteinander verbunden, belebt und durch den dreifachen Kraftstrom der Urenergie in Gang gebracht. Diese Energien bestimmen den Einfluss auf alle lebend vibrierenden Formen, wobei jede dieser Formen wiederum durch ihre eigenen Ausstrahlungen alle anderen je nach deren Qualität und dem Grad der Entwicklung beeinflusst.

b. Dabei ist jeder der sieben „Urgeister" zugleich Empfänger, Verwalter und Sender verschiedenartiger Energien, die aus unterschiedlichen Quellen stammen, wobei in Zeit und Raum die Art eines Strahles die äußere Erscheinung im Kosmos bestimmt und für den Träger eines solchen kosmischen Lebenszentrums zu dessen Wesensäußerung oder Ausdruck wird. Wenn man dieses Prinzip ins Persönliche überträgt und es auf einen einzelnen Menschen anwendet, so wird verständlich, dass jede menschliche Persönlichkeit die Wesensäußerung eines „Engels" sein sollte, der demzufolge mit jedem anderen Engel im Reich der Seelen ursächlich verbunden ist; denn ein jeder

---

[67] Sie bilden die Mitte zwischen potentiellen und aktuellen Informationen. Biophotonenfelder sind somit die Schnittstelle zwischen den virtuellen wellenhaften Feldern der potentiellen Informationen und den messbaren teilchenhaften Feldern der aktuellen Informationen.

wird von den sieben Energien belebt, und steht ebenso mit allen kosmischen Kräften in Verbindung. Die sieben Strahlen verkörpern als Empfänger und Hüter von Energien aus dem Universum eine grundlegende Idee, nämlich die der gegenseitigen Beziehung, der Verbindung miteinander, der Abhängigkeit voneinander, der gemeinsamen Verantwortung auf Grund der Zusammenarbeit und der Idee des DIENENS. Diese wirken auf die Welt der inneren spirituellen Kräfte über das Medium des Äthers.[68]

c. Die Art eines Strahles – in Zeit und Raum – bestimmt die äußere Erscheinung. Diese Energien haben astrologischen Einfluss auf das Karma, das dem ganzen Evolutionsprozess zugrunde liegt. Dieser magische Antrieb wird von den Menschen mehr oder weniger selbst gelenkt und mit bestimmt; in den anderen Naturreichen geben sich die Formen diesem Drang blindlings hin und reagieren nur auf die verschiedenen Impulse, je nachdem wie es ihr Mechanismus für Reizbeantwortung ermöglicht.

Quintessenz:

1: Es existiert nur eine einzige Lebensquelle, die sich primär durch sieben Grundqualitäten oder Energieaspekte und sekundär durch ungezählte Variationen dieser Energien in Formen manifestiert.

2: Diese sieben ausstrahlenden Energien sind die sieben „Urgeister" oder Lebensenergien, die den Formen das Leben schenken; sie allein geben der gestalteten Welt, Sinn und Bedeutung, Gesetze und den Drang nach Entwicklung.

3: Alles, was existiert, besteht aus Leben, Erscheinung und Gestalthaftigkeit oder Geist, Seele und Körper. Es sind alles reine Seinsäußerungen, ausgestattet mit der Fähigkeit für Wachstum, Tätigkeit, Bekundung von Schönheit und volle Übereinstimmung mit dem Schöpfungsplan. Dieser Plan ist tief im Bewusstsein der sieben Urgeister verankert.

[68] Astrologie

4: Diese sieben Lebensspender, deren innere Natur Bewusstheit ist, bringen in zyklischen Zeitabschnitten die ganze sichtbare Schöpfung hervor; sie arbeiten in größter Eintracht und Harmonie mit der spirituellen Hierarchie zusammen und folgen systematisch und verständnisvoll den Intentionen eines großen Planes, dessen erkorene Hüter sie in der Hierarchie[69] sind. Sie sind die sieben „ schöpferischen Baumeister", die den Aspekt des göttlichen Lebens zum Ausdruck bringen und die Welt der äußeren Erscheinungen mit Qualitäten ausstatten. Es ist die Form in Zeit und Raum, die für die äußere Erscheinung maßgeblich ist.

5: Ein jeder Urgeist bestimmt seinem Wesen nach und in Übereinstimmung mit den anderen Urgeistern durch seinen Kraftstrom alle Geschöpfe und stattet auf solche Art alle Formen mit Gestaltqualitäten aus. Dabei ist jedes Geschöpf (vom Planeten bis zum Menschen) ein kleines Abbild des Gesamtgrundrisses und stimmt mit den Absichten und Zielen des Gesamtplanes überein.

DIE SIEBEN STRAHLEN

Erster Strahl: Wille oder Macht [70]

Im „Willen" äußert sich die Absicht der Gottheit, die Schöpfung aus sich herauszustellen. Die Urenergie als Wille oder Kraft wird im ersten „Naturreich" des Kosmos zur primären Intention, Gestalten zu erschaffen und zu zerstören. Diese erste Polarität im Kosmos zeigt sich darin,

---

[69] Der Photonenring / Dieser wechselseitige Austausch zwischen Kosmos und spiritueller Hierarchie erfolgt über Hüter in den jeweiligen Dimensionen. Ein solcher Hüter ist ein Wesen, das die spirituelle Energie der Schöpfung in die Materie über morphogenetische Felder hineinbringt, reguliert und schafft.

[70] Siehe „Das Enneagramm" von R.Rohr, A.Ebert, Typ 1 und Typ 8

dass dem Erschaffen im Kosmos zugleich auch dessen Gegensatz als Zerstörung innewohnt, weil es sich in der Zeitlichkeit im Kosmos immer um einen Prozess des „Werdens und Vergehens" handelt. Alle Gestalten im Kosmos treten in ein sich offenbarendes Formleben hinein, um sich dann wieder auf die ihnen zugrunde liegenden Ideen hin aufzulösen. Daran wird offenbar, dass Formen kein eigentliches Sein besitzen, sondern gleichsam hinter ihre Gestalt wieder zurücktreten müssen, um so auf ihren Schöpfer und Urheber zu verweisen, der das einzig Seiende ist.

So enthält der „erste Strahl" des Erschaffens auch die ihm entgegengesetzte Intention der Zerstörung. Während dieser erste Willensstrahl in der Hierarchie immer gemeinsam mit Liebe und Geist geeint wirkt, so handelt es sich im Kosmos immer um spezifische Energien des Willens als Kraft des Erschaffens, aber ebenso auch um eine zerstörende Kraft. Ursprünglich wirkt diese Energie als Schöpferkraft und wirkt immer hinter allen Formen wie ein Kraftfeld. Wenn jedoch diese Kraft in kosmische Schwingung geraten ist, kann sich dieser Strahl auch in seinem Gegenteil zerstörerisch auswirken. Dieses Zerstörungswerk ist im Kosmos eine Notwendigkeit, das die Befreiung bringt. Denn dieser Strahl bringt durch diesen Energieaspekt Formen zum „Sterben", leitet dadurch große Perioden von immer wieder neuen zyklischen Zeitaltern ein, in denen alle Formen verschwinden und absorbiert werden, um neuen Formen Platz zu machen.[71] Die Absicht des „Herrn vom ersten Strahl" ist die, sich hinter die sechs folgenden Strahlen zu stellen und, wenn diese ihren Zweck erreicht haben, die von ihnen erbauten Formen zu zerstören. Er führt dies in der Weise durch, dass er seine starke Energie durch ihre Körper schickt, so dass ihre vereinten Kräfte wieder zur Auflösung führen. So kehren die Energien zum Kraftzentrum zurück, aus dem der erste Energieimpuls kam.

---

[71] Der erste Strahl ist der Meister des Todesdramas in allen Naturreichen; er bringt die Zerstörung von Formen, wodurch Kraft freigesetzt und der „Eintritt ins Licht durch die Pforte des Todes" möglich wird.

Zusammenfassung der Wirkungen des ersten Strahls im Kosmos:

Den ersten Strahl charakterisiert Bailey mit Begriffen wie *„der Todesfürst und Zerstörer und damit der Toröffner und Formbefreier, der große Auflöser durch Feuer."* Sie stellt diese Eigenschaften und besonderen Charakterzüge dieses „Herrn", der die Formen befreit, in den Kontext einer alten Legende, der zufolge alle anderen sechs Strahlen diesen ersten Strahl bitten, seine Hand ruhen zu lassen, bis sie ihre eigenen Absichten erreicht hätten:

„Du machst das Leben pulsierend und gibst den Rhythmus an. Leben ist die Gesamtheit. Liebe das Leben in all seinen Formen. Deine Eigenschaft ist Zielstrebigkeit." Zweck und Haupttätigkeit des ersten Strahles besteht darin, Ende und Tod allen Formen in allen Naturreichen und auf allen Ebenen zu bringen. Seine Energien bewirken den Tod einer Ameise genauso wie das Sterben eines ganzen Sonnensystems, Auflösung von Organisationen, Religionen, Regierungen, Rassen und Planeten. Sein Wille oder Zweck erfüllt sich nach dem Gesetz der periodischen Wiederkehr."

Zweiter Strahl: Liebe und Weisheit
Die zweite Absicht der Gottheit

VOLLKOMMENE INTUITION

Dieser zweite Strahl ist der Strahl der Gottheit, der von der Liebe erfüllt ist. Dieser Aspekt der Liebe bringt alle manifesten Erscheinungen hervor und belebt alle Formen durch die Lebensessenz, welche ihre Beschaffenheit bestimmt. *„Der Vater als Geist befriedigt im Schöpferwillen sein Verlangen nach Zeugung. Die Materie als „Mutter" fühlt sich in Liebe vom „Vater" angezogen und erfüllt sein Verlangen, und aus ihrer gegenseitigen Beziehung geht der Sohn als Schöpfungswerk hervor."*[72]

---

[72] Alice Bailey

Dieser trägt als Erbe vom Vater dasselbe Sehnen nach Liebe in sich und von der Mutter die Lust, aus Geist und Leben Formen zu schaffen. Dies ist eine symbolische Erklärung der Erschaffung der Formwelten, ein Prozess, der durch die Gesetze der Evolution ständig weitergeht, um darin die geistigen Intentionen des Schöpfers sichtbar zu machen. Es sind die zwei großen Strahlen des Willens und der Liebe, die beiden Haupteigenschaften Gottes am Werk, die unsichtbar hinter all den Myriaden von Formen wirken.

Der zweite Strahl der Liebe-Weisheit entwickelt eine außerordentlich starke Sensibilität, woraus Anziehungskraft und ein geistiges Streben nach Vervollkommnung hervorgehen. Das Wort geht von Gott aus, dem Urquell der Liebe. Dieses Wort ist die Liebe selbst; denn göttliches Verlangen kennzeichnet das ganze Leben der Liebe. Innerhalb der menschlichen Entwicklung gewinnt dieser Impuls immer mehr an Macht und Bedeutung. *„Am Anfang war das Wort. Das Wort war bei Gott und ist noch bei ihm. In ihm war Licht. In ihm war Leben. In seinem Licht wandeln wir. Sein Symbol ist des Donners Rollen."* Einige Wirkungen und Bedeutungen dieses Strahlenherrn lauten folgendermaßen:

Er ist der Herr ewiger Liebe und Weisheits-Spender; er ist die Strahlenenergie in der Form und der Lichtbringer, der eingeborene Sohn Gottes oder der kosmische Christus. Im Hinblick auf den zweiten Strahl berichtet die Legende:

„Sende aus das Wort und verkünde die strahlende Liebe Gottes. Lass strahlendes Licht und strahlende Liebe erscheinen, deren Eigenschaft Energie-Strahlung ist. Bringe aus dem Dunkel der Zeiten den Einen, den du liebst, heraus in das Licht des Tages, dessen Eigenschaft die Anziehungskraft ist. Sende das Wort aus, das der Form Heilung bringt, jenes geheime Wort, das dann geoffenbart werden muss in der Eigenschaft, die Macht zu erlösen. Erlösung, Licht und Liebe bringen mit Gottes magnetischer Kraft Worte der Weisheit hervor. Das ist der Weg vom Wissen hinan zum Pfad des erkennenden Verstehens, dessen Eigenschaft die Weisheit ist."

Dritter Strahl: höhere Denkkraft
Die dritte Absicht der Gottheit

INTELLIGENZ:
Vollkommen ausgebildeter Intellekt

Geist als aktives Bewusstsein

„Aktives Bewusstsein" ist die dritte göttliche Eigenschaft des Geistes und vervollständigt die Ausstattung der Formen, die in der Schöpfung erscheinen. Jeder der drei Strahlen besitzt in Zeit und Raum eine doppelte Natur. Denn in ihrer zeitweiligen, kosmisch bedingten Doppelnatur kann man bei allen drei Urstrahlen das Wechselspiel beobachten, das Gesetz von Ursache und Wirkung. Einige Namen, die der „Herr des dritten Strahles" führt, deuten an, wie er seine Kraft betätigt und welcher Art sein wahres Wesen ist, zum Beispiel:

der Interpret der sichtbaren Welten
der Gottentsprungene, der sondert und scheidet
der Eine, der Beziehungen und Zusammenhänge schafft
der Eine, der verhüllt und dennoch enthüllt
der Verteiler von Zeit und Herr des Raumes
der universale Denker

Die Eigenschaften des Herrn dieses Strahles sind in der Legende wie folgt aufgezählt:

„Erschaffe die zweifache Form (Polarität) und verhülle den Lebenskern (Geist in Materie). Lass Formen erscheinen, die Göttlichkeit dartun. Alles trägt Gottes Ursprung. Kraft der Manifestierung. Passe die äußere Schale dem inneren Leben an. Lass Zeiten vergehen; dann bring die Seele ins Spiel und lass innerhalb der Zeit Leben im Prozess der Entwicklung erscheinen. Gott und seine Gestalt sind ein Einziges. Offenbare dieses Geheimnis, du Meisterbildner der Form. Mache die Illusion der Zweiheit unwirksam. Mache es glaubwürdig, dass die zwei (Gott und seine Gestalt) eins sind. Denn DU bist der Schaffer des Ewigen Gewandes; danach löse

das Kleid los von dem, was sich hinter seinen vielen Falten verbirgt. Lege die verschleiernden Hüllen beiseite, und zeige DICH der Welt. Lass die beiden Wege sich annähern. Bringe die Paare der Gegensätze ins Gleichgewicht und zeige den Weg auf, der zwischen beiden vermittelt. Gott und der Weg und der Mensch sind eins. So wiederholen die drei großen Strahlen[73] in sich selbst den Vorgang der Schöpfung und Kraftverteilung, veranlasst durch das machtvolle Gebot des göttlichen Willens."

DIESEN DREI URSTRAHLEN – WILLE, LIEBE, GEIST –
FOLGEN VIER WEITERE STRAHLEN:

Die auf die Darstellung der drei Urstrahlen der ersten „Triade" der spirituellen Hierarchie, der göttlichen Dreifaltigkeit, folgenden vier weiteren Strahlen setzen das Werk der Schöpfung in der „zweiten Triade" der spirituellen Hierarchie in einer Art von Ausdifferenzierung ihrer gestaltbestimmenden Wirkungen in den Formen fort. Es sind Ergänzungen zu den immer wirksamen drei göttlichen Urstrahlen. Das Werk dieser vier Strahlen besteht in der Ausarbeitung oder Differenzierung der Lebensqualitäten, wodurch die unendliche Fülle aller erscheinenden Formen sich erklärt, in denen sich der Lebensimpuls verankert und im Verlauf der evolutionären Gestaltung die mannigfaltigen Eigenarten zum Ausdruck bringt. Bailey nennt diese vier weiteren Strahlen darum auch die „Herren der kosmischen Hierarchie" (Kosmos hier gleich materielle Schöpfung).

Vierter Strahl: Harmonie durch Konflikt

Der vierte Strahl ist jene Energie oder Lebenskraft, die stets nach Harmonie strebt und als Resultat Schönheit hervorbringt. Über diesen Strahl spiegelt sich die schöpferische Kraft der spirituellen Hierarchie im Menschen wider, um den Menschen über Erkenntnis zur Weisheit zu führen und ihm die „Ebenbildlichkeit" wahrer Gottessohnschaft zu

---

[73] Trinität: Wille, Liebe, Geist

ermöglichen. Dieser Strahl bringt den Ausgleich der Kräfte und die Übereinstimmung der Formen in der Polarität im Kosmos zuwege und ist auch zugleich in der Polarisation der *Strahl des Ringens und Kämpfens"*. In der „zweiten Triade der Hierarchie", aus der die vier Strahlen entspringen, gibt es weder Zeit noch Raum. Alle Gestaltungen sind darin vorgebildete und geoffenbarte Ideen, die den in ihnen waltenden Sinn nicht verhüllen, wie es im Kosmos auf Grund des dort waltenden Prinzips der Polarität der Fall ist, wo der tiefere Sinn sich hinter einer Verhüllung verbirgt. Der Herr des vierten Strahles hat viele Namen:

der göttliche Mittler
der Eine Verborgene
das Licht im Licht (das aus dem Urlicht des Geistes abgeleitete Licht des Bewusstseins)

Nach der Legende sagt der Urwille zum vierten Strahl: *„Sprich leise das Wort!"*[74] *Das bezeugt die Fähigkeit des Schöpferwillens, in die Tiefen der Materie einzudringen. Unterstütze das Verlangen, gib dem Suchenden, was er braucht, öffne den Weg. Vereine die Schöpfung mit Gott. Bringe im Wachstum Deine Göttlichkeit zum Ausdruck. Dreh' dich wie ein Rad und kehre zum Anfangspunkt zurück und rotiere abermals. Kreise um die Himmel herum. Erfahre, dass alle Schöpfung eins ist. Es ist die Harmonie und Durchdringung der Sphären."* (Kreislauf des Bewusstseins in der Schöpfung / „Der Traum des Jakob" / Abstieg und Aufstieg der Engel)

Fünfter Strahl: Konkretes Wissen oder Erkenntnis
Die fünfte Absicht der Gottheit

KONKRETES WISSEN – Lorber: der göttliche Ernst.

„Die Donner rollen um des Berges Gipfel; dunkle Wolken verhüllen die Form. Die Nebel, die aus dem Wassergrund emporsteigen, helfen das

---

[74] Und das Wort kam in die Finsternis – Johannes

Wunderbare zu verzerren, das in der verborgenen Stätte zu finden ist. Die Form ist da. Ein Lichtstrahl erhellt die Form; das Verborgene tritt nun zu Tage. " (Jakob Lorber)

Energien und Kräfte erhalten ihre geheimen Namen[75] und enthüllen ihren inneren Zweck, wobei der göttliche Plan Gestalt annimmt. Darin sind Gottes Absichten und Pläne festgelegt und sind in den Gestaltungen die Selbstoffenbarung Gottes, die aus den Formen wieder enträtselt werden muss. Denn die Form für sich ist eine Illusion; sie bildet lediglich ab und verhüllt gleichzeitig. Ihr Sinn ist die Enthüllung der Gedankenwelt Gottes über die Transparenz der Formen. Die Form an sich ist dabei Verhüllung – Involution des Geistes in die Materie. Aber über die Transparentwerdung der Form offenbart sich die in der Verhüllung unaufhebbare Einheit Gottes mit sich selbst, der in der Form das unteilbar EINE LEBEN ist. In der Transparenz für ihren Schöpfer enthüllt die Formenwelt somit nicht nur die Gedankenwelt Gottes (Schöpfung als Offenbarung der göttlichen Ideen), sondern auch das Geheimnis seiner All-Einheit, welche aus der Infragestellung durch eine Welt der Formen und der Gegensätze von Neuem als Evidenz hervortritt. Daher ist die Schöpfung nicht nur Verhüllung, sondern zugleich und genauso Enthüllung, Selbstoffenbarung Gottes.

Die Vergangenheit offenbart sich über die Form, während die Gegenwart das permanente Einfließen von Energien anzeigt. *Das, was unterwegs ist, erscheint als eine Wolke, welche die Sonne verbirgt. Doch verborgen hinter dieser Wolke des Innewohnens ist Liebe, die alles neu macht und die erkannt werden muss.* Der fünfte Strahl ist eine einzigartige Machtfülle in Bezug auf das göttliche Denkprinzip im Menschenreich. Der Grund hierfür ist, dass seine Haupttätigkeit sich auf der Ebene des Denkvermögens abspielt; und eben auf dieser Ebene finden wir die dreifachen Aspekte der Denkkraft:

---

[75] vgl. die Namensgebung im Buch Genesis: das Wort als Sprache und Begriff (Gen 2,19f.)

1. Abstraktes oder höheres Denken – Philosophie / Mathematik
2. Konkretes oder niederes Denken als höchster Aspekt des Ego.
3. Das Selbst, die Seele, den vollkommenen Sohn des göttlichen Denkprinzips, der sowohl abstrakte als auch konkrete Intelligenz zum Ausdruck bringt und in der Mystik vereint: ERKENNTNIS

Dieser fünfte Strahl hat besonders auf die Menschheit bezogen einen großen Einfluss. So wie die menschliche Persönlichkeit im Plan Gottes keine andere Funktion zu erfüllen hat, als die eines Werkzeuges und Ausdrucksmittels für die Seele, ebenso soll das niedere Denkvermögen des Menschen eine Schleuse für das ungehinderte Einströmen des höheren Denkens sein. Das bedeutet, dass sich der Mensch mit Hilfe der Erkenntnis aus seinen Bindungen an die Formen lösen muss. Denn *unser Bewusstsein ist ein in höchstem Maße umfassendes Bewusstsein, weil es auch Anteil hat an einem Bewusstsein auf einer transzendenten Ebene, und die durch das Ego bedingte Getrenntheit ist nur eine scheinbare und dient dem Impuls, sie im Leben zu überwinden.*[76] Es ist das Liebesopfer, das Gott über die Transparenz wieder sichtbar macht, welches allein bisher die Heiligen erbracht haben. Deshalb müssen sich in der jetzigen Menschheit Liebe und Denkkraft schließlich gegenseitig offenbaren, und die Realität der Seele wird in der Menschheit wieder völlige Anerkennung finden. Es ist zu beobachten, dass in der ganzen Welt die Menschen beginnen, eine „Welt" zu sehen, die ihnen normalerweise nicht zugänglich ist und worüber sie eine Erweiterung ihres Bewusstseins erfahren. Diese Bewusstseinserweiterung zeitigt deutlich eine Auflösung des Schleiers, der die Phänomene der äußeren greifbaren Welt von denen des inneren Seins und der feinstofflichen Welt verhüllt und trennt. Darauf deuten einige der Namen hin, die den „Herrn dieses Strahles" charakterisieren:

der Offenbarer der Wahrheit , Enthüller der Wirklichkeit

der große Verknüpfer

der göttliche Mittler

das Tor zu Gottes Gedanken

[76] Goswami S.243

die Energie, die Einweihung bringt
der Wächter des Tores
der Verwahrer des Geheimnisses

Die Legende berichtet davon, dass der menschlichen Familie „Licht" durch das Selbstopfer der „solaren Engel" (Christus, Buddha, Moses, Elias etc.) gebracht wurde, indem sie ins Dasein kamen und freiwillig *„hinab zur Hölle fuhren und ihren Platz in einem Gefängnis fanden". Das war der „Geburtstag" der menschlichen Seelen. Gott und seine Engel erheben sich nun und halten Ausschau: „Lass die Bergspitzen aus dem dichten feuchten Nebel heraustreten. Lass die Sonne ihre Gipfel bescheinen. Kommt zum Vorschein!" Lasst uns lauschen: „Lass den Menschen aufhorchen und rufen. Sprich laut, um die Stimme des Schweigens vernehmlich zu machen, und bringe Tätigkeit hervor. Lass alle Erfahrung zu Worte kommen. Urteile und wäge, zerlege und zergliedere die Offenbarung des Weges."*

Sechster Strahl: Hingabe
Die sechste Absicht der Gottheit

DEVOTION (HINGABE) ODER IDEALISMUS

Als den sechsten Urgeist benennt Lorber die Geduld, die auch Hildegard von Bingen als die *„Grünkraft des Lebens"* bezeichnet. *„Wo Liebe, Weisheit, Wille, Ordnung und der Ernst vorhanden sind, da muss auch offenbar eine höchste Geduld vorhanden sein. Denn ohne sie würde sich alles überstürzen und in ein Chaos übergehen"* (Lorber). Die göttliche Geduld eröffnet allen Wesen entsprechend ihrer Maßgabe und ihren karmischen Bedingungen Wege und Möglichkeiten der Weiterentwicklung und der schließlichen Vollendung in Gott. *„Die Geduld ist die Grünkraft des Lebens und Mutter der ewigen, unwandelbaren Barmherzigkeit Gottes. Nur die göttliche Geduld bringt mit der Zeit alles ins harmonische Gleichgewicht."*

Bailey sieht den sechsten Strahl als *„Herr des Idealismus und der Hingabe"*. *„Diese Strahlkraft kämpft zielbewusst für ein Ideal und widmet sich ausschließlich den Vorhaben des inneren Lebensimpulses; dies sind im Verein mit göttlicher Aufrichtigkeit die Qualitäten, die den ganzen Ausdruckskörper dieser Wesenheit prägen."* Die Absicht des sechsten Strahles ist die Hingabe in Liebe an die Welt. Dabei ist die innewohnende Seele der Form und ihren äußeren Leiden gegenüber unbarmherzig und muss es auch sein. Die Seele kann indes auch verstehen, dass Schmerzen und Schwierigkeiten in der Welt vonnöten sind. *„Die Zerstörung hat begonnen, die alles zermalmt, was sich in den Weg stellt. Denn es ist der Marsch ins Licht. Das Werk kommt voran."* Einige der Namen dieses Strahlherrn sind:

der Verneiner der Begierde
der Eine, der das Rechte sieht
der Erkenner der Wirklichkeit
der Überwinder der Formen
der Krieger auf dem Marsch zum Licht der Wahrheit
der Geduldige auf dem Weg zur Vollkommenheit

In der Legende wird berichtet: *„Es ist seltsam genug, dass dieser sechste Strahlherr stets ein geliebtes Rätsel für seine sechs „Brüder" (Die kosmischen Herren und Hüter) war. Das zeigt sich deutlich in den Fragen, die sie an den Herrn des sechsten Strahls richteten, als sie sich „unter den Augen des Herrn" zusammenfanden, um ihre Pläne für eine gemeinsame, gottgefällige, harmonische Tätigkeit auszutauschen. Sie stellten diese Fragen in einer Stimmung voll himmlischer Freude und Liebe, doch mit der deutlichen Absicht, mehr Licht auf die unklaren Eigenschaften ihres geliebten Bruders zu werfen:*

Warum ist die Begierde rot? Warum so rot wie Blut? Sage uns, o Sohn Gottes, warum dein Weg von Blut gerötet ist?
Es ist die Macht, Begehren niederzuringen und zu töten.
Warum das Kreuz von der Erde in den Himmel verpflanzen? Die Erde kann auch ein Himmel sein. Warum das Kreuz aufrichten, um daran zu sterben?

Es geht dabei um die Eigenschaft der Selbst-Aufopferung.
Siehst du nicht in allem Gott, das Leben und die Liebe? Warum sonderst du dich ab und lässt die zurück, die du liebst und sehr gut kennst?
Es ist die Kraft, sich von der Welt loszulösen, um den Sieg über die Nebel der Gefühlsnatur davonzutragen.

Siebenter Strahl: Ordnung
Die siebente Absicht der Gottheit

Der siebente Urgeist ist für Lorber die BARMHERZIGKEIT – *„diese bringt alles zurecht – sie ordnet alle die früheren Geister und ermöglicht den Geschöpfen ihre Reifung zur Erlösung aus ihrer Gebundenheit in die Freiheit der Teilhabe am Leben Gottes. Dieser siebente Geist in Gott bewirkte auch, dass Christus selbst das Fleisch annahm, um alle die im Fleisch gefangenen Geister aus den Banden des notwendigen Gerichtes der Materie zu erlösen."*

Für Bailey ist der siebente Strahl *„Der Herr der Ordnung"* und der Synthese. Dieses Prinzip des siebenten Strahls beinhaltet alle gruppierenden Organisationen im gesamten Universum, also alle „Gesellschaften" als makrokosmische wie auch mikrokosmische Gebilde, die sich zusammenfinden (Atome zu Molekülen etc.). Gemeint ist das organisierende Prinzip in den unterschiedlichen Dimensionen. Es betrifft den integrierenden Zusammenschluss von Gruppierungen in der gesamten Hierarchie. Auf die Hierarchie übertragen sind mit den Energien des siebten Strahls die organisierenden Prinzipien in den unterschiedlichen Dimensionen gemeint und betreffen Neuerstehen und Zerstörung integrierender Strukturen der gesamten Hierarchie.[77]

---

[77] Bailey schrieb diese Vorhersagen vor 80 Jahren und sah eine erneute Aktivierung dieses Strahls im 20. Jahrhundert. Diese Energien sind immer aktiv. Bailey meint damit, dass im 20. Jh. Wieder eine verstärkte Aktivität dieses Strahls erfolgt, wodurch in der Menschheit neue Gruppenstrukturen entstehen. Sie sah das aber zu früh, denn gemeint ist die jetzt erst entstehende Globalisierung als eine neue Gruppenstruktur für die gesamte Menschheit.

Bailey meint damit prophetisch gesprochen auch den Beginn des Neuen Äons.

Der 7. Strahl entspricht dem „Siebenten Siegel" in den Johannes-Offenbarungen.

„Lasst uns den Tempel des Herrn erbauen", rief der siebente erlauchte Engel. Dann schritten sieben mächtige Söhne Gottes mit gemessenem Schritt zu ihren Baustellen im Norden, Süden, Westen und Osten und nahmen ihre Plätze ein. Also begann die Errichtung des Bauwerkes. Die Türen waren geschlossen. Die Sieben waren in Schweigen gehüllt, und ihre Gestalten waren nicht sichtbar, denn die Zeit war noch nicht gekommen, da das „Licht" durchbrechen konnte."

Die Legende berichtet:„Lasst das Werk vorangehen. Lasst nun die Söhne Gottes Schöpfer sein."„Gott und seine Engel erheben sich nun und verschmelzen die Vielen (Einzelwesen) in dem Einen. Lass das Schmelzwerk voranschreiten. Lass das, was das Sein aller verursacht, die Ursache ihres Aufhörens hervorbringen. Lass einen einzigen Tempel nun erstehen. Lass die krönende Glorie erscheinen. So möge es sein."

„Doch das „Wort" konnte noch nicht verkündet werden. Mit der Zeit wurden die Laute des Lebens hörbar. Das Tor ward geöffnet und das Tor ward wieder geschlossen. Jedes Mal wenn es sich auftat, nahm die dynamische Energie im Tempelinneren (des Menschen) zu; jedes Mal wurde das Licht intensiver, wenn die Menschensöhne, einer nach dem anderen, den Tempel betraten; Aus dem Osten kam das Wort: Öffnet allen Menschensöhnen das Tor, die aus den dunklen Tälern der Erde heraufkommen und nach dem Tempel des Herrn suchen. Gebt ihnen das Licht. Enthüllt den inneren Schrein und lasst solcherart Licht in die Welt strahlen und lasst das schöpferische Wort ertönen. Also soll der Tempel des Lichts vom Himmel zur Erde gebracht werden. Dann soll der Meister im Osten alle Schlafenden erwecken. Dann soll der Hüter im Westen alle wahren Lichtsucher erproben und prüfen. Dann soll der Hüter im Süden den Blinden Unterweisung und Hilfe geben. Dann soll das Tor im Norden weit offen bleiben, denn hier steht der unsichtbare Meister mit entgegengestreckter Hand und verstehendem Herzen, um

die Pilger nach Osten zu führen, von wo das wahre Licht ausstrahlt."
(siehe auch: Hildegard von Bingen, *„Scivias"*)

In der Legende wird berichtet, dass dieser Strahlherr die eigenartige Macht besitzt, die Arbeit seiner Brüder sichtbar werden zu lassen. Er vollführt sein Werk durch die Macht der Gedanken. Die folgenden Aphorismen, die seine Eigenschaften aufzeigen, wurden ihm in die Ohren gewispert, als er „den allerhöchsten Platz verließ und in die siebente Sphäre herabstieg, um dort die zugewiesene Arbeit auszuführen". Der Namen sind viele, unter denen dieser Strahlherr bekannt ist. Das Zukunftswerk kann aus diesen Titeln ersehen werden:

der entschleierte Magier
der Eine, der zum Leben emporhebt und zugleich der Todesgott ist (Auferstehung)
der Schlüssel zum Mysterium
der Ausdruck des Willens und der Offenbarer der Schönheit.

„Nimm dein Werkzeug mit dir, Bruder des schöpferischen Lichtes. Schaffe und forme den lebenden Stein. Denn DU bist die schöpferische Kraft. Lass alle unter dem Willen Gottes stehen, nimm deinen Sitz im Zentrum und sende deine Kraft aus, dass sie deinen Willen erfülle, und ziehe deine Energien wieder zu dir zurück und enthülle Gottes Gedankenwelt."

DER ABSTIEG VON ALLSEELE UND ALLGEIST

Die Wirkungen dieser Strahlen beinhalten im Energieabstieg von Allseele und Allgeist im Kosmos dessen manifeste Gestaltwerdung. Dieser „Schöpfungsprozess" ist die permanente Inkarnation des Geistes in die Materie, so wie es Jakob im „Traum von der Himmelsleiter" sehr anschaulich erschien: Auf der einen Seite sieht er absteigende Engel und auf der anderen aufsteigende. Das entspricht sinnbildlich der ewigen Kreisbewegung, der sich in der Schöpfung bedingenden Polarität von Licht und Finsternis. Beides sind Prinzipien als Gegenkräfte, die sich vereinend trennen und getrennt vereint werden. Sie sind die Polarisierung von Eins und Zwei, die sich gegenseitig bedingen, um sich gegenseitig über die Drei, der Liebe wieder zu erlösen. Diese hält als „Unschärferelation" das gesamte Leben im Universum im Gleichgewicht: Eins kann ohne Zwei nicht sein und Zwei sieht ihr Ziel in der Eins, denn das Licht ist als Kraft gegeben, die ohne die Finsternis nicht Licht sein kann. Diese Kraft bleibt ewig erhalten und bewegt sich im Prozess der Durchdringung unendlicher Bilder.

Das Licht kehrt wieder zu Gott zurück, aber nicht so wie das aus der Eins ausgesandte Licht. Denn der Lichtstrahl kehrt nicht um oder bricht sich wie ein Echo, er bleibt als Licht immer erhalten und läuft im Kreis einer Spirale, deren Grenzen nicht in der Zielrichtung liegen, sondern nur in der Bewegung einer Spirale. Sie selbst ist endlos, kehrt sich also nie um wie der Schall, der sich an einer Mauer bricht, ist aber doch in der Bewegung der Spirale begrenzt, die als Zwei die Vielheit der Schöpfung ist. Diese kosmische Durchdringung von Licht und Finsternis erfolgt in einer Art gegenläufigen Bewegung von Geist und Materie. Sie wachsen sich förmlich entgegen. Die Materie bringt in einem langen Entwicklungsprozess von der Zelle bis hin zur Geschöpflichkeit einen biologischen Lebensträger hervor, der aufnahmebereit ist für die Inkarnation des Geistes im Sinne eines menschlichen Bewusstseins. Und damit steht der Mensch genau im Schnittpunkt, in dem Geist und Materie aufeinandertreffen, um sich gegenseitig zu durchdringen und die Materie durch den Geist wieder transparent werden zu lassen. Der Mensch ist die „Unschärferelation" im Universum, weil in ihm die absteigenden Bewusstseinsdimensionen der spirituellen Hierarchie im materiellen Kosmos aufeinandertreffen, um durch den Menschen wieder den Aufstieg in die Spiritualität zu beginnen. **Aus Jesus muss Christus werden.**

Involution ist die „Einwohnung" (das Einfließen) von Allseele und Allgeist in die Schöpfung, deren unterste Dimension der Kosmos ist. Hier wird aus der Involution des Geistes im wahrsten Sinne des Wortes die Inkarnation, die „Einwohnung ins Fleisch". Es ist das Eintauchen der Seele in einen Menschen. In den Bewegungen der höheren Dimensionen, deren Substanzen ätherischer Natur sind, erfolgen daher nicht im wörtlichen Sinne Inkarnationen, sondern es handelt sich eher um ein „Absinken" der Seelensubstanzen in eine jeweils tiefere Bewusstseinsdimension in einer Art „Einschlafen" und „Wiedererwachen" in der nächsttieferen Dimension, wobei vor dem Einschlafen die Regeln für die nächsttiefere Dimension festgelegt werden. Diesem Dimensionswechsel entspricht auf Erden „Geburt und Sterben".[78]

Die Liebe muss dabei, um sich selbst zu begegnen, auch in die Zeitlichkeit des Kosmos eintauchen, weil es im gesamten „Abstieg" um die Entfaltung des göttlichen Bewusstseins geht, das sich auch in den materiellen Manifestationen des Kosmos widerspiegelt. Dabei nehmen „Seelensubstanzen" im Abstieg an Gestalthaftigkeit in dem Maße zu, wie sie am ursprünglichen Ideengehalt abnehmen. Im Abstieg ist alles umgekehrt proportional: Es verwandelt sich der ursprüngliche vollkommene Wille Gottes im Ideenausfluss bis in den unvollkommenen Eigenwillen des Menschen. Das ist das Prinzip aller Gestaltwerdung, die im Kosmos als tiefster Dimension endgültig zu keiner weiteren Verwandlung mehr fähig ist und darum automatisch die Rückspiegelung der Liebe initiiert.

Es „inkarniert" also eine Art gedankliches Gestaltkonglomerat, um sich in den absteigenden Bewusstseinsdimensionen deren jeweiligen Gesetzen zu unterwerfen, diese zu verwirklichen, um die universelle Bewegung weiterhin in Gang zu halten. Dabei wird im ewigen Kreislauf von Dimension zu Dimension alles weitergetragen, was an Liebe

---

[78] Franz Werfel: „Stern der Ungeborenen"; W. beschreibt darin, wie es auf einem anderen Stern über Klonen zu „Geburten" kommt und wie man das „Sterben" freiwillig bestimmt, indem man sich in einen Schlafraum begibt, um in einer anderen Welt wieder zu erwachen.

bisher erbracht wurde, aber auch ebenso das, was zur Verdichtung durch den Eigenwillen geführt hat. Darum müssen alle bisher angehäuften „Verdichtungen" der Seelen in der Dimension des Kosmos für den späteren Aufstieg wieder transparent gemacht werden. Die Begründungen für dieses „Absinken" in tiefere Bereiche beschreibt Swedenborg sehr anschaulich: „… dass nicht der Herr (Gott) jene Zustandsveränderungen bewirke, sondern der Grund dafür liege in der Eigenliebe der Wesen, die sie beständig vom Herrn abzieht." Diese Zustandsveränderungen bedeuten darum immer auch zugleich einen Abstieg in der Hierarchie des Himmels.

Die Liebe selbst vollzieht in der Schöpfung diese unendliche, ewige Kreislaufbewegung durch alle Seinsebenen, um im ständigen Wechsel der Dimensionen eine Gestaltverwandlung zu erleben, wobei das Bewusstsein auf allen Ebenen immer den Level der Erkenntnis bestimmt, die Liebe allein deren Umsetzung. An dieser Kreislaufbewegung in der Sichtbarmachung Gottes in seiner Schöpfung sind alle Dimensionen sehr unterschiedlich beteiligt. Zwar kommunizieren alle Frequenzbereiche untereinander, dürfen sich aber nicht vermischen, wobei sich allerdings benachbarte Bereiche ständig in Form gegenseitiger Hilfe beeinflussen. Das bedeutet, sie sind gewissermaßen füreinander „durchlässig" im Sinne eines ständigen Oszillierens ihrer Bewusstseinssphären. Die Erde – wie alles im Kosmos – ist so ständig auch von einer „spirituellen Hierarchie" umgeben, deren Aufgabe es ist, als Vermittler der interdimensionalen Energie zu dienen. Dadurch werden schöpferische evolutionäre Energiemuster geschaffen, die wiederum im Kosmos ihre materielle Ausgestaltung finden. Jedes Dimensionsbewusstsein ist dabei ein absolut freies und in seinen Entscheidungen für oder gegen die Liebe ein autonomes. Das Erbringen der Liebe wird allerdings um so schwerer, je stärker beim Abstieg der Eigenwille mitbestimmend ist. Da auf Erden das Ich mit seinem Eigenwillen am stärksten ausgeprägt ist, hingegen der Wille Gottes und der Glaube nur noch sehr schwach und kaum noch lebendig sind, ist in dieser „Bewusstseinsfinsternis" auch das Leiden am größten und die Liebe am allerschwersten zu erbringen. Die Erde ist innerhalb der gesamten Kreisbewegung die größte „Prüfungsstation" für die Liebe, muss jedoch als Wendepunkt und Start für den Wiederaufstieg vom gesamten Universum durchlaufen werden, wodurch der Kreislauf in einer ständigen Bewegung gehalten und vollendet wird.

Da die Dimension des Kosmos die höchstmögliche Verdichtung des Lichtes zur Materie ist, kann von da aus keine weitere „Inkarnation" erfolgen. Es handelt sich danach nur noch um eine Form abgesunkener „Seelensubstanz" in der Parallelwelt der Erde, im Jenseits. Diese abgesunkenen Seelensubstanzen werden wieder als „Stoff" für ein neues Universum „ausgebrannt" (HÖLLE), denn das gesamte Universum ist ein durchgängiger Frequenzbereich und unterliegt bestimmten Gesetzmäßigkeiten. Solche abgesunkenen Seelensubstanzen überleben zwar nicht als Kraftträger für die Liebe, bleiben aber als Energien erhalten. Denn das Material für ein neues Universum ist nicht Materie, sondern Energie, die auch zurückfließt, weil im Universum alles vom „Energieerhaltungsgesetz" bestimmt ist. Es ist eine gestaltlose, reine Energie, die so wieder neuen Intentionen zur Verfügung steht, um in einem neuen Universum wieder Gestalt anzunehmen.

Die Aufgabe der im Abstieg befindlichen geistigen Kräfte besteht primär in der liebenden und dienenden Weitergabe von Erkenntnissen. Der Sinn dieser Tätigkeit darf jedoch nicht unter dem Aspekt reiner Dienstleistungen für andere gesehen werden, sondern vielmehr als ein ungeheuer dynamischer Prozess des gegenseitigen liebenden Gebens und Nehmens im Universum. Liebe ist dabei in allen Dimensionen die führende Kraft in der unermesslichen Fülle der Gestaltungen und ihren Beziehungen untereinander. Durch „Verfehlungen" können im Verlauf dieser gesamten Kreisbewegung auch ganze Dimensionen „erkranken", wodurch sich einerseits die Bewegung des Abstiegs ergibt, aber andererseits auch die stärksten Impulse für die Liebe ausgelöst werden. Der Abstieg wird so quasi durch die jeweils „Unbotmäßigen" und deren wachsenden Eigenwillen bewirkt. Es sind letztlich die „Gefallenen", die in der Rotation im Universum die größten Impulse für die Liebe auslösen.[79] Darum erscheint es wichtig, die Vorstellung von der Hierarchie des Universums wieder der Menschheit bewusst zu machen; denn ohne diese notwendige Erkenntnis über die Herkunft der Menschheit sind z.B. Begriffe wie „Erbsünde" oder „Adams Fall" weder erklärbar noch verstehbar.

Dieses Erkennen der Hierarchie in der Schöpfung ist daher eine Voraussetzung zum Verstehen der Herkunft der Menschheit und der damit verbundenen Bedingungen für die Bewegung der Liebe im Universum. So paradox es erscheinen mag: ohne die „Sünde" gibt es keine Bewegung im Universum. Auch der „Fall Adams" ist nur so zu verstehen und wird im Alten Testament in der Austreibung aus dem Paradies dargestellt. Und das bedeutet, dass von diesem Zeitpunkt an die Menschheit die volle Verantwortung für ihr Tun und Denken übernehmen musste. Denn der Menschheit wurde über die Erkenntnis die Konsequenz von Ursache und Wirkung bewusst. Die Menschen mussten erkennen, dass es einen Weg „zurück ins verlorene Paradies" zwar nie mehr geben könne, aber im Erkennen Gottes ein Wiederaufstieg möglich ist. Denn die Erkenntnis ist die einzige Tür, die über die Liebe den Weg zur Erlösung wieder öffnen kann.

„Das bedenke! Für die Erkenntnis ist zwar die Erde eine schier unerträgliche Kloake, für die Liebe aber die einzige Möglichkeit, Gestalt auf Erden anzunehmen und sichtbar zu werden. Die Liebe bedarf der Kloake, der sie sich in unendlicher Dankbarkeit für deren Opfer annimmt, weil Liebe sich erst im Dienen erfährt. Und das wird auch die größte Versuchung der neuen Population sein: Ihren hohen Erkenntnislevel der Liebe nicht freiwillig aufzuopfern. Und das für ein Leben hier auf Erden in einer für sie unfasslich scheußlichen Kloake, in die sich die Menschen durch ihre Inkarnation versetzt fühlen. Aus diesem Dilemma führt nur der Weg

---

[79] *„Das Böse ist der Antrieb für das Gute in der Schöpfung: aber das ist nicht moralisch als gut oder böse zu verstehen, sondern es ist die stetige Entfernung und Trennung vom Zentrum, die in der Schöpfung erst die Bewegung ermöglicht und im Kosmos den größten Tiefpunkt der Liebe erreicht. Da aber kann die Liebe sich in ihrer größten Entfernung von Gott als größte Liebe erweisen."* (Anonymos)

über die Selbsterkenntnis heraus." ICH bin der Weg, die Wahrheit und das Leben". Der Weg geht über die Selbsterkenntnis und zielt auf die Wahrheit. Wenn diese dann durch Liebe umgesetzt wird, erhält der Mensch das wirkliche „ewige" Leben." (Anonymos)

Im Universum erbringen darum alle diejenigen die größten Liebesopfer, die in die Materie „gefallen" sind, um sie über die Erkenntnis daraus wieder zu erlösen. In den höheren Dimensionen erfolgt die Liebe nicht über die Erkenntnis, sondern nur in gegenseitiger Hingabe. Aus diesem Grund ist die Erkenntnis in den absteigenden Dimensionen weder notwendig noch sinnvoll, weil „Engel" in diesen Dimensionen noch im „steten Gesetz des ausfließenden Geistes" stehen. Erst von der Menschheit an muss das Gesetz der Liebe über die Erkenntnis wieder entdeckt werden. An dieser Abstiegsbewegung sind alle im Universum beteiligt.

Beim Abstieg wächst ständig die Reibung aller polarisierten Kräfte untereinander, wobei sich die Spannungen zwischen „Gotteswille und Eigenwille" verstärken. Je tiefer der Dimensionsabstieg, desto mehr steigert sich der Eigenwille, wodurch die Versuchungen für die Liebe wachsen; denn je größer die Versuchungen und Anforderungen sind, umso stärker muss auch die Liebe sein, um das „Böse" oder das wachsende Trennende zu überwinden. Die Seele erreicht beim Abstieg aus dem Zentrum in einer menschlichen Inkarnation bereits den höchsten Grad der „Ebenbildlichkeit Gottes" und der Mensch selbst seine größte Eigenwilligkeit als Individualität. *„Und Gott schuf den Menschen sich zum Ebenbild."*[80] Die Erschaffung des „Ebenbildes" Gottes führte nicht nur zur bewussten Trennung der Geschlechter, sondern auch zum bewussten Erkennen von Leben und Tod. Das ermöglichte die „freie Willensentscheidung" eines Ich und beinhaltete gleichzeitig auch die Erkenntnis des ewigen Lebens der Seele. Denn Abstieg bedeutet zugleich auch eine sich immer deutlicher abzeichnende Trennung von Gott und größte seelische „Entfernung" vom Zentrum.

---

[80] (Gen 1,26f.); Gott-Ebenbildlichkeit bedeutet, Gott gegenüber zu stehen und „Antwort" zu geben, nicht mehr im Ausfluss Gottes zu stehen.

Die Menschheit erbringt auf diese Weise im Universum das größte Opfer für die Liebe und ist jetzt an der Wende zum Wiederaufstieg[81] angelangt. Alle Dimensionen, die sich über der irdischen Dimension weiterhin noch im Abstieg befinden, haben dagegen eine Inkarnation auf Erden noch vor sich.

Das Ziel des Abstiegs ist mit der kosmischen Dimension auf der Erde erreicht. Gegen diesen Abstieg sträubt sich jene höhere „Population", der die Inkarnation auf Erden als letzte Stufe ihres Abstiegs noch bevorsteht, sehr heftig. Diese befindet sich aber als „Energieschub" auf dem absteigenden Strom und muss diese letzte absteigende Inkarnation durchmachen. Das wird zwar sehr wohl als Notwendigkeit der Weiterführung erkannt, aber man fürchtet sich sehr davor, weil man weiß, dass damit der tiefste Punkt der universellen Kreisbewegung erreicht ist, von wo es nur einen sehr schmerzlichen Wiederaufstieg gibt. Das aber geht nur über das „Liebesopfer" einer Inkarnation der jeweils höheren Population in die nächsttiefere Bewusstseinsdimension. In der „Inkarnation" auf Erden erfahren alle Seelen eine materielle Verkörperung, wovor sie sich sehr fürchten. Es fällt diesen Seelen besonders schwer, weil sie noch tief im Inneren Erinnerungen an ihren vorherigen Zustand besitzen. Der Abstieg von ganzen „Populationen" ist – wie schon Swedenborg vermerkt – immer *mit einer großen Traurigkeit verbunden*, weil nämlich die jeweils höhere absteigende Population Einsichten in die tiefere hat, was umgekehrt nicht möglich ist. Darum aber weiß diese, was sie auf Erden erwartet. Diese Populationen beobachten die Erde schon sehr lange und wissen, dass sie hier inkarnieren müssen. Dabei stellen sie immer wieder mit Entsetzen fest, dass die Menschheit als Ganzes in der Tat verdorben ist und abgelöst werden muss, und das erfolgt nur durch eine Inkarnation, gegen die sich die Population seit langem heftig sträubt.[82]

---

[81] Ken Wilber „Halbzeit der Evolution"
[82] Aus eigener Erfahrung mit Begegnungen der nächst höheren Population, machte ich die Feststellung, dass das Verhalten solcher Wesen der Menschheit gegenüber stark ablehnend, um nicht zu sagen, von großer Hochmütigkeit gekennzeichnet ist, was einerseits durchaus zu verstehen ist, andererseits eine gewisse Kälte und Lieblosigkeit ausstrahlt.

Denn auf Erden fangen alle Seelen nach ihrer menschlichen Inkarnation bei „Null" an. Das ist der Start für den Wiederaufstieg zum Zentrum und zugleich das großes „Liebesopfer", denn letztlich ist jede Seele als Funke Gottes einmal aus dem Zentrum bis in die Materie inkarniert, um sich wieder aus der Materie heraus lösen zu können. *„Das Innere der Menschen ist nach dem Bilde des Himmels, das Äußere nach der Welt geschaffen. Das Innere ist dem Menschen verschlossen, darum wird er in völliger Unwissenheit geboren, und nur so wie es der Mensch versteht und danach lebt, wird ihm der Himmel wieder erschlossen werden."*[83]

Alle Begründungen und Beschreibungen für das zwingende Absinken der Seelen in tiefere Bereiche decken sich auffallend auch mit den Betrachtungen von Alice Bailey. Sie schildert die mit dem Abstieg verbundenen Veränderungen vor allem des „Ätherleibes"[84], jener ätherischen Substanz, die während des Abstieges große Veränderungen erfährt durch immer stärker sich unterscheidende individuelle Gestalten, vor allem aber die allmähliche Trennung in männliche und weibliche Wesen zur Folge hatte. Analog zur universalen Polarität von „Schöpfer und Schöpfung" entspricht auch die Geschlechtertrennung in Mann und Frau dem Prinzip der Dualität innerhalb der Monade „Mensch", die sich darum ständig nach Vereinigung sehnt. So bildeten sich in den unteren Dimensionen der Hierarchie jene einst vereinten, nun aber gegensätzlichen und sich notwendig wieder ergänzenden Geschlechtsunterschiede aus. Eine streng sichtbare und verbindliche Trennung in Männlich und Weiblich erfolgt allerdings erst kurz vor der irdischen Inkarnation. In den höheren Dimensionen gibt es eine solche Geschlechterpolarität nicht, sehr wohl aber durchaus auch eine Art Polarisierung der geistigen Kräfte, die sich im Sinne eines geistigen Richtungsstrebens ständig ergänzen müssen. Dabei entstehen auch jene notwendigen Spannungen, die als „Reibung" das Tempo der Abstiegsbewegung bestimmen und ein Abnehmen des

---

[83] E. Swedenborg a.a.O
[84] Wilhelm Reich spricht vom Energiekörper

Energiezuflusses zur Folge haben. Dadurch wird die Liebe mehr und mehr verdunkelt, was zur wachsenden Eigenwilligkeit im Bewusstsein führt und nach der „Austreibung aus dem Paradies" auf Erden ein bitteres Erkennen zur Folge hatte.

Der Kosmos als härteste Materialisierung und Ziel des Abstieges ist im Plan sehr wohl vorgesehen und keineswegs nur eine Folge von „Verfehlungen", sondern die conditio sine qua non für die universale Kreisbewegung und für eine Umkehrbewegung im Wiederaufstieg innerhalb der Hierarchie. Im Abstieg haben zwar die Seelen immer eine freie Entscheidung, insofern sie den Abstieg selbst zwar nicht verhindern, aber durchaus selbst bestimmen können, indem sie nach wie vor nur den Gesetzen der Liebe folgen und sich nicht durch die Ausprägung eines zu starken Eigenwillens immer mehr vom Zentrum entfernen. In der Bibel wird in diesem Zusammenhang vom „Fall Luzifers und der gefallenen Engel"[85] (Menschheit) als Sturz in die verhüllende Finsternis berichtet. Diesem Bericht billigt man heute bestenfalls eine allegorische Bedeutung zu, aber welche okkulte Wahrheit liegt dieser merkwürdigen Geschichte zugrunde? Die Wahrheit dieses Berichtes ist der „Sturz des Geistes in die Materie", die der kindhaften Denkweise der biblischen Menschheit vermittels eines Bildes mitgeteilt wurde. Der Vorgang ist ein zweifacher: einmal der Abstieg des zentralen Lebens in die Materie, die Inkarnation des Geistes, und der verkündete Sieg durch den Engel Michael als Wiederaufstieg des Lebens oder Geistfunkens aus der Materie.

Dabei ist „Luzifer" selbst die Emanation des Lichtes aus Gott und insofern der „Abstieg per se". Nur so ist auch die Schilderung vom „Höllensturz Luzifers" zu verstehen, der quasi alle „unbotmäßigen Engel" mit sich in die Tiefe riss. Diese Betrachtungsperspektive ergibt sich allerdings allein vom Endstandpunkt des universalen Abstieges,

---

[85] vgl. Jes. 14,12: „Wie bist du schöner Morgenstern vom Himmel gefallen und gedachtest in den Himmel aufzusteigen."
Offb. 12,7-9: „Michael und seine Engel stritten wider den Drachen. ... Er wurde gestürzt ... und mit ihm wurden seine Engel hinabgeworfen."

von der Menschheit aus gesehen. Vom Ursprung der „Lichtausschüttung" gesehen ist das jedoch die größte Liebe Gottes. „Luzifer" selbst ist hierbei der Lichtbringer und höchste Engel, dem dieses „unbotmäßige Licht entfallen ist", und der sich aus übergroßer Liebe in die größte Finsternis stürzte, um das verschüttete Licht wieder „einzusammeln" und es wieder ins Zentrum zurückzubringen. Jener „Höllensturz der Engel" hatte in der Menschheit den Eigenwillen zur Folge, der als „freier Wille" in der „Ebenbildlichkeit" auf Erden auch die größte „Entfernung" von Gott darstellt. Nur so kann sich Gott in seiner Schöpfung über ein Geschöpf erkennen und sich selbst über dessen „Liebesopfer" wieder ins Zentrum zurückführen. Dieses Liebesopfer ist Luzifer, der das Licht in die Schöpfung brachte. Er ist der erste „Lichtgedanke Gottes" und zugleich die Aussendung des Lichtes. Gott ist die Urquelle der Liebe, die ständig das Universum als Wille, Kraft und Bewusstsein durchflutet.

Der Abstieg der Liebe bis in die Dimension des Kosmos war ein langer und sehr dunkler Gang, weil die Urenergie im Kosmos wie auf eine nicht mehr zu durchdringende Wand auftrifft. Aber nur in der dem Geiste entgegengesetzten Kraft, der Materie, können die geistigen Wirkkräfte sichtbar werden. Auch in den anderen Dimensionen der Hierarchie finden solche Veränderungen beim Abstieg ganzer Dimensionen statt, nur verlaufen diese für menschliche Vorstellungen weniger „katastrophal", weil sich diese Bewusstseinswechsel im Fluss der Abstiegsbewegung befinden und es sich nicht um eine Bewegungsumkehr handelt. Aber auch von den im Weiterfluss befindlichen Wesenheiten werden diese Bewusstseinswechsel gleichwohl schmerzlich empfunden. Zur Erlösung aus dieser Finsternis hat Jesus Christus der Menschheit das Prinzip der Liebe offenbart; und es ist jetzt an der Zeit, die Liebe über die Erkenntnis wieder bewusst zu aktualisieren. Denn von nun an ist die Menschheit für das Prinzip der Liebe bewusst reif geworden. Sie ist dafür verantwortlich[86], darüber auch die „äußerste Peripherie", den Kosmos im Universum zu erlösen. Und das erfolgt im Wiederaufstieg der Seele über das Bewusstsein

---

[86] Hildegard von Bingen: „Der Mensch in der Verantwortung"

der Menschen. Für den Wiederaufstieg ist das bewusste Wissen und die Erkenntnis dieses Evolutionsprozesses entscheidend. Im Abstieg handelte es sich um Zustandsveränderungen des Bewusstseins, an dessen Ende die Erkenntnis steht. Im Wiederaufstieg steht die Erkenntnis dagegen am Anfang und es handelt sich um die Umsetzung der Erkenntnis im Prozess der Liebe.

ZUSTANDSVERÄNDERUNGEN UND EVOLUTION

Der Abstieg in der spirituellen Hierarchie vollzog sich in einem eher passiven „Herabsinken" von Bewusstseinszuständen, die dabei entscheidende Substanzveränderungen erfuhren. Im Kosmos gestalten sich im Gegensatz dazu alle Veränderungen mehr über einen permanenten Entwicklungsprozess der Materie, der mit ständigen Bewusstseinsveränderungen verbunden ist - „Welle und Teilchen" im Wechselspiel von Verhüllung und Offenbarung, Energie und Manifestation. Im Kosmos ist dabei der Aspekt der Evolution der Substanz und jener damit verbundene Prozess einer ständigen Umwandlung der Energien in gestaltete wahrnehmbare Manifestationen entscheidend. Diesem Entwicklungsprozesses objektiv wahrnehmbarer Manifestation liegt ein immanenter verborgener Bewusstseinsprozess zugrunde. Dieser Zusammenhang zwischen Energie einerseits und einer sich andererseits ständig verwandelnden Substanz als Träger eines Bewusstseins muss immer parallel gesehen, kann aber nur getrennt dargestellt werden.

Am augenscheinlichsten ist die Evolution der „Substanz" oder der Materie im Kosmos. Die Evolution der Substanz führt uns ganz natürlich zur Evolution der Formen. Von solchen rein materiellen Formen unterscheiden sich Formen, die in reiner Substanz existieren, wie etwa Gedanken. Das wiederum führt zur „Evolution des Bewusstseins", hinter dem sich eine Art Planung oder organisiertes Konzept verbirgt, und das sich in materieller Formen auswirkt. Es gibt darum zwei parallel verlaufende Hauptlinien der Evolution: Eine, die mit der Materie und der Form, und eine zweite, die mit der Seele, dem Bewusstseinsaspekt, dem „Denker" in der Form, zu tun hat. Weg und Verlauf sind für beide verschieden. Der „Denker" ist dabei der intelligente Wille, der lenkt, formuliert, bindet, erbaut und entwickelt und alles letztlich zur Vollkommenheit bringt. Das ist die der Materie selbst innewohnende Vollkommenheit und die Tendenz, die im Atom bis zum Menschen und in allem was ist, latent vorhanden ist.

Alles ist vom Leben durchflutet, wobei es nur unterschiedliche Aggregatzustände gibt. Auch die menschliche Entwicklung wird letztlich vom biophotonen Prozess mitgestaltet, wobei allerdings nur die Anfänge aller Lebensbewegungen darunter so zu verstehen sind, wie z.B. Moleküle zusammenfinden und auf diese Art über die Photosynthese kommunizieren. Allerdings geht alles über das Licht als Geistsubstanz. Licht ist somit der fließende Mittler zwischen Materie, Seele und Geist. Sheldrake spricht in diesem Zusammenhang von „morphogenetischen Feldern", einer Art Erinnerungscontainer: Hinter jeder zum erstenmal gebildeten Struktur, sei es Gedanke, Handlung oder materielles Objekt, steht ein Feldmuster, das nicht elektromagnetischer Natur ist, sondern jenseits von Zeit und Raum existiere. Daraus folgt : Hinter der materiellen Teilchenebene liegen weitere grundlegende „Ebenen" (Frequenzbereiche, Geistbereiche, Bewusstseinsstufen), aus denen die gegenständliche Welt aus einer feinstofflicheren und dem Geist näheren „Urmaterie" (Urenergie) hervorgeht und sichtbar wird. Diese Biophotonenfelder stehen an der Spitze der Regulierungshierarchie im materiell-physikalisch erfassbaren Bereich. Es sind die Mittler, eines fließenden Bereiches zwischen Materie, Seele und Geist. Darüber gibt es nur noch die Urenergie. Das Problem ist, dass die dahinter wirkende Idee ein Geheimnis bleibt und noch nicht für den Menschen „greifbar" geworden ist. Die Frage bleibt: Gibt es hinter der objektiven Form und der sie belebenden „Intelligenz" eine Evolution, ein sich Entfalten von innen nach außen, was sich aus einem inneren geistigen Zentrum her entrollt, eine Evolution als Entfaltung einer stetig zunehmenden Gestalthaftigkeit und Reaktionsfähigkeit? In den schöpferischen Energien finden wir eine Erklärung für die Synthese von Materie- und Bewusstseinsaspekt in allen Manifestationen: Es ist das Konzept der Schwingung und der Reaktion auf Schwingung.[87]

Evolution ist nämlich der Vorgang, der das Leben in allen Einheiten zur Entfaltung bringt, der Drang zur Entwicklung, der schließlich zur Verschmelzung aller Einheiten und Gruppen führt, bis die Gesamtsumme aller Manifestation erreicht ist, die Natur oder Gott genannt werden kann und die das Aggregat aller Bewusstseinszustände ist. *Das ist der „Gott", „in ihm wir leben, uns bewegen und sind"*[88]*; „das ist die Kraft oder Energie, der intelligente Wille, der lenkt, formuliert, bindet, erbaut und entwickelt und alles letztlich zur Vollkommenheit bringt. Das ist die der Materie selbst innewohnende Vollkommenheit und die Tendenz, die im Atom, im Menschen und in allem was ist, latent vorhanden ist.*[89]

Alle Evolution erfolgt aus dem homogenen Einen, über die heterogene Vielheit wieder zurück zum Einen: „Evolution ist eine sich ständig beschleunigende Vorwärtsbewegung aller Teilchen im Universum, welche diese gleichzeitig auf einem von Zerstörung begleiteten Weg, doch ununterbrochen und pausenlos, vom materiellen Atom bis zum universalen Bewusstsein führt in welchem Allmacht und Allwissen verwirklicht werden: mit einem Wort, zur vollkommenen Verwirklichung des Absoluten Gottes." So gesehen ist der Evolutionsprozess nicht das Wirken einer außerhalb befindlichen Gottheit, die ihre Energie und Weisheit auf eine erwartungsvolle Welt ausgießt, sondern vielmehr als etwas, das selbst in dieser Welt latent vorhanden ist, denn es liegt verborgen im Kern des Atoms, im Herzen des Menschen selbst, im Planeten und im Sonnensystem. Es ist jenes Etwas, das alles seinem Ziel entgegentreibt, und die Kraft, die allmählich aus dem Chaos Ordnung schafft und letzte Vollkommenheit aus der zeitweiligen Unvollkommenheit.

---

[87] Biophotonen S.413 Mittler zwischen Körper und Seele? Die Kohärenz als Brücke zum Geistigen
[88] Apostelgeschichte 17,28
[89] Bailey, „Die sieben Strahlen"

Die drei Triaden des Komos

Spiegelbildlich zu der spirituellen Hierarchie vollziehen sich auch im Kosmos diese Entwicklungsprozesse in drei Stufen. Bailey spricht in diesem Zusammenhang von den drei „Naturreichen" im Kosmos, die sich spiegelbildlich und parallel zu den drei Triaden der spirituellen Hierarchie durchdringen. Dabei entspricht die oberste absteigende „erste spirituelle Triade", das Zentrum, dem untersten aufsteigenden „ersten Naturreich" im Kosmos.

1. Triade: Zentrum, Einheit, „Chaos"	1. Naturreich: Atome, Mineralien, Gestein; rudimentärer Ausgangszustand der Materie
2. Triade: Gruppenbildung, 7 Strahlen	2. Naturreich: Pflanzenreich, Gruppenseele
3. Triade: Vielheit, Individuation	3. Naturreich: Tierreich, Vielfalt der Geschöpfe
4. Reich oder Zwischenbereich: DER MENSCH	

Die drei „Naturreiche" im Kosmos sind: 1. Das Mineralreich, 2. Das Pflanzenreich, 3. Das Tierreich. Es sind die dem Menschen sinnlich erfassbaren Bereiche der Welt. Diese drei irdischen Naturreiche kann man stellvertretend für den Kosmos als Differenzierungen des „Einen Lebens" für den Planeten Erde auffassen, und zwar hinsichtlich der äußeren Erscheinung (ihrer objektiven Manifestierung oder der nach außen projizierten Schöpfung) und hinsichtlich der darin wirkenden Energien als Bewusstsein.

Darin nimmt der Mensch eine Sonderstellung ein, weil der Mensch beiden Systemen angehört und die Verbindung der beiden „Hierarchien" herstellt. Denn „Geist und Materie" sind im Menschen als Bewusstsein und Körper durch die Seele vereint. So erfolgt der Zusammenschluss, die Berührungsstelle von Kosmos und Hierarchie auf Erden im Menschen als dem physischen und geistigen Träger: Höchste irdische Entwicklung und tiefste absteigende Bewusstseinsdimension der Hierarchie treffen im Menschen aufeinander in einer Art „Überschneidung" oder „Kohärenz" beider Systeme, wobei der Mensch die "Unschärferelation" repräsentiert, weil er beiden Systemen (Geist und Materie) angehört.

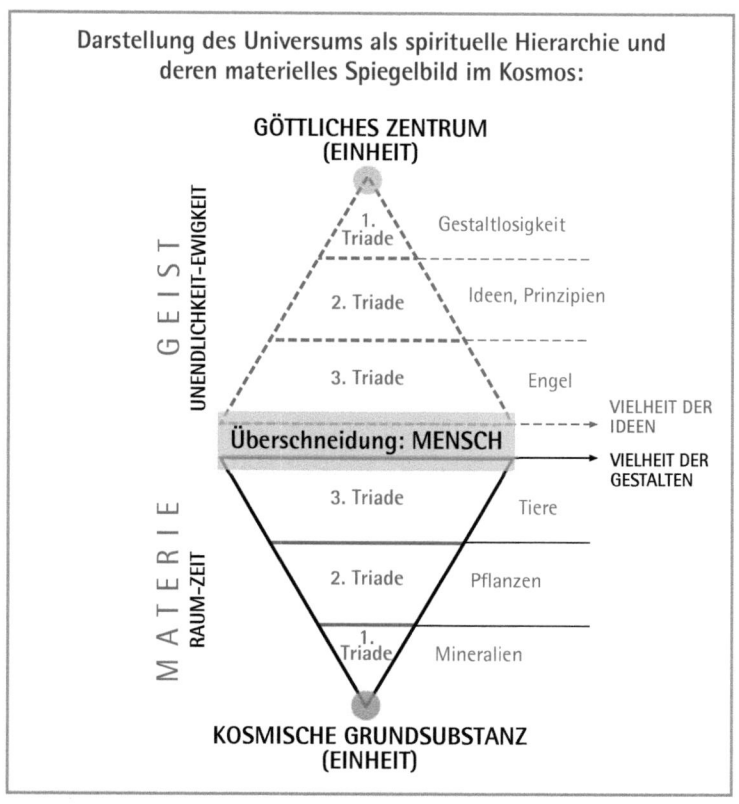

Darstellung des Universums als spirituelle Hierarchie und deren materielles Spiegelbild im Kosmos:

Die drei Naturreiche

Bei der Erschaffung der drei kosmischen Naturreiche sind die drei Aspekte der Urenergie: Wille, Liebe, Geist mit unterschiedlicher Aktualität beteiligt, wobei die Urenergie selbst immer für alle Naturbereiche eine grundsätzliche Seinsbedingung ist.

Erstes Naturreich: Das Mineralreich

Bei der Erschaffung des ersten Naturreiches ist der Schöpferwille selbst der beherrschende und unmittelbar wirksamste Aspekt. Dieser Kraftstrom ruft im Ozean des Raumes und des Raumäthers quasi aus dem Nichts das Dasein hervor. Das ist die Erschaffung aller Gestirne in Galaxien, Sonnen und Planeten, die mit einem Bruchteil ihrer Energie den Kosmos belebt. Diese vom Urleben ausstrahlenden Energien besitzen in sich bereits die Dualität von „Liebeshimmel und Weisheitshimmel"[90]: *„Im Willen sind der Lebensdrang aller Ideen zur Gestaltung und die anziehende magnetische Liebe enthalten, die das Resultat des Zusammenprallens der Willensenergie mit der in Schwingung befindlichen „Muttersubstanz des Weltalls"*[91] sind. Es ist das „Urchaos" der Ideen, und der Geist, der über den Wassern schwebt."[92] Gott imprägnierte in jenen ersten Urstrom alle für die Erschaffung des Kosmos notwendigen Energieeinheiten, und der Aufprall dieses Strahles auf den Raumäther[93] im Kosmos ist die Garantie dafür, dass in der Zukunft der verhüllte Zweck der Schöpfung mit Gewissheit offenbar werden wird. Darin besteht auch die „Spiegelbildlichkeit" der beiden „Systeme": Spirituelle Hierarchie und kosmische Naturreiche. Denn beide Reiche – geistiges Zentrum und das erste materielle Naturreich – befinden sich auf den äußersten Stufen größter Feinheit und größter Dichte, und beide Reiche sind das Produkt des Ur-Schöpferwillens Gottes.

Dieses erste Naturreich steht somit unter dem primären Einfluss des dreieinigen Schöpferwillens. Es ist das Ergebnis von Urenergie und einer Kraftansammlung in einer äußersten materiellen Verdichtung, die allen Gebilden im Kosmos zu Grunde liegt. Es ist das „Mineralreich" als Repräsentanz der kosmischen Materie. Es befindet sich an der „äußersten Peripherie" des Universums und bildet so den Gegenpol zum „geistigen Zentrum": Spirituelle Substanz und größte mate-

---

[90] E. Swedenborg a.a.O.
[91] A. Bailey a.a.O.
[92] Genesis 1,2: *„Und die Erde war wüst und leer; und der Geist Gottes schwebte über dem Wasser."*
[93] Äther, das fünfte Element, ist die den gesamten Raum durchdringende Ursubstanz, aus der Materie entsteht. Es ist der Energiekörper der Schöpfung.

rielle Dichte. In diesem materiellsten Naturreich herrscht genau wie im hierarchischen Zentrum der „feurige Aspekt" des Schöpferwillens vor, aber nicht wie in der spirituellen Hierarchie als zeugendes und erschaffendes Prinzip, sondern im Kosmos als organisierendes und zerstörendes Prinzip des Willens (Feuer). Die Willensenergie ist also einerseits der Schöpfungsimpuls aller Manifestationen im Kosmos und zugleich andererseits auch der notwendige „Zerstörer" aller materiellen Verdichtung. Dabei sind die atomaren Grundstrukturen des „Mineralreiches" in ausgesprochen geometrisch vollkommenen Formen fixiert. Die dynamische Energie vereint sich an diesem Punkt tiefster und dichtester Festigkeit zu Ausgestaltungen, an denen die volle Auswirkung göttlicher Denkkraft in sichtbarer Form erscheint, und zwar mit einer außerordentlich wirksamen Ausstrahlung des „Feuers" (z. B. Radioaktivität).

Das Mineralreich stellt damit den Höhepunkt eines Kondensationsprozesses dar. Diese Verdichtung[94] kam unter der Einwirkung des Feuers und unter dem Druck und Drang der „göttlichen Idee" zustande. Das Feuer ist das bestimmende und prägende „Element" dieses Naturreiches. Es handelt sich um den ersten Energiestrahl, der im Kosmos als „Elektrizität" in Erscheinung tritt, jene Kraft, die das Sonnensystem in harmonischer Ordnung hält und belebt. Es gibt zwei Wirkungsweisen von Elektrizität, einmal der Fluss von Informationen, der im Kosmos Prozesse steuert und eine andere Funktion, die Licht produziert. Das „Feuer" im Sonnensystems ist dabei von dreifacher Art: Es gibt Feuer durch Reibung, elektrisches Feuer und „spirituelles Feuer", also die Feuer der Körper, der Seele und des Geistes. Die Wissenschaft versteht einigermaßen, was Feuer durch Reibung ist, und dieses wird für alle irdischen Belange (Wärme, Licht und Bewegung) genutzt. Die Forschung ist dabei, das Rätsel des „elektrischen Feuers", der Atomenergie zu entschlüsseln. Das „spirituelle Feuer ist nach wie vor ein

---

[94] Michael Faraday glaubte bereits zu wissen, dass Materie lediglich Feldverdichtungen darstelle: Knoten im „Feinstofflichen" S. 211 Meckelburg. Hermann Weyl: „Nicht das Feld bedarf zu seiner Existenz der Materie als seines Trägers, sondern die Materie ist umgekehrt eine Ausgeburt des Feldes."

Geheimnis und als Gegenstand der Erforschung bei der Physik[95] noch gar nicht angekommen (Unschärferelation, Multidimensionale Weltmodelle, Weltäther).

Spirituell gesehen finden wir in der „Mineralwelt" den Gottesplan verborgen in der Geometrie eines Kristalls, und Gottes strahlende Schönheit in dem Farbenspiel eines Edelsteins. Was Gott in seinem Plan erschaut hat, finden wir hier auf der untersten Stufe der Schöpfung in Miniatur wieder. Das Ziel der universalen Grundidee wird uns im Edelstein und in der Strahlung des Radiums erkennbar, aufbauend und zerstörend. Diese Mineralwelt ist die konkreteste Ausdrucksform der harmonischen Zusammenarbeit von Energie und Idee. Diese Ordnung stellt das Fundament aller physikalischen Strukturen im Kosmos und damit auch der Erde dar. Es ist der dichteste Ausdruck von Gottes Leben und zugleich die eingekerkerte Urkraft der unmanifestierten spirituellen Macht. Denn so wie es das „Gerüst" oder die Basis der manifestierten Welt bildet und daher als wahre Form zu betrachten ist, genau so ist das „Mineralreich" nach dem Gesetz der Analogie auch das grundlegende Reich eines Sichtbarwerdens spiritueller ätherischer Ebenen.

Dieses Festwerden oder Erstarren ist in der objektiven Welt das sichtbare Ergebnis des Wechselspiels von Energien und Gestalten, wodurch der geordnete Rhythmus der Erde samt seiner inneren „Schmelzmasse" geschaffen wurde. Darin besteht auch die Spiegelbildlichkeit der beiden Systeme: spirituelle Hierarchie und kosmische Naturreiche. Gemäß dem göttlichen Zentrum in der geistigen Hierarchie entspricht auch im Kosmos der Schöpferwille als bestimmende Urenergie dem ersten Naturreich. Wille oder Lebensenergie haben synonyme (sinnverwandte) Bedeutung. Sie drücken etwas Abstraktes

---

[95] *In der klassischen Physik wird jede Bewegung durch die sie steuernden Kräfte bestimmt. Sobald wir Position und Geschwindigkeit eines Objektes zu einem bestimmten Zeitpunkt kennen, können wir mit Hilfe der Newtonschen Bewegungsgleichung seine Bahn berechnen. Der Unschärferelation zufolge, die in die deterministische Philosophie wie eine Bombe einschlug, haben wir es dagegen nur mit Wahrscheinlichkeiten zu tun – mit Quantensprüngen und Nicht-Lokalitäten.*

aus, das für sich existiert und mit einer wie immer gearteten substantiellen Erscheinungsform nichts zu tun hat. Der Wille-zum-Sein kommt von Gott und ist identisch mit der alles durchdringenden göttlichen Energie.

Materie ist aus Energiefrequenzen aufgebaut, wobei Materieteilchen Verdichtungen von Schwingungsfeldern sind. Das geschieht durch Überlagerungen (Interferenzen) von Schwingungen. Dabei ordnet sich in den Schwingungsknoten, wo sich die Kräfte aufheben, Materie an. Durch Energiezufuhr entstehen dynamische Strukturen, die sichtbarer Ausdruck eines unsichtbaren Schwingungsfeldes sind. Alle Strukturen sind ein Ergebnis unendlicher Kombinationen der verschiedenen Elemente und Atome zu Molekülen, die den Ausdruck einer Idee bilden und bereits vorher festgelegt sind. Die entscheidende Ursache ist dabei die Kombination der Elemente, die durch das Licht ausgelöst wird, indem diese sich dadurch zusammenbinden und dann unendlich weiter entwickeln können. Alle diese Kombinationen kann ein menschliches Gehirn niemals erfassen. Das ist ihm nur in Ausschnitten möglich.[96]

Als organisierendes Prinzip des Willensstrahls ergießen sich alle schöpferischen Energien in die Äthersubstanz des Kosmos und erzeugen jene gewaltigen Kräfte in den Galaxien mit ihren unzähligen Sonnensystemen und deren Planeten. Aus den unvorstellbaren Kräften dieser Energien resultiert das gesamte feste Material allen planetarischen Lebens, das in verschiedenen mineralischen Formen organisiert ist. Man kann den Einfluss der Organisationskraft dieser Energien am besten in den Urstoffen, den Elementen, sehen, die bewundernswerte geometrische, vollkommene Strukturen aufweisen, wie sie das Mikro-

---

[96] Bailey schrieb in diesem Zusammenhang bereits vor 100 Jahren: „Solange das Wesen der Atome und deren innere Struktur noch Gegenstand des Forschens, Spekulierens und Theoretisierens ist, müssen alle Aussagen über das dichteste Naturreich nur als symbolisch verstanden nicht im wörtlichen Sinne gesehen werden. Bis dahin wird dieses Reich mit seiner Lebensfülle für alle ein Rätsel bleiben. Obwohl im gegenwärtigen Forschungsstand zwar das Atom in Aufbau und Wirkung viel weiter erforscht ist, bleibt nach wie vor der subatomare Mikrokosmos in seiner Energie-Materiebeziehung ein noch zu lösendes Rätsel. Heute sind die Wissenschaftler der „Chaostheorie" einer Lösung dieses Problems am nächsten (Prigonine, Fourier, Bohm, Popp).

skop und die Atomforschung aufdecken. Das Mineralreich ist das Resultat eines „Ritus von Schwingungsrhythmen", so wie alle Urformen die Modelle für die Myriaden von Strukturen sind, nach denen die sichtbare Schöpfung hervorgebracht und aufgebaut wurde.

Zwei Faktoren bestimmen die Strukturen des Mineralreiches: Der eine Faktor ist derjenige, dass alle mineralischen Gebilde in sich jene Lebenselemente beherbergen, aus denen andere Formen ihre Nahrung ziehen. Denn jedes weitere Naturreich hängt von der Existenz des ersten Naturreiches ab, das ihm zeitlich im Evolutionszyklus vorausgeht und von dem es seine Lebenskraft holt. Jedes Naturreich ist ein Kraft- und Lebensborn für das nächstfolgende, das zufolge des göttlichen Plans in Erscheinung tritt.

Der zweite Faktor ist das Geheimnis, das allen Naturreichen innewohnt: Verdichtung und Umwandlung. Dabei hat jedes Reich seinen eigenen Code. Unfassbare ätherische Substanzen werden permanent zu dichten sicht- und greifbaren Welten komprimiert, denn nach einem evolutionären Plan muss diese objektive (äußere) Welt wieder in den Urzustand zurückverwandelt werden; und all das, was während der Erfahrungsperiode des geformten Daseins an Ordnung und Rhythmus, an Tendenzen und Qualitäten ins Bewusstsein der Atome und Elemente eingepflanzt worden war, muss mitgenommen werden. Diesen Auflösungs- und Umwandlungsprozess sehen wir z.B. als Strahlung und als Wirken radioaktiver Substanzen. Die Entschlüsselung dieses ersten „Naturreiches" steht heute in der Atomphysik und Astrophysik an, was parallel zum Bewusstseinswandel ins Supramentale erfolgt, das Neue Äon einläutet und den geistigen Aufstieg zur Folge hat.

Verdichtung und Umwandlung im ersten Naturreich

Das Geheimnis von Verdichtung und Umwandlung ist als fundamentales „Bewusstsein" ein Charakteristikum aller atomaren Materie. Es bestimmt den Aufbau und die Verbindungen von Atomen, woraus die sichtbaren Strukturen aller Gestaltungen erbaut sind, also alle Formen im Mineralreich, im Pflanzenreich, im Tierreich bis hin ins Menschenreich. Es ist die Gesamtheit dessen, was wir „Natur" nennen. Auf diese Weise kann jedes Naturreich als eine Totalität angesehen werden, durch die sich ein „Bewusstsein" irgendeiner Stufe oder eines Grades manifestieren kann. Jedes Naturreich bringt sein Aggregat aller Formen als Totalität hervor, die wiederum einen Platz innerhalb eines noch größeren Zusammenhangs findet. In allen drei Naturreichen – dem mineralischen, pflanzlichen, animalischen – sind wiederum drei Faktoren gegenwärtig:

1. dass das ursprüngliche Atom selbst ein Lebewesen ist
2. dass alle Formen aus einer Vielheit von Leben aufgebaut sind und dadurch ein kohärentes Ganzes aktualisiert werden kann, was auf eine subjektive Wesenheit hinweist, die so eine Absicht verfolgt. (Teleologische Struktur des Universums)
3. dass das zentrale Leben innerhalb der Form ihr richtunggebender Impuls, die Quelle ihrer Energie, der Ursprung ihrer Aktivität und das ist, was die Form als Einheit zusammenhält.

Beim Mineralreich geht es daher nicht allein um das Atom. Das ist die Kernsubstanz, aus welcher alle Formen dieses Reiches gebildet sind, kurz: alles das, was die Chemie und Mineralogie über dieses Naturreich festgestellt hat und was wissenschaftlich erforscht ist. Aber das Atom seinerseits ist, wie wir heute wissen, bereits die komplexeste Struktur innerhalb eines subatomaren Mikrokosmos, belebt von dem gleichen Urlebensfunken, der nun innerhalb des materiellen Makrokosmos im Atom den Baustein zur Erschaffung und Erhaltung aller, auch der höchstentwickelten Lebensformen, in den drei Naturreichen bereitstellt. *„Ein Atom ist ein Kraftzentrum, eine Phase elektrischer Phänomene, ein Energiezentrum, aktiviert durch seine eigene innere Struktur, das Hitze oder Strahlung abgibt."* (Alice Bailey)

Vom Atom lässt sich demnach sagen, dass es sich in noch kleinere Einheiten auflöst und in Energiebegriffen ausgedrückt werden kann. Wenn man also ein Zentrum von Energie oder Aktivität vor sich hat, sieht man sich einem doppelseitigen Konzept gegenüber: einmal ist es das, was Bewegung oder Energie verursacht und dann, was diese Bewegung mit Energie durchdringt oder aktualisiert: Die Energie als solche und die Energie als Wirkung. Es ist das ständige Oszillieren zwischen „Welle und Teilchen", jener Bereich, der zwischen Geist und Materie steht. Das aber bringt uns unmittelbar in das Gebiet von Psychologie und Bewusstsein. Jung nannte den transzendenten Bereich des Bewusstseins, in dem die gemeinsame Ursache synchroner Ereignisse liegt, das kollektive Unbewusste.[97] Immer wieder tauchen bei der Charakterisierung von Substanz gewisse Begriffe auf, über die größte Definitionsunterschiede bestehen. So soll in dem Wort Protoplasma[98] die Idee der ursprünglichen Urmaterie ausgedrückt werden, quasi deren Zustand vor der Bildung der chemischen Elemente. Das Wort ist zusammengesetzt aus dem griechischen Wort *proto* „früher als" und *Plasma* „der Stoff", aus welchem die Dinge gemacht sind. Es ist jenes unberührbare Etwas, das die Basis der berührbaren Dinge ist. Die östlichen Schulen sprechen vom „uranfänglichen Äther". Das Wort „Substanz" selber meint das, was „unten steht" oder, was hinter den Dingen liegt. Daher ist der Äther das Medium, in dem Energie oder Kraft wirkt oder sich wahrnehmen lässt. Das Atom besitzt Eigenschaften von einer Art Aktivität, die sich verändern kann, so dass man sagen kann: Durch jedes Atom in der Welt vibriert absolute „Intelligenz".

Die Umwandlung und Verdichtung der Formen wird im ersten Naturreich, dem Mineralreich, durch das „Feuer"[99] bewirkt und schließlich in Energien freigesetzt[100], die im zeitlichen Prozess im Kosmos

---

[97] C. G. Jung entdeckte so auf empirischem Wege, dass unser Unbewusstes neben dem Freudschen persönlichen Unterbewussten einen transpersonalen kollektiven Aspekt hat, der außerhalb von Raum und Zeit wirken muss. Darin liegt die Verbindung von Physik und Psychologie.

[98] Für die Physik ist der Plasmazustand ein vierter Aggregatzustand und besteht aus positiven und negativen Ionen, aus Elektronen, Protonen und neutralen Teilchen. Als Bioplasma ist es die Totalität aller Teilchen und funktioniert wie ein einziges Ganzes.

[99] Feuer wird in diesem Zusammenhang als das Erste der antiken vier Elemente verstanden.

[100] Die bekannteste Wirkung mineralischer Initiation durch Feuer ist die fundamentale Veränderung und Umformung von Kohle in einen vollkommenen Diamanten. Ein weiteres Beispiel für eine höhere Wertstufe ist die Strahlung, das Senden von Strahlen, wie z.B. beim Radium.

offenbar werden. Diese Entwicklung vollzieht sich in unermesslich großen zyklischen Perioden, wobei die jeweiligen Energieeinstrahlungen sich in den Weltzyklen verändern. Von diesen Umwandlungen ist der gesamte Kosmos durch ständig wechselnde Perioden der Strahlungsaktivität der Urenergie betroffen. In der Gegenwart kann man dies in der Entdeckung radioaktiver Substanzen bestätigt finden, weil die Wirkungskraft der Urenergie jetzt von Jahrzehnt zu Jahrzehnt zunimmt. Gewisse Strahlungstätigkeiten sind in jedem Weltzyklus grundsätzlich vorhanden, doch wenn die Urenergie in einer Periode erneut an Aktivität zunimmt, steigert sich diese Strahlung erheblich, wobei neue Substanzen zum Vorschein kommen und neue Prozesse auslösen. Das Resultat dieses wechselseitigen metaphysischen Kraftspiels im Kosmos wird am Ende in einer VERWANDLUNG DER ERDSUBSTANZ bestehen, die wieder in jenen Urzustand aufgelöst werden wird, aus dem sie zur sichtbaren Verdichtung gekommen war.

Bisher wurden unfassbare ätherische Substanzen permanent zu dichten sicht- und greifbaren Welten komprimiert, um nach einem evolutionären göttlichen Plan diese objektive (äußere) Welt wieder in den Urzustand zurückzuverwandeln, wenn all das, was während der Entstehungsperiode des geformten Daseins an Ordnung und Rhythmus, an Tendenzen und Qualitäten ins Bewusstsein der Atome und Elemente eingepflanzt worden war, wieder transparent geworden sein wird. Diesen Auflösungsprozess sehen wir z.B. als Strahlung und als Wirken radioaktiver Substanzen. Das ist der Umwandlungsprozess. Die heute verstärkte Durchstrahlung macht das gesamte Mineralreich radioaktiver als je zuvor. Diese verstärkte RADIOAKTIVITÄT wird innerhalb einer Epoche für alle Naturbereiche zur bestimmenden Grundeigenschaft und kommt im gegenwärtigen Zyklus zur Auswirkung. Die verstärkte kosmische Strahlung hatte die Entdeckung der Radioaktivität zur Folge, so dass die Forscher im Stande waren, auf intuitivem Wege über ihre eigenen Bewusstseinsvibrationen diese Energiefrequenzen im Mineralreich wiederzuerkennen.[101]

---

[101] Seit ca. 200 Jahren – mit der Entdeckung des Uranus im Sonnensystem.

Bewusstseinsaspekt im Mineralreich

Vom Bewusstsein des Atoms [102]

Ging es bisher um die materiellen Manifestationen im ersten Naturreich, so geht es nun um die unterschiedlichen Stadien des „mineralischen Bewusstseins"[103], die ein inhärenter wesentlicher Teil eines inneren Umwandlungsprozesses sind. Diese unterschiedlichen Entwicklungsstadien im Mineralreich lassen sich auch in den anderen Naturreichen, im Bewusstsein des Pflanzen- und Tierreichs bis hin zum Eigenbewusstsein des Menschen wiederfinden. In diesem Zusammenhang kann man für das erste Naturreich drei Bewusstseinsstufen benennen:

a. die Stufe der Atomenergie,
b. die Stufe der Gruppenkohärenz,
c. die Stufe der geeinten oder zur Synthese gebrachten Existenz.

Die erste Stufe der Atomenergie betrifft größtenteils die rein materielle Seite der Materie. Aus dieser „selbstbezogenen, atomischen Periode" entwickelt sich die nächste, die der Gruppenkohärenz. In ihr bilden sich die ersten Strukturen, Formen und Arten aus, bis endlich etwas Kohärentes und in sich „individualisiertes Ganzes" entstanden ist, das jedoch aus vielen niedrigeren Individualitäten und Formen zusammengesetzt ist.

Dieses zweite Stadium kommt zur Vollendung durch das „Opfer der einzelnen Einheit" für das Wohl einer übergeordneten Vielheit, die eine Einheit höherer Ordnung darstellt: Es ist das „Opfer" des Atoms für die Gruppe von Atomen, in der es seinen Platz hat.

---

[102] Alice Bailey / Vom Bewusstsein des Atoms
[103] A. Bailey: „Die Wissenschaft hat die Elemente entdeckt, und genauso wird die Forschung einmal Tabellen ausarbeiten, die in progressiver Reihenfolge die drei Stadien im Lebenszyklus jedes Minerals aufzeigen, von dem statischen Stadium des Minerals (wie z.B. in der Kohle) zu dem des Kristalls, des Halb- und Ganzedelsteins bis zur radioaktiven Substanz."

Das dritte Stadium ist das Stadium der „geeinten Existenz". In dieser Vereinigung werden das Aggregat aller Formen, aller Gruppen und Bewusstseinszustände verschmolzen, vereint und in einem vollkommenen Ganzen zur Synthese gebracht. Bereits im Atom gibt es etwas derartiges, dem eine Art „Intelligenz" zugrunde liegt und das ein vollkommenes bewusstes Ganzes hervorbringt, das aus Myriaden getrennter Identitäten zusammengesetzt ist, beseelt von einer Absicht und einem Willen.

Noch Newton definierte „das Atom[104] als ein hartes, unteilbares, letztes Partikel", das eine fernere Unterteilung nicht erlaube. Es wurde als endgültig letztes Atom im Universum anerkannt. Aber als mit der Entdeckung des Radiums 1898 die Wirkungen der radioaktiven Stoffe erkannt wurden, sah man sich einem völlig neuen Aspekt gegenüber; denn es war klar geworden, dass das Atom nicht der kleinste unteilbare Baustein der Materie ist.

Die Definition des Atoms heißt nun:
Ein Atom ist ein Kraftzentrum, das aus einem positiven Energiekern zusammengesetzt ist, der wie die Sonne von den Planeten von vielen Elektronen umkreist wird.

Das Atom lässt sich in Elektronen auflösen und wirkt als Energie.[105]

Edison berichtet dazu:
„Ich glaube nicht, dass Materie träge ist und durch eine von außen kommende Kraft bewegt werden kann. Mir scheint, dass jedes Atom von einer gewissen Menge primitiver Intelligenz beherrscht wird. Man betrachte

---

[104] atomos (griech.) = unteilbar

[105] Bailey: „Dieses allerletzte Partikel der Materie ist aus einem positiven Energiekern zusammengesetzt, der wie die Sonne von den Planeten von vielen Elektronen oder negativen Korpuskeln umgeben ist. Die Elemente differieren entsprechend der Zahl und Anordnung dieser negativen Elektronen um ihren positiven Nukleus, und sie rotieren oder bewegen sich um diese zentrale elektrische Ladung, wie unser planetarisches System um die Sonne kreist. Die Elektronen sind dabei selber wieder Welten innerhalb von Welten. Es ist möglich, das Elektron selbst weiter aufzulösen und zu unterteilen, was in Regionen führt, die dann nicht mehr dem Physischen zugerechnet werden könnten."

nur die Tausende von Variationen, in denen Wasserstoffatome sich mit denen anderer Elemente verbinden und dabei die verschiedensten Substanzen formen. Können Sie behaupten, dass sie dies ohne Intelligenz tun? Atome gestalten sich zu harmonischer und nützlicher Verbindung, zu schönen oder interessanten Formen und Farben oder geben einen angenehmen Duft von sich, als ob sie ihre Genugtuung ausdrücken wollten. In gewissen Formen zusammengefügt, bauen die Atome Tiere der niederen Ordnung. Schließlich vereinigen sie sich im Menschen, der die Gesamtintelligenz aller dieser Atome darstellt."

Ferner benennt Edison dazu folgende Maxime:

1. „Leben, wie Materie, ist unzerstörbar.
2. Alles ist aus Myriaden unendlich kleiner Einheiten zusammengesetzt, von denen jede in sich eine Lebenseinheit ist; ebenso, wie das Atom aus zahllosen Elektronen besteht.
3. Diese Lebenseinheiten erbauen gemäß einem Plan alle kleineren und größeren Strukturen".

Demnach besitzen Elektronen im Atom geistige Substanz und *wählen sich nach Plan ihren eigenen Weg.* Sie haben die Fähigkeit zur Wahl - und dies in aufsteigender Linie vom tiefsten Grund der Materie bis hinauf zum Gipfel als Bewusstsein einer formativen Einheit. Das ist eine „Auto-Determination" oder der Ansatz einer *Denkfähigkeit.*[106] Nimmt man diese unterschiedlichen Qualitäten des Atoms: *Energie, Intelligenz, Fähigkeit zu wählen und abzuweisen, anzuziehen und zurückzustoßen, Empfindung, Bewegung und Streben* zur Kenntnis, dann ist man der Vorstellung von der „Seele" eines Atoms sehr nahe

---

[106] Bailey: *„Der Streit, ob die Natur des Atoms in dieser oder anderer Form als letzter Faktor in allen physischen oder chemischen Prozessen angesehen werden muss, scheint sich auf höchst einfache Weise lösen zu lassen, nämlich durch die Annahme, dass diese unendlich winzigen Atome als Zentren von Kraft - eine bleibende Seele besitzen, und dass jedes Atom Empfindung und Bewegungskraft hat."*
Es handelt sich dabei um die gegenwärtige Befassung mit den Zusammenhängen von Geist und Materie oder zwischen Physik und Bewusstsein. Eugene Wigner: Die Wurzel des Quantenprinzips ist das Bewusstsein. Die Elementarteilchen besitzen erste Ansätze einer Willenskraft, Selbstaktivität oder eines Geistes.

gekommen. Das Atom ist eine lebende Einheit, die eine kleine vibrierende Welt ist, innerhalb dessen Sphäre andere kleine Leben zu finden sind. Und dies ist durchaus in dem Sinne zu verstehen, dass jede Entität oder ein positiver Nukleus voll Kraft und Leben ist, der andere, geringere in sich bewegt. Diese Idee vom Atom als einer positiven Energiedemonstration kann nicht nur auf Atome, sondern auf alle Geschöpfe angewandt werden. Alles im Universum besitzt Geist, es gibt dabei nur Gradunterschiede im vibrierenden „Bewusstsein". [107]

Dieser Gedanke lässt sich noch weiterverfolgen, und das Sonnensystem [108] als Atom von der Analogie her in der Annahme betrachten, es könnte auch innerhalb der planetarischen Sphäre eine Wesenheit geben, deren Bewusstheit so weit über unseren menschlichen Vorstellungen liegt, eine höhere Intelligenz hinter allen Dingen. Dies führt den Menschen letztlich zum Standpunkt, den die Religion von jeher vertreten hat, dass ein göttliches allumfassendes Wesen existiert. Wo der Christ ehrfürchtig „Gott" sagen würde, würde der Wissenschaftler mit gleicher Ehrfurcht Ur-Energie sagen, und doch würden beide das gleiche meinen. [109]

Bei genereller Betrachtung der Atome machen sich zwei Dinge bemerkbar: einmal die intensive Lebendigkeit und Aktivität des Atoms selbst und seine innere atomare Energie; und zweitens sein Wechselwirken mit anderen Atomen, das Abstoßen einiger und Anziehen anderer. Vielleicht kann man daraus schließen, dass die Evolution für jedes Atom auf zwei Ursachen zurückzuführen ist: *das innere*

---

[107] Jean Charon: *„Elektronen besitzen eine geistige Substanz und sind Träger eines eigenen Geistes."*

[108] E. Rutherford: *„Ein Atom ist ähnlich wie ein Sonnensystem mit seinen Planeten aufgebaut. Elektronen umkreisen den Atomkern auf festen Umlaufbahnen und geben bestimmte Energieportionen (Quanten) ab."*

[109] Der heilige Paulus mag an etwas ähnliches gedacht haben, als er vom „Himmlischen Menschen" sprach. Mit dem „Leib Christi" meint er alle jene Lebenseinheiten, die in diesem Einflussbereich gehalten werden. Eine Sanskritaufzeichnung lautet: *„Jegliche Form auf Erden und jedes Atom im Raum strebt mit allen Kräften nach Selbstformung gemäss dem Vorbild, das mit dem Himmlischen Menschen vorgegeben ist. Die Involution und die Evolution ... haben ein und dasselbe Ziel: den Menschen."*

Leben des Atoms selbst und seine Wechselwirkung oder seinen Interkurs mit anderen Atomen.[110]

Zweites Naturreich: Das Pflanzenreich

Die Evolution der Formen oder Gruppenevolution

DAS PFLANZENREICH als zweites Naturreich entspricht der mittleren Triade der spirituellen Hierarchie und damit zugleich dem Aspekt des zweiten Energiestrahls der Urenergie (1. göttlicher Schöpferwille – 2. göttliche Liebe – 3. Ideen Gottes.), in der sich die ersten Gruppierungen formieren und als Prinzipien gestaltbestimmend wirken.[111] Dieser zweite Aspekt ist der Strahl der Liebe schlechthin als göttliche Manifestierung im Universum. Es ist der „Christusaspekt", der Aspekt der Gottheit, die mit fühlendem Bewusstsein in der Form lebt, und zugleich die Wesensäußerung dieses Aspektes in der Welt der Phänomene, also in der Welt der äußeren Erscheinungen und der greifbaren Formen. Das Wesen, das vom Impuls göttlichen Lebens in allen Manifestationen zum Licht drängt, ist **LIEBE**. Liebe betätigt sich durch das Gesetz der Anziehung und hat das Ziel, einen endgültigen Zusammenschluss aller Bewusstseinsgrade herbeizuführen. Analog zur 2. Triade der spirituellen Hierarchie beginnt auch im Pflanzenreich ein Prozess unendlich differenzierter und weitverzweigter Gestaltungen.

---

[110] Bei der Verbindung von Atomen bestimmter chemischer Elemente zu Molekülen handelt es sich um Bewegungsenergien, um elektronische Anreize durch einen Reaktionspartner. Sobald sie angeregt sind, ändert sich die elektronische Ladungsverteilung auf die Teilchen so, dass sie sich anziehen und mit dem Partner eine neue, stabile Einheit bilden. Zellen befinden sich nicht in einem chaotischen Wellenbad, sondern in einem geordneten kohärenten Biophotonenfeld. Das macht die Biophotonen zu optimalen Regulatoren chemischer Umsetzungen. Es gibt eine planmäßige Steuerung –Intelligenz. Jede chemische Reaktion erhält auf diese Weise gezielt die erforderliche Frequenzkomposition und Polarisationsrichtung. Biophotonen.

[111] Als Bioplasma z.B. ist es die Totalität aller Teilchen und funktioniert wie ein einziges Ganzes. Bioplasma besitzt ferner Halbleitereigenschaften. Nach Injuschin ist es ein Medium mit Lasereigenschaften, in dem Energien durch Oszillationen gespeichert werden. – Auf diesen Phänomenen beruhen nach Auffassung der Biophotonenforscher biologische Erscheinungen wie Gruppenformationen und Gestaltbildung in Zellpopulationen oder Organismen. (Popp)

Genau wie sich in der mittleren spirituellen Triade „Engelgesellschaften" gruppieren, entstehen im 2. Naturreich, dem Pflanzenreich, unzählige „Familien". Das ist der Beginn von Wechselwirkungen zwischen Energien und pflanzlichen Erscheinungen. Durch den allmählich sich verfeinernden Kontaktmechanismus, der selbst Lebensäußerungen der Zellkomplexe bestimmt, aus denen eine Form besteht, erweitern sich die Kontaktbereiche ins Unendliche.

Es ist der Beginn einer Lebenssphäre der „Neigungen" und gilt jeweils für eine „Pflanzenfamilie" oder Gesellschaft gleicher Wesen. Diese Sphären fließen aus dem Leben der Neigungen und dem daraus entspringenden Bewusstsein hervor und sind geeint als „Gruppenseelen". Das Pflanzenreich bildet die Brücke zwischen dem „Mineralreich" und dem „Tierreich" gleichsam analog zur zweiten Triade in der spirituellen Hierarchie, die ebenfalls eine Verbindung zwischen dem geistigen einheitlichen Zentrum und der Vielheit individueller Geschöpfe in der dritten Triade darstellt.

Im Laufe der Entwicklung wird die Reaktion einer lebenden Wesenheit auf Kontakte zunehmend impulsiver, zeigt größeres „Verstehen" und wird immer mehr im Zusammenhang begriffen. Das entwickelt sich mehr und mehr über wechselseitige Einwirkungen zwischen verschiedenen Bewusstseinsträgern. Diese Wechselwirkungen offenbaren sich in einer Welt von Energien voller vibrierender Kraftzentren, die in ihrer Gesamtheit alle Lebensformen ausmachen.[112] Jede Einzelform ist ein „Universum" für sich, vom Leben erfüllt, und von der Energie des Schöpfers durchpulst. Energie ist Leben, das man in der organischen und anorganischen Welt findet. Es ist eine endlose Reihe atomarer Lebensimpulse, die immer wieder in eine Form eingepflanzt werden und sich in unaufhörlicher Bewegung befinden.

Was ist eine Form wirklich? Im Lexikon findet sich folgende Definition: „Eine Form ist die äußere Gestalt oder Konfiguration eines Kör-

---

[112] Kohärente Wechselwirkungen haben in allen biologischen Systemen eine besonders wichtige Bedeutung, weil auf ihnen die Gestaltbildung in den Zellen beruht. Biophotonen / S. 211

pers." In dieser Definition liegt die Betonung auf ihrem Äußerlichsein, ihrer Berührbarkeit und Manifestation. Das Wort „Manifestation" stammt aus zwei lateinischen Wörtern (manus, die Hand; fendere, berühren - wie „handhaben, mit der Hand anrühren"), wodurch der dreifache Gedanke suggeriert wird, dass das Manifestierte das ist, was gespürt und als berührbar erkannt werden kann. Und doch wird in diesen beiden Interpretationen der wichtigste Teil übersehen, so dass man nach einer weiteren Definition Ausschau halten muss. Plutarch vermittelt die Idee der Manifestation viel einleuchtender als das Lexikon, wenn er sagt: *„Eine Idee ist ein unkörperliches Wesen, das an sich keine Substanz besitzt, das aber gestaltloser Materie Gestalt und Form verleiht und zur Ursache von Manifestationen wird."*

Dieser zweite Naturbereich, das Pflanzenreich, schöpft auf Erden seine Lebenskraft aus drei Quellen: der Sonne, dem Wasser und dem Erdboden. Von den beiden letzten Quellen ist es der mineralische Gehalt, der für den Aufbau und Wuchs der Pflanzen von wesentlicher Bedeutung ist, denn die Struktur aller Pflanzenformen wird aus Mineralprodukten gebildet. Diese Struktur wird Schritt für Schritt nach dem spirituellen, ätherischen Modell ausgebaut, wobei der ätherische Lebenswille, Drang oder Impuls die endgültige Form bildet. Es ist die magnetische Kraft des ätherischen Körpers, welche die Minerale, die für das Formskelett benötigt werden, zu sich heranzieht. Dabei handelt es sich um eine Art bipolarer Strukturierung von aktuellen und potentiellen Informationen.[113] Aktuelle Informationen sind energetische Wirkungen, die deutlich wahrnehmbar sind. Potentielle Informationen hingegen gehören in die „Welt der Möglichkeiten". Diese Informationen wurden bisher von der Wissenschaft praktisch nicht berücksichtigt, obwohl gerade sie es sind, die viele Moleküle, Zellen, Zellverbände, ja sogar ganze Organismen zu einer Einheit zusammenschließen und dazu bringen, als Ganzheit zu agieren. Man spricht in

---

[113] Die Wirklichkeit besteht aus einem dynamischen Schaukelspiel zwischen aktuellen und potentiellen Informationen (Popp)

diesem Zusammenhang in der Wissenschaft vom „Taoprinzip"[114] des Lebens. Es ist der „Taozustand" an der Laserschwelle, der in sich ruht und dennoch ständig neue Energie und Leben schaffende Gegensätzlichkeiten aus sich heraus erzeugt, die durch ihr Zusammenwirken optimale Bedingungen für das Leben schaffen, was auf den verschiedensten Systemebenen jene Polarität hervorbringt, die für die Entstehung, Erhaltung und Weiterentwicklung des Lebens notwendig ist.[115]

BIOPHOTONEN.[116] sind für die Kommunikation der Zellen[117] notwendig, die durch das Licht[118] mit einander verbunden und eine sich gemeinsam entfaltende Einheit sind. Die Biophotonen sind dabei die optimalen Regulatoren aller chemischen Umsetzungen, denn der gesamte Stoffwechsel wird zentral von ihnen gesteuert. Alle Strukturen sind ein Ergebnis unendlicher Kombinationen der verschiedenen Elemente und Atome zu Molekülen, die den Ausdruck einer Idee bilden und bereits vorher festgelegt sind. Die entscheidende Ursache ist dabei die Kombination der Moleküle, die durch das Licht ausgelöst wird, indem sie sich zusammenbinden und unendlich weiterentwickeln.

Im Licht sind viele Energien gebündelt, wobei jeder Energiestrahl die Wesensäußerung oder Auswirkung eines kosmischen Lebenszentrums ist. Daher ist alles mit allem im Pflanzenreich verbunden. Alles wird auf Erden durch die im Sonnenkraftstrom gefilterten Energien in Gang gebracht und belebt. Dabei ist jeder dieser Kraftstrahlen Emp-

---

[114] Das Taoprinzip vermag auf den verschiedensten Systemebene jene Polaritäten hervorzubringen, die für die Entstehung und Weiterentwicklung des Lebens notwendig sind.

[115] Es handelt sich dabei um kohärente Zustände, die den Zustand des Biophotonenfeldes bestimmen. Es ist das Prinzip des Lebens, in dem sowohl die Bildung von Formen und Strukturen aller Lebewesen, wie auch die Regulierung sämtlicher Stoffwechselprozesse zustande kommen. Energiefelder.

[116] Biophotonen sind die Lichtquanten einer Strahlung, die aus lebenden Zellen kommt. - Popp: „Diese Biophotonenstrahlung hat ihren Ursprung in elektronisch angeregten Molekülen."

[117] Zellen erweisen sich als hochstrukturierte Gebilde. Die Bildung und Aufrechterhaltung dieser Architekturen erfordert eine konstante Energiezufuhr. Die in strukturellen Formen gebundene Energie wird bei der Auflösung der Strukturen wieder frei. (Prigonine)

[118] Zellen leuchten auf bei Geburt und Tod. Denn es ist eine erhöhte Strahlungsintensität vor jeder Zellteilung.

---

fänger und Verwalter verschiedenartiger Energien, die aus verschiedenen Quellen stammen und in Zeit und Raum die äußere Form bestimmen. Dieses Konzept bezieht sich nicht nur auf atomare Manifestationen, sondern umfasst auch diejenigen Formen, welche das Atom zu ihrem eigenen Aufbau benutzt haben, denn es ist jenes allumfassende „vibrierende Energiezentrum", jene umfassende Bewusstheit, die das „Seiende" schlechthin ist. Der gleiche Gedanke wird von Paulus im 2. Kapitel seines Briefes an die Epheser angedeutet: *Wir sind Sein Kunstwerk.* "Wörtlich lautet die Übersetzung aus dem Griechischen „Wir sind sein "poema", seine Idee". Der Gedanke des Apostels ist dabei derjenige, dass durch das Mittel jedes Menschenlebens, oder im Aggregat aller Leben, die ein Sonnensystem ausmachen, Gott durch die Form, wie immer diese beschaffen sein mag, eine Idee, ein spezifisches Konzept oder detailliertes Kunstwerk zum Vorschein bringt. Bereits Atome und Zellen weisen Anzeichen von einer „Seele" auf und besitzen eine rudimentäre Form von „Intelligenz"[119], denn Atome demonstrieren die Fähigkeit zur Unterscheidung, haben selektive Kraft und die Fähigkeit sich gegenseitig anzuziehen und abzustoßen. „Intelligenz" ist in Wirklichkeit dieses Abstrakte, Unerklärliche, dieses Etwas, das dem großen Gesetz der Anziehung und Abstoßung, einem der Grundgesetze aller Erscheinungen, zugrunde liegt[120].

Der zweite „Strahl der Liebe-Weisheit" führt das Pflanzenreich in einen höheren Bewusstseinsgrad der Anziehungskraft, die sich vor allem in Farben äußert. Ferner macht sich eine Art von Befreiung oder höchste Ausdrucksform von Aktivität bei höher entwickelten Pflanzen auch als Wohlgeruch bemerkbar. Diese Duftstoffe hängen mit der Fortpflanzung zusammen, also mit dem Fortbestand einer bestimm-

---

[119] D. A. Miller „Die Präzision und Zielgerichtetheit der Vorgänge in der Zelle, das „soziale" und koordinierte Verhalten der Biochemie lässt Wissenschaftler von einer innewohnenden „Intelligenz" sprechen. Dabei ist das kohärente Biophotonenfeld sowohl Grundlage der Intelligenz der Teilchen, wie auch Ursache ihres Dranges zu fusionieren und zu kooperieren."

[120] Becker, V.-J.;„Gottes geheime Gedanken" (BoD): Elektronen kommunizieren miteinander durch den Austausch von Photonen und bilden neben der physischen Raumzeit eine spirituelle Raumzeit aus, um eine maximale Form an Organisation und Komplexität zu erreichen.

ten Pflanzengattung, und dafür benötigen diese Pflanzen den Wind und die Insekten. Das wirkliche Geheimnis des Wohlgeruches, sein Zweck und seine Bestimmung liegt darin, auf jene Kräfte und Mittel einzuwirken, welche die Verbreitung und Fortdauer des Pflanzenreiches bewirken. Auch sie sind dem unsichtbaren Einfluss jener großen Bildkräfte zugänglich, denen es obliegt, Lebensformen zu erschaffen und diese bis zur höchstmöglichen Vollendung zu bringen. Diese Anziehungskraft ist die erreichte Wesensäußerung des diesem Naturreich innewohnenden Lebens. Dieses Problem der magnetischen Anziehung ist auch eng mit der „Sexualität" verknüpft.

Folgende drei Aspekte kommen im „Pflanzenreich" zur Entfaltung: 1. Anziehungskraft, Magnetismus; 2. Schönheit, Farbe, zwischen Form und Leben eine Harmonie zu schaffen; 3. Hingabe als Tendenz zur Höherentwicklung, Wachsen ins Licht, das allen Lebensformen eigen ist[121]. Dieser dritte Aspekt brachte die ruhenden Samen im Mutterboden des ersten Naturreiches an die Oberfläche und stellt so die Energie dar, die nach außen drängt. Die vereinte Wirkung dieser drei Aspekte brachte als viertes Ergebnis den Duft hervor, der bei den höheren Arten des Pflanzenreiches zutage tritt. Diese Gerüche können sowohl Tod, als auch Stärkung bringen, sie können sowohl entzücken, als auch abstoßen. Dieser Duft hat eine magnetische Anziehung und ist ein Teil des würzigen Aromas, das diesem Naturreich eigen ist. Das Pflanzenreich ist der Umformer des vitalen Pranafluidums und übermittelt dieses den anderen Lebensformen auf unserem Planeten, und das ist die göttliche Funktion dieses Naturreiches und der einzigartige Beitrag der Erde im allgemeinen Plan des Sonnensystems. Denn jeder einzelne Planet steuert zu den Gesamtleistungen, die aus dem Evolutionsprozess resultieren, seinen individuellen Anteil bei. **Das Pflanzenreich ist das unvergleichliche Produkt unseres Planeten.** Andere Planeten leisten mit andersartigen Formen und Gebil-

---

[121] Bailey Eine interessante Ausnahme ist, dass das Pflanzenreich drei Strahlen aufweist, während die anderen Naturreiche nur zwei haben. Diese drei Strahlen haben im Pflanzenreich die Symbolik der Farben entfaltet und es zur jetzigen Schönheit gebracht.

den ihren besonderen Beitrag. Der Erfolg ist in der Erzeugung einer einheitlich grünen Farbe zu sehen, die auf dem ganzen Erdball zu finden ist. Es ist die alte Weisheitslehre aus Atlantis, auf welche letztendlich auch die heutige vegetarische Lebensform zurückgeht[122].

Zusammenfassung: Zweites Naturreich

1. Dem zweiten Naturreich („Pflanzenreich") entspricht in der geistigen Hierarchie die zweite Triade.
2. Einfluss: Der zweite Strahl der Liebe-Weisheit entwickelt im Kosmos eine außerordentlich starke Sensibilität. Der vierte Strahl der Harmonie und Schönheit bringt die Harmonie zuwege, die in diesem Naturreich zu finden ist, weil in diesem Naturreich bereits eine sehr große Mannigfaltigkeit von Strukturen zu übergeordneten Einheiten verbunden ist (vielfache Ausdifferenzierung von ganzen Pflanzenfamilien).
3. Resultat: Diese zunehmende Differenzierung dokumentiert sich im zweiten Naturreich als magnetische Anziehungskraft, Wohlgeruch, Farbe und Wachsen zum Licht hin. Die Ziele des Mineralreiches (magnetische Ausstrahlung) und des Pflanzenreiches vereinen sich.
4. Vorgang: Genaue Anpassung oder die Fähigkeit, sich nach dem Modell zu „richten", das in den prädestinierten ätherischen Ideen der spirituellen Hierarchie festgelegt ist, und so im kosmischen Naturreich das zu produzieren, was in den Ideen vorgeformt ist. Das geschieht in diesem Naturreich mit größerer Anpassungsfähigkeit als im Mineralreich, wo der Prozess der Verdichtung sich mehr blindlings vollzieht.

---

[122] Nur wenn das erleuchtete Licht des Verstehens dieser alten Weisheitslehre zur vegetarischen Lebensform hinzukommt, dann ist das Band, das sie mit dem Pflanzenreich verbindet ein sehr enges und unlösbares. Was ein Mensch isst oder womit er sich kleidet, sieht sich vom Standpunkt ewiger Wahrheiten ganz anders an, als von dem einseitigen Standpunkt eines Biofanatikers. Doch solange nicht das Ziel vegetarischer Diät mit dem Dienst in dieser alten atlantischen Weisheitslehre verknüpft ist, werden die Argumente für eine solche Diätform meist nichtig und ohne wirkliche Bedeutung bleiben. (Bailey)

5. Geheimnis der Umformung: Es handelt sich um jene verborgenen alchimistischen Prozesse, welche die Flora dieses Reiches in den Stand versetzen, ihren Lebensunterhalt der Sonne und dem Erdboden zu entnehmen und diese Nahrung in Formen und Farben zu „transformieren".
6. Zweck: Magnetische Anziehung. Ziel dieser Umformung ist die magnetische Anziehungskraft, jene innere Schönheitsquelle und Lieblichkeit, die höhere Lebensformen anlockt und die Tiere dazu bringt, Pflanzen als Nahrung zu wählen, und die dem Menschen Inspiration, Freude und seelische Befriedigung gibt.

Drittes Naturreich: Das Tierreich

Das dritte Naturreich, die „Tierwelt", entspricht der dritten Triade der spirituellen Hierarchie. In diesem Bereich beginnen sich die bisher integrierenden „Engelgesellschaften" mehr und mehr zu individuellen Wesenheiten zu differenzieren - ein Vorgang, dem dann abbildhaft im dritten Naturreich die unendliche Artenvielfalt entspricht. Damit verliert der Einfluss der „Gruppenseele" zu Gunsten der sich herausbildenden „Einzelseelen" seine beherrschende Kraft. Die Einzelseele erhält dadurch mehr Entscheidungsfreiheit und erfährt Polaritäten, mit denen sie sich auseinandersetzen muss. Alles wird zur unterschiedlichen Vielheit, die verwirrend ist, weil sie zur großen Herausforderung wird, sich zwischen Sympathie und Antipathie zu entscheiden.

Das Tierreich entnimmt seine Nahrung in der Hauptsache der Sonne, dem Wasser und dem Pflanzenreich. Der für die Knochenbildung benötigte Mineralgehalt steht hier bereits in einer verfeinerten und höher entwickelten Form zur Verfügung, da die Mineralien auf dem Umwege über die Pflanzen absorbiert werden. Denn jedes Naturreich bringt in der Stufenfolge der Entwicklung dem nächstfolgenden Reich „Opfer" dar. Das Gesetz des Opferns bestimmt die

Eigenart eines jeden Naturreiches. Daher kann man jedes Reich als eine Art „Laboratorium" ansehen, in dem jene Nahrungsstoffe bereitet, die für den Aufbau von ständig verfeinerten Strukturen benötigt werden.

Im dritten Naturreich wird für die Anpassungsfähigkeit, der „Instinkt" entwickelt, und der macht sich mit der Zeit immer deutlicher bemerkbar, bis endlich in der Tierwelt jene reflexhaft zielgerichtete Reaktion auf das Leben und die Umgebung hervorgebracht wird, die auf den freien Willen des Menschen vorausweist, weil das Endziel dieses Naturreiches und sein höchster Level der Mensch ist. Dieses dritte Naturreich besitzt als erstes eine planvolle Ausgestaltung des ätherischen Körpers (Ätherleib), der mit dem physischen Körper koordiniert ist und über die Nerven und sensorischen Zentren reagiert. Auch Pflanzen haben Nerven, doch haben sie nicht solch komplizierte Bahnen und Geflechte, wie sie das Tier und der Mensch besitzen. Diese beiden haben im allgemeinen dieselbe Anordnung von Nerven, Kraftzentren und Kanälen - die höher entwickelten mit einer Wirbelsäule und einem Gehirn, wobei die Organe eines sensitiven Reaktionsapparates eigentlich das Resultat der Verdichtung des subtilen Ätherkörpers sind[123].

Das Tier entwickelt den Instinkt mit allen seinen Möglichkeiten, der Mensch als Zwitterwesen (Kentaur)[124] von animalischem Leib und geistigem Bewusstsein entwickelt dagegen die Intelligenz. Der tierische Instinkt benutzt genau wie die menschliche Intelligenz jenen Reaktionsapparat, den wir Nervensystem, Gehirn und die fünf Sinne nennen. So groß auch der Unterschied zwischen Mensch und Tier sein mag, besteht zwischen beiden eine viel engere Beziehung, als zwischen Tier und Pflanze.

---

[123] Es handelt sich um die auf dem Ätherleib befindlichen Energiezentren, die Chakren, welche gewissermaßen die Organe des Ätherleibes sind.
[124] Kentaur: antikes Fabelwesen; halb Tier, halb Mensch

Hierbei ist der Mensch dem Tierreich gegenüber der ursächliche Faktor, denn ihm ist die Aufgabe übertragen, auch die Tiere zur „Befreiung" zu bringen, und zwar Befreiung in den nächsthöheren Bewusstseinsbereich, in dem sich die nächste Phase der Aktivität abspielen wird[125]. Das Pflanzenreich geht einen anderen Weg der „Befreiung" im Hinblick auf eine evolutionäre Höherentwicklung, denn die Lebenskräfte im Pflanzenreich gehen in die sogenannte 2. Triade einer Engel-Evolution über[126]. Das Pflanzenreich entspricht der zweiten Triade in der himmlischen Hierarchie und besitzt darum die Möglichkeit, mit dieser seiner Parallelwelt intensiv zu kommunizieren und zu korrespondieren, um sich auch wieder in die zweite Triade zurück aufzulösen. Das Geheimnis, sich von der tierhaften Natur zu befreien, ist dagegen im Aspekt des Blutes und im Blutvergießen verborgen. Das ist der Grund dafür, dass sich nur über das „Blutvergießen", also durch das Opfer der animalischen Form eine Befreiung oder Erlösung aus diesem Naturreich verstehen lässt. In dieser Bedeutung liegt der Schlüssel zur Befreiung des Tierreiches.

Im dritten Naturreich, in der Vielheit der Geschöpfe, bildet sich nämlich die für das gesamte Universum so bestimmende Polarität aller Aktivitäten aus. Diese lebensbedingten Aktivitäten erfolgen beim Tier rein über physisch-triebhaft gesteuerte Energien (*„Fressen und Gefressen werden"*). Es ist die Differenzierung aller Energien im Hervorrufen des immanenten Gegensatzes in allen Aktivitäten. Das erfolgt beim Tier über eine unbewusste Triebsteuerung, wohingegen es beim Menschen immer von einer psychologischen oder moralischen Bewusstseinseinstellung abhängig ist. In den Kriegen tränkte das Blut von Tausenden die Erde, was für den Menschen schwer ver-

---

[125] vgl. Lorber: Das Mitnehmen von Tierseelen bei der Inkarnation
[126] Die „Seelen der Pflanzen" finden ihre Gestalthaftigkeit in allen Naturgeistern wie Elfen, Trollen, Nymphen oder Zwergen. Darin ist auch der Sinn so vieler Märchen zu sehen, in denen die Sehnsucht nach Erlösung im Menschenreich so stark ist. Alle diese Naturwesen müssen sich von ihrer „Heimat", der 2. Triade lösen, um auch eine „Inkarnation" als Mensch durchzumachen, und das bedeutet, den bitteren Weg durch alle Naturreiche bis hin zum Menschsein zu gehen. („Märchen von der kleinen Seejungfrau", Elfenkönigin oder den Heinzelmännchen) Denn eine Erlösung erfolgt nur über das Menschsein.

ständlich ist, da sein Bewusstsein mehr auf die Form eingestellt ist, als auf die verborgene Einheit allen seelischen Lebens. Es ist für ihn schwierig, hinter dem Greuel des Mordens und des Blutvergießens zu allen Zeiten einen göttlichen Zweck zu sehen. Doch durch das „Ausgießen des Wassers, dessen Farbe rot ist"[127], kommt am Ende eine Befreiung zustande, die das Tierreich in neue Stadien von Bewusstsein und Gewahrsein hineinführen wird, *„denn die ganze Schöpfung liegt in Todeswehen und wartet sehnsüchtig auf das Offenbarwerden der Söhne Gottes, um von ihrer Verlorenheit befreit zu werden."* (Paulus: Röm. 8,19)

„Wir berühren damit ein großes Geheimnis, das eine Besonderheit für den Planeten Erde ist. In vielen religiösen Schriften wurde immer wieder behauptet und angedeutet, dass dem Logos unseres Planeten ein Fehler, ein schwerwiegender Irrtum unterlaufen sei, der unseren ganzen Planeten mit all seinen Geschöpfen betreffe und Ursache unseres Elends, Chaos und Leidens sei. Aber es handelt sich nicht um ein Versehen, sondern einfach um ein großes Experiment, dessen erfolgreicher oder erfolgloser Ausgang noch nicht abgeschätzt werden kann. Was das Experiment bezwecken soll, kann man vielleicht so erklären: der Logos unseres Planeten beabsichtigt, einen psychologischen Zustand herbeizuführen, den man am besten als „Göttliche Klarheit" bezeichnen könnte."[128] Die Bewusstseinsentwicklung[129] des Menschen hat in den letzten 10.000 Jahren eine Verwandlung durchgemacht, deren Ziel es ist, das klar zu erkennen, so wie es vorgegeben ist. Damit ist nicht ein Zustand oder ein äußeres Lebensmilieu gemeint, sondern das Leben als Urkraft. Dieser Prozess begann im Tierreich und wird im Menschenreich seine Vollendung finden. Denn der Mensch soll dabei das Leben in seiner Gesamtheit als unteilbar Eines erkennen und damit die Frage nach seinem eigenen Woher und Wohin in diesem Geheimnis beantwortet finden.

Die Tatsache des „Blutbades" im Tierreich wie im Menschenreich, geht auf die Zeit zurück, als in den Parallelwelten die „Urkriege im

[127] Johannes-Apokalypse
[128] Bailey
[129] Gebser: „Ursprung und Gegenwart"

111

Himmel"[130] ausgefochten wurde. Auch auf Erden begann sich im dritten Naturreich der Aspekt des Kampfes als Überlebenskampf auszubilden und wurde beim Menschen letztendlich zum Krieg: „Jeder gegen jeden".[131] Im Übergang vom Tier zum Menschen gab es den Kannibalismus, der sich erstmalig in der Natur gegen die eigene Art wendete. Später entwickelten sich daraus religiöse „Menschenopfer", die dann von „Tieropfern" abgelöst wurden.[132] Das Blutvergießen fand jedoch in der historischen Verkettung von Kriegen in den Blutopfern der Menschheit seinen stärksten Ausdruck. Solange das menschliche Bewusstsein noch nicht so weit fortgeschritten ist, dass es auf das übergeordnete kosmische Bewusstsein reagieren kann, werden diese Probleme von Schmerz und Blutvergießen, von Krieg und aufgezwungenem Leid ein undurchdringliches Mysterium bleiben. Eine Lösung erfolgt erst dann, wenn der Mensch seine innere Einstellung geändert hat und anstatt zu töten, dazu übergeht, alle Geschöpfe zu seiner Stufe zu erheben und so die ihm entgegengebrachte Liebe zu erwidern. Wenn einmal das geistige Niveau im Menschen höher entwickelt sein wird, wird der Mensch durch eigene bewusste Entscheidung alle Differenzen beilegen können.

Die Beziehungen zwischen Tier und Menschen

Der Mensch gehört zwar als höchstentwickelte animalische Spezies noch in das dritte Naturreich, markiert aber als Geistträger zugleich den fließenden Übergang zur geistigen Hierarchie. Daher kann man den Menschen zwischen beiden „Hierarchien" als in einem eigenen Bereich entsprechen betrachten. Der Mensch als Ebenbild Gottes ist somit der entscheidende Vermittler zwischen Geist und

---

[130] „Krieg der Sterne" – vgl. Lorber, Genesis; Johannes- Apokalypse 12 7-9:„Da erhob sich ein Streit im Himmel..."
[131] Kali Juga (Yuktesvar)
[132] Abrahams Opferung Isaaks – jüdische Religion

Materie und steht als personifizierte „Unschärferelation" in der Verantwortung für die gesamte Schöpfung.[133]

Der erste Berührungspunkt zwischen Mensch und Tier ist der gemeinsame göttliche Aspekt der Sexualität. Sie ist die gemeinsame Basis aller Beziehungen zwischen animalischen Körpern. In kosmischer Auslegung ist das Wort „Sexualität" eine Beschreibung der Beziehung, die zwischen Geist und Materie und zwischen Leben und Form besteht. Im Grunde genommen ist diese Beziehung eine Auswirkung des Gesetzes der Anziehung, jenes fundamentalen Gesetzes, das der gesamten Manifestierung von Leben in äußeren Formen zugrunde liegt und alle sichtbaren Gebilde und Geschöpfe ins Leben ruft. Im menschlichen und physischen Sinn wird das Wort „Sexualbeziehung" gebraucht, um die Zeugungsfunktion eines Mannes mit einer Frau zu kennzeichnen. Im durchschnittlichen Sprachgebrauch bedeutet es die lockende Befriedigung eines tierischen Impulses, dem um jeden Preis gefrönt werden müsse. Wie alles in der Polarität im Kosmos ist auch das Wesen der Sexualität eine Dualität, die Trennung einer ursprünglichen Einheit in zwei Aspekte oder Hälften. Diese zwei Seiten eines Ganzen entsprechen und bedeuten in der Schöpfung Geist und Materie, männlich und weiblich, positiv und negativ, Ying und Yang. Ihrem Wesen nach streben diese in der Sexualität getrennten Aspekte im Prozess einer Höherentwicklung dem Endzustand einer androgynen Verschmelzung wieder zu.[134]

Die Sexualität ist so das äußere, sichtbare Zeichen einer inneren und geistigen Wirklichkeit. Es ist die Tatsache, dass in der Dualität der Schöpfung ursächliche Wechselbeziehungen existieren. Es ist die

[133] Hildegard von Bingen „Der Mensch in der Verantwortung"
[134] Bailey: In allen Zeitaltern finden wir den wahren doppelgeschlechtlichen Typus als Garanten dafür, dass in ferner Zukunft durch die menschliche Evolution ein Ziel erreicht werden mag, das die beiden getrennten Hälften wieder in der ursprünglichen Verbundenheit zeigt. Ich meine den göttlichen Hermaphroditen, den wahren androgynen Typ von Mann-Frau, den Menschen in seiner Vollendung. - In höheren Dimensionen gibt es den geschlechtlichen Gegensatz auch nicht mehr.

Beziehung, die zwischen den fundamentalen Paaren der Gegensätze (Vater / Mutter, Leben / Form) besteht, die – wenn sie im kosmischen Sinne „zusammengebracht" werden – den geoffenbarten „Sohn Gottes", den „kosmischen Christus"[135], das bewusstseinserfüllte, empfindungsfähige Universum hervorbringen. Das Evangelium ist mit seinem Bericht ein dramatisches Symbol für diese Beziehung, und der historische Jesus-Christus ist der Garant für diese Wahrheit und Wirklichkeit. Christus garantiert uns für die Tatsache, dass es eine Wirklichkeit gibt, die innere Bedeutung besitzt und dass für alles, was jetzt ist und jemals sein wird, eine spirituelle Basis existiert. Aus der Beziehung von Licht und Dunkelheit kommt das Unsichtbare zum Vorschein und wir sind imstande, es zu sehen und zu erkennen. Christus, als Licht der Welt, offenbarte diese Wirklichkeit. *Aus dem Dunkel der Zeit sprach Gott, und die Vaterschaft der Gottheit wurde offenbar.*

Das ganze Problem der magnetischen Anziehung ist mit der Sexualität eng verknüpft. Denn in jeder kosmischen Schöpfungsdimension wird sich Gott seiner selbst als LIEBE bewusst; denn die Vereinigung der Liebe mit sich selbst ist das einzige Ziel aller Schöpfungen. Die Sexualbeziehung zeigt das wahre Wesen der Liebe, die sich manifestiert. Man benutzt indes das Wort „Liebe" genau so, wie „Sexualität", gedankenlos und ohne die eigentliche Bedeutung zu beachten. Im Grunde genommen sind Liebe und Sexualität ein und dasselbe, da beide den Sinn und die Absicht des Gesetzes der Anziehung zum Ausdruck bringen; denn in diesen beiden Worten ist die Beziehung, Wechselwirkung und Verbindung zwischen Gott und seinem Universum, zwischen Mensch und Gott, zwischen einem Menschen und seiner Seele und zwischen Männern und Frauen untereinander in gleich treffender Weise beschrieben. Die Betonung liegt dabei aber immer auf dem Motiv, das der gegenseitigen Beziehung zugrunde liegt. Aber die zwingende Folge dieser Beziehung ist immer ein "Schöpfungswerk" und das Erscheinen von Formen, deren sich die Gottheit bedient, um sich selber zu offenbaren und ihre Existenz zu

---

[135] Teilhard de Chardin

beweisen. Geist und Materie kamen miteinander in Berührung und so entstand das Universum. Der Mensch kam mit Gott durch dasselbe große Gesetz in Berührung und so wurde „Christus" geboren, der Bürge und Zeuge für die Tatsache, dass auch die Menschheit göttlicher Abstammung ist. Auch der einzelne Mensch und seine Seele versuchen zusammen zu kommen, und wenn sich diese Vereinigung vollzogen hat, wird der Christus im Menschenherzens geboren und gewinnt im täglichen Leben immer mehr Macht und Einfluss. Der Mensch stirbt daher täglich, damit Christus in all seiner Herrlichkeit sichtbar werde. Für all diese wunderbaren Geschehnisse ist die Sexualbeziehung ein lebendiges Symbol.

Dafür musste die Liebe, um sich selbst begegnen zu können, in die Zeitlichkeit des Kosmos eintauchen. Dort erwacht sie, ihrer Einsicht noch nicht bewusst, als Sexualität und Selbsterkenntnis. Hinsichtlich der Sexualität beim Menschen muss man gegenüber den Tieren noch weitere göttlichen Aspekte in Funktion beachten, nämlich den des bewussten Willens, der zielbewussten Absicht und Planung sowie die Fähigkeit zur Selbsterkenntnis. Diese sind dem Menschen angeboren und stellen einen Aspekt seines Bewusstseins dar, der beim Tier nicht aktiv ist.

In grauer Vorzeit war die Beziehung der Tiere zum Menschen eine rein körperliche, nichts weiter. Der Mensch der Frühzeit war nur wenig vom Tier unterschieden und oft das Ziel von Beute und Fraß und umgekehrt. Die frühen Menschen verband noch – ähnlich den Tieren – ein Gruppenbewusstsein über instinktive Kommunikationsmöglichkeiten. Erst durch die Menschwerdung als Einzelwesen (Individuation) wurden Menschen und Tiere voneinander getrennt. Diese fortschreitende Individuation als Einzelwesen machte sich indessen anfangs kaum bemerkbar und die Tierwelt war damals viel stärker als der Mensch, der den wütenden Angriffen der Tiere oft hilflos ausgeliefert war. Die Verheerung, die Tiere in der frühern Menschheit anrichteten, war erschreckend, denn in dieser frühen Periode wurden oftmals ganze menschliche Populationen von Tieren ausgerottet. Der Instinkt, der dem Tiermenschen noch eigen war, lehrte ihn, sich vorzusehen; aber sein Instinkt war unterschieden von dem der feindlichen Tierwelt. Erst als sich nach Tausenden von Jahren die Intelligenz im Menschen geltend machte, wuchs die Menschheit über das Tier hinaus und begann nun ihrerseits, die Tierwelt zu dezimieren. Darin ist wohl auch die Ursache zu finden, warum der Mensch noch immer mit dem Tier so grausam umgeht, was jedoch nichts anderes als ein unentrinnbares Karmageschehen ist, welches das „Tierreich" auf sich genommen hat.

Einen Übergang zwischen Tier und Mensch sehen wir in den Primaten und in jenem mächtigen Faktor, der z.B. ein Trainieren der Tiere möglich macht. Dieser Faktor ist die Fähigkeit, zu lernen, anhänglich zu sein, willige Dienste zu tun und von einem Herdentier in eine „persönliche Beziehung" hineinzuwachsen. Es ist eine Art „Transfusion" (Überleitung), um das Anfangsstadium zu kennzeichnen, bei dem sich im Tier solche „psychologischen Faktoren" bemerkbar machen, die letztendlich bis zum Level der Menschwerdung führen. Mit der beginnenden Wirksamkeit des „fünften Strahls", der intelligiblen Fähigkeiten, werden die in das Tierreich einströmenden Energien ganz allmählich eine „instinktive Denkfähigkeit" der Tiere so weit stimulieren, was eine systematische Höherentwicklung des tierischen Bewusstseins zur Folge haben und die Kraft des „Sonnengeflechts" in das Kopfzentrum verlegen wird. Die Folge davon wird eine Verschiebung der Polarisation im Bauplan eines Tieres sein und neue Bewusstseinsmöglichkeiten bedeuten.

Es handelt sich um einen Prozess, der eine neue Bewusstseinsstufe mobilisiert und eine „intelligente" Eingliederung und psychologische Entfaltung bewirkt, um so neue Anforderungen zu bewältigen. Dies zeigt sich bereits schon in seiner höchsten Form bei den Haustieren als Anhänglichkeit an den Menschen. Hinter ihrem äußeren Verhalten verbirgt sich ein ständiges Bestreben, zu lernen und zu verstehen und folglich die Tendenz, ein Lebensumfeld zu finden, das ihrem inneren Verlangen entspricht. Es ist der „dritte Strahl", der in seiner Energiebeschaffenheit dem Tierreich nahe steht; er bewirkt das kluge Verhalten, das wir bei Haustieren höherer Ordnung beobachten können. Was wir als Radioaktivität und Blumenduft im Mineral- und Pflanzenreich antreffen, tritt im Tierreich als treue Ergebenheit in Erscheinung, die für das Zusammenleben von Mensch und Haustier so charakteristisch ist. Auch Menschen, die in ihrem Leben Anhänglichkeit an Personen zeigen, würden ihre Ergebenheit schneller veredeln und auf die höhere Stufe der Liebe bringen, wenn sie sich klarmachen würden, dass sie in ihrem Verhalten nur die Treue eines Tieres zur Schau tragen.

Im Laufe der Zeit und der menschlichen Bewusstseinsentwicklung[136] wurde die rein physische Beziehung zu den Tieren durch eine hinzukommende emotionale Komponente gedämpft. So kam die Zeit, da einzelne Tiergattungen in den Kreis menschlichen Lebens hineingezogen, gezähmt und versorgt wurden; das war der Beginn der Ära der Haustiere. Eine Epoche begann, in der einzelne Tiere die Zuneigung bestimmter Menschen gewannen, und so kamen neue Beziehungen im dritten Naturreich zustande. Nachdem die Furcht gegenüber der Tierwelt zu schwinden begann, kamen Mensch und Tier in eine nähere Verbindung.

Da das Tierreich auch in Zukunft mehr und mehr unter den Einfluss des Menschen kommt, wird sich vieles auch im Verhalten der Tiere noch ändern. Ein Schritt zu diesem Ziel hin zeigt sich z.B. in der „Liebe" und Aufmerksamkeit, die ein Tier seinem Herrn schenkt. In diesem Beispiel kommt die Verantwortung, die der Mensch dem Tier gegenüber hat, zum Ausdruck. Die Haustiere werden so erzogen, an den Maßnahmen des angewandten, bewussten Willens des Menschen teilzuhaben. Dies scheint der Mensch bis jetzt als den „Willen des Tieres" zu deuten, nämlich seinen Herrn zu lieben. Aber das Problem ist

---

[136] Gebser: Ursprung und Gegenwart

viel tiefer und fundamentaler als die Befriedigung des menschlichen Verlangens nach Liebe.[137] Das plan- und verständnisvolle Zähmen wilder Tiere und ihre Anpassung an geordnete Lebensbedingungen machen einen Teil dieses Prozesses aus, der den Plan Gottes vervollständigen und seine Absichten in geordnetem und harmonischem Vorgehen erfüllen soll[138]. Das Band zwischen Tier und Mensch im „dritten Naturreich" wurde so ein zweifaches: ein körperliches und ein gefühlsmäßiges. In Zukunft wird mit dem neuen, supramentalen Bewusstsein eine dritte Beziehung zwischen Tier und Mensch entstehen, die über das Denkvermögen zustande kommt. Erst die Macht der Gedanken wird es mit der Zeit fertig bringen, dass der Mensch die Kluft, die zwischen ihm und dem Tierreich existiert, überbrückt; und dies wird durch die Macht der Gedanken erfolgen, die das Bewusstsein des Tieres beherrschen und lenken. Es wird rein mental erfolgen und ein einzigartiger gedanklicher Ansporn sein. (Pferdeflüsterer, Telepathie mit Tieren).

Denn der Mensch wird in Zukunft in der spiegelbildlichen Rückführung seiner Seele das dritte „animalische Naturreich" ganz überwinden werden. Das bedeutet, der Mensch hat die Aufgabe über die Selbsterkenntnis auch seine triebhafte Sexualität auf eine höhere Bewusstseinsebene zu transponieren. Sexualität und Selbsterkenntnis liegen zwar jenseits jeder Moral, durchdringen sich aber zutiefst, denn sie bedingen sich, weil erst ihr Einswerden den ganzen Menschen ausmacht, der als „Ebenbild Gottes" die Liebe verkörpern kann. Sexualität als unbändige Kraft erfährt von der Selbsterkenntnis ihr Ziel, die Selbsterkenntnis von der Sexualität ihre Dynamik. Niemandem auf Erden ist es jemals gelungen, der Sexualität auf der naturhaften Ebene Herr zu werden, denn auch auf Erden ist sie Abbild der göttlichen Schöpferkraft selbst. Doch sie kommt aus dem Geist und drängt dahin zurück. Es geht also nicht darum, die Sexualität auf der natur-

---

[137] Das Tier hat einen Trieb, der Mensch einen Willen (Eigenwillen), der immer an ein bewusstes Ego gebunden ist.
[138] Die Vorstellung, dass Mensch und Tier im „Paradies" friedlich neben einander leben.

haften Ebene zu verleugnen, sondern sie als Kraft auf die geistige Ebene zu bringen, wo sie ihrem ursprünglichen Ziel, der Liebestätigkeit gemäß wirken kann. Dazu ist erst der Mensch als größte Annäherung von Natur und Geist in der Lage. Nur er kann diese drängende Energie auf der naturhaften und geistigen Ebene erleben. Zuerst wird sie ihm aber auf der Ebene bewusst, auf der seine Identifikationsmöglichkeiten am größten sind: In seiner Körperlichkeit. Über die Lust wird sie dort konzentriert und fixiert. Darum kommt es bei den meisten Menschen zur Gleichsetzung der drängenden Kraft mit der Sexualität und ihrem Erleben ausschließlich über den Körper. Verschließt sich nun die Sexualität der Selbsterkenntnis, erzeugt sie zwar Leben, zehrt sich aber ihre eigentliche Bestimmung verfehlend an ihrer eigenen Lust auf und stirbt ab. Verschließt sich die Selbsterkenntnis der Sexualität, beraubt sie sich selbst der sie vorantreibenden Kraft, erschöpft und verschließt sich in schwächenden moralischen Verdrängungsmaßnahmen.

Eine Höhertransponierung der sexuellen Energie geht allerdings nur über die Bereitschaft, alle Denk- und Fühlmöglichkeiten zu ändern und zu sensibilisieren. *„Wie willst du dich dem Geist der Liebe hingeben, wenn du mit einem bedauernden Blick auf das zurückschaust, was du vermeintlich lässt?"*[139] Jeder Verzicht auf Sexualität ist nur dann sinnvoll, wertvoll und wirkungsvoll als helfender Schritt, wenn er die negative Bindung überwindet. Erst dann kann die drängende Energie in geistige Kanäle geleitet werden, denn diese tun sich erst auf, wenn die negative Fixierung auf die Körperebene überwunden ist, weil nur diese Öffnung die Liebe ermöglicht. Sie hatte im Plan immer vorgesehen, eine solche Reise durch die Schöpfung zu machen, um die Liebe auch in ihrer Schöpfung wirken zu lassen. In dem Maße nun, wie die Liebe beginnt, wieder zurückzustrahlen aus der Schöpfung, öffnen sich wie bei einer Pflanze die Blüten zur Sonne. Natürlich musste zuerst die Liebe auch der Menschheit wieder bewusst gemacht wer-

[139] Bernhard von Clairvaux

den. Das ist durch Christus erfolgt. Jetzt aber gilt es mit der Bewusstwerdung die damit verbundene Erkenntnis in ein höheres Niveau zu
bringen, mit dem dann auch die weitere Öffnung des Bewusstseins
verbunden ist. Und das ist primär ein geistiger Akt, wird aber auch auf
den Träger zurückwirken und eine Öffnung in seinen dazu gehörigen
Orangen bewirken.

Die Kraft des menschlichen Geistes wird am Ende der Faktor sein,
der alles beherrscht; und durch seine Geisteskraft wird der Mensch
die „drei Naturreiche", die unter ihm liegen, über seine Bewusstseins-
transformation transzendieren können. Dies war bereits beim Mine-
ral- und Pflanzenreich der Fall. Mit dem Tierreich ist es noch nicht so
weit, doch werden ständig Fortschritte gemacht; und jene Gebiete auf
Erden werden ständig kleiner werden, in denen das Tier noch Herr-
scher ist. Gewisse Gattungen werden aussterben, sofern man sie nicht
in Reservaten am Leben erhält. Es ist klar, dass sich die gegenseitige
Beziehung zwischen Tier und Mensch dahingehend auswirken soll,
dass Tiere auf eine neue Entwicklungsstufe gebracht werden, in eine
Form der „Individuation". Dieses Ereignis ist die Endphase der „Transfusion", des Hinübergleitens aus einem Lebensbereich in einen höheren. *„Lass das Feuer sein Werk erfüllen; locke den Menschen in den Feuer-
ofen und lass ihn in dem rosenroten Zentrum die Natur abwerfen, die ihn
zurückhält. Lass das Feuer der Läuterung brennen."*[140]

Zusammenfassend kann man folgende Entwicklungsstadien im
dritten Naturreich beobachten:
1. Instinkt (Tier)
2. Instinkt und gefühlsbetontes sehnendes Verlangen; archaische
   Menschheit. Im Vorausblick auf die weitere Entwicklung und
   angesichts der Vermittlerrolle des Menschen für die ganze
   Schöpfung kommen folgende weitere Entwicklungsstadien
   noch dazu, die im Kapitel :Viertes Reich: Der Mensch erörtert
   werden. Es sind:

[140] Sanskrit

3. Der Mensch als „viertes Reich"
4. Intellekt - Magische und mythologische Phase
5. Gedankliche Konzentration auf ein einziges Ziel: Mentale Phase
6. Absicht (Zielsetzung) des Ego; Mentale Phase
7. Spiritueller Wille: Supramentale Phase

Die Synthese in den drei Naturreichen

Es gibt eine alte Sanskritaufzeichnung, die lautet: *„Jegliche Form auf Erden und jedes Atom im Raum strebt mit allen Kräften nach Selbstformung gemäss dem Vorbild, das mit dem Himmlischen Menschen vorgegeben ist. Die Involution und die Evolution haben ein und dasselbe Ziel: den Menschen."* Es gibt nicht ein einziges Atom der Materie, welches nicht latent Intelligenz, Unterscheidungsvermögen und selektive Kraft besitzt, das nicht im Verlauf von Äonen jenes fortgeschrittene Bewusstsein erreichen wird, das wir das menschliche nennen und das schließlich das Entwicklungsstadium jener großen Wesenheiten erreichen wird, jenes allumfassenden Bewusstseinszustandes, den wir Gott nennen. „Erkenne dich selbst! Denn in dir ist alles zu finden, was gewusst werden kann."[141]

Wichtig für alle Wesenheiten ist das integrierende Prinzip von Allgeist und Allseele, jener Urenergie, die in allen zusammenhängenden Formen lebendig ist. Dieses Prinzip, das in der Materie des Kosmos immanent wirkt und sich in wahrnehmbaren Äußerungen kundtut, fristet noch immer das Dasein einer unbekannten und undefinierbaren Größe. Denn Ursprung und Wesen aller Dinge sind noch verhüllt und nicht erkennbar, und niemand weiß, was eigentlich die Seele ist. Man zweifelt, ob die Seele eine integrierte, krafterfüllte Quintessenz ist, die durch Verschmelzung der Körperzellen entstand und daher durch den Evolutionsprozess zu einem denkenden, fühlenden Wesen wurde; oder ob sie lediglich eine Zusammenballung aus Leben und

---

[141] Orakel von Delphi: „Mensch, erkenne dich selbst!"

Bewusstsein der Zellen selbst ist. Es sind jene Energien, die wir *die geistigen Kräfte im Menschen* nennen. Denn der „Geist" ist ein *„einziges Ganzes"*, in dessen wesenhafter Einheit „göttliche Funken" wahrnehmbar sind. Diese spezifischen Einheiten, die innerhalb der einen großen fundamentalen Einheit existieren, stehen unter dem Einfluss und der gestaltgebenden Auswirkung der Urenergie, die in ihrer Gesamtheit einen einzigen Kraftstrom bildet, der vom Allerhöchsten ausstrahlt.

Allgeist und Allseele sind in Wirklichkeit dieses Abstrakte, Unerklärliche, dieses Etwas, das dem großen Gesetz von Anziehung und Abstoßung, einem der Grundgesetze aller Erscheinung, zugrunde liegt. Es ist als fundamentales Bewusstsein ein Charakteristikum aller Materie, woraus die verschiedenen Formen erbaut sind, also alle Formen im Mineralreich, im Pflanzenreich, im Tierreich und im Menschenreich. In der Gesamtsumme aller Formen haben wir die Totalität der „Natur", wie sie allgemein verstanden wird. Auf diese Weise kann jedes Naturreich als eine Wesensform angesehen werden, durch die sich ein Bewusstsein irgendeiner Stufe oder eines Grades manifestieren kann. Wir können deshalb die Naturreiche selbst als „physischen Ausdruck" irgendeines großen subjektiven „Wesens" betrachten und zu der Erkenntnis kommen, dass jede Einheit im Kosmos ein „Atom" in jener größeren Wesenheit ist. So gelangt man schließlich zu dem Konzept, dass auch das Sonnensystem nur die Summe aller Naturreiche und aller Formen ist und ein höheres Wesen, das sich darüber zum Ausdruck bringt und das System dazu benutzt, um eine bestimmte Absicht und zentrale Idee zur Auswirkung zu bringen. Jedes Naturreich ist eine Einheit, die im Kosmos integriert ist. Dies kann in drei Begriffe zusammengefasst werden:

1. Involution des Lebens in die Materie, durch welche die innewohnende Einheit ihren Ausdrucksträger an sich zieht;
2. Evolution, das Benutzen der Form, um eine allmähliche Vervollkommnung und die endgültige Befreiung des eingeschlossenen Lebens wieder zu erlangen.

3. Das Gesetz von Anziehung und Abstoßung, wodurch Materie und Geist koordiniert werden, das zentrale Leben Erfahrung sammelt und ein Bewusstsein über die Verwendung dieser spezifischen Form erweitert wird.

Alles kommt unter diesem fundamentalen Gesetz zustande. In jeglicher Form haben wir ein zentrales Leben oder eine Idee zu verstehen, die sich manifestiert, sich immer mehr in die Substanz „verliert" und sich je nach ihren Bedürfnissen in eine Form und Gestalt kleidet. Dabei benutzt die Form als Ausdrucksmittel, um sich dann wiederum selbst von der umgebenden Form zu befreien und eine neue, ihren Bedürfnissen angemessenere Form anzunehmen. So schreitet durch alle Formstufen hindurch der Geist oder das Leben weiter voran, bis der Pfad der Rückkehr durchschritten und der Ursprungspunkt wieder erreicht ist. Das ist der Sinn der Evolution, und hierin liegt das Geheimnis der kosmischen Involution und menschlichen Inkarnation. Am Ende löst sich der Geist von der Form, erlangt Befreiung und hat dazu psychische Qualität und stufenweise Erweiterungen des Bewusstseins entwickelt.

Der Prozess der Selbstoffenbarung Gottes in der Schöpfung

Dieser Prozess vollzieht sich in den drei Stadien: Hineinwachsen der Idee in eine Form; Präsenz und Wirkung in der Form; Auflösen der Form im Überschreiten ihrer Begrenzung.

Involution ist immer an eine Periode gebunden, in der das Leben in eine Form oder Hülle eingegrenzt ist. Es ist ein unendlicher Prozess, der sich im Kosmos über Millionen von Jahren erstreckt. An diesem riesigen Zyklus ist jede Kategorie von Leben beteiligt. Er betrifft das Leben in der Materie und ist Teil des Lebenszyklus des planetarischen Geistes, der sich durch eine Sphäre wie die des Planeten Erde manifestiert. Er schließt alles Leben ein, vom winzigen Atom der Chemie bis hin zur menschlichen Inkarnation. Es ist der gewaltige Prozess des „Werdens" – das, was Existenz und das Dasein selbst möglich macht; es ist eine Periode der Begrenzung, eines zunehmenden Eingekerkertseins und immer tieferen Hinabsteigens in die Materie.

In diesen Lebenszyklen erfolgt ein evolutionärer Prozess der Anpassung an die Bedingungen und Erfordernisse der jeweiligen Lebensform, in dem alles gestaltete Leben mit seiner Form in engste Wechselbeziehung tritt. An diesem Punkt beginnt die Mitwirkung der Schöpfung am „Experimentieren Gottes" in einem blinden Suchen der Materie nach den optimalen Formen. Es ist die „spiegelbildliche Ausstülpung" der Ideen der spirituellen Hierarchie im Spiel der kosmischen Evolution im „Austesten" der Wirkungsmöglichkeiten der Einstrahlung nach dem Prinzip „Trial and Error"[142]. Darum schließt dieser Prozess auch zahlreiche „Fehlversuche" ein und führt zuweilen zum Abbruch von Entwicklungssträngen, die im Hinblick auf das teleologische Ziel „Mensch" nicht mehr von Bedeutung sind (z.B. Dinosaurier). Diesen Prozess durchläuft jede Gattung bis zu einer Kristallisation und optimalen Anpassung der Form an ihre Lebensbedingungen, die entweder über eine Mutation weitergeführt wird oder abstirbt. Auf diese Phase der Gestaltfindung, folgt die letzte Phase der „Mutation", im Sinne einer Auflösung oder Transparentierung der begrenzenden Form, um diese in einer höheren Lebensform zu übersteigen und zu verlassen.

Die Beziehung von Energien und gestalteter Form hängt immer mit dem spirituellen Willen und der schöpferischen Liebe zusammen und bringt in den drei Naturreichen des Kosmos immer eine sichtbare Reaktion des Formaspektes auf einen immanenten Willen hervor. Der immanente Wille als Schöpferwille kommt aus der spirituellen

---

[142] Einstein: „Gott würfelt nicht." Damit ist das teleologische Geheimnis gemeint, welches hinter einer vordergründigen Erscheinungswelt als durchaus determinierende Instanz am Werke ist, jedoch durchaus in der wahrnehmbaren Welt ein „Würfeln" im Sinne eines blinden Suchens zulässt. Diese beiden Zuordnungen des Begriffs „Würfeln" darf man nicht verwechseln.

Hierarchie und ist Auslöser von prästabilierten (vorher festgesetzten) Ideen[143]. Die Auswirkungen in manifestierten Gestaltungen sind dann die Reaktion der Natur auf diese wirkende Kraft, quasi ihr Anteil an den „Offenbarungen" der immanenten Göttlichkeit, die sich ihr wie einer Matrize eingeprägt hat, um sich dann aus der Natur nach genetischen Gesetzmäßigkeiten zu entfalten und evolutionär weiter zu entwickeln.

Die Grundlage des „kosmischen Bewusstseins" entspricht den sieben „Urgeistern" in der spirituellen Hierarchie. Diese sind im materiellen Kosmos die sieben Grundprinzipien der geschöpflichen Gestaltung. Diese Kraftströme der Urenergie betreffen alle Sonnensysteme im Kosmos. Von diesen differenzieren sich Energien ab, die in Kombinationen spezielle Entfaltungsmöglichkeiten aller kosmischen Gebilde herbeiführen. Das ist auf Erden in der unendlichen Vielfalt der Geschöpfe ersichtlich, vor allem an Tieren und Menschen. Diese Energieüberschneidungen führen im Kosmos zu „Eintrübungen" der ursprünglichen göttlichen Einstrahlungen aus der spirituellen Hierarchie. Ferner können sich alle Energien in unendlichen Variationen ergänzend weiterentwickeln oder auch stören, was aber von der „spirituellen Hierarchie" geregelt wird, die den Zustrom von Energien vor allem für die Menschheit ständig beobachtet.

Diese drei Phasen (Anpassung – Präsenz und Wirkung – Kristallisation und Auflösung) machen das Leben einer Gestalt oder verkörperten Idee höherer oder geringerer Ordnung aus und sind zugleich die Stufen, auf welchen sich das universale LEBEN durch Materie auszudrücken sucht (z.B. Raupe, Puppe, Schmetterling). Dieser Verwandlungsprozess lässt sich auch an der Entwicklung eines jeden Menschen erkennen: Mit der Inkarnation beginnt der Prozess der Begrenzung im Annehmen einer physischen Form. Dann folgt in der Jugend die Periode der Anpassung an die Umstände. Der Mensch

---

[143] J.G.Leibniz „Prästabilierte Harmonie"

beginnt sich damit einzurichten und sich über sein Bewusstsein im Leben auszudrücken. Als nächstes folgt die Stufe der Reife und schließlich im Alter die „Kristallisation" der Form; und der Mensch stellt fest, dass sie nicht mehr genügt, weil diese Verhärtung nicht mehr aufzulösen ist; denn jeder Mensch ist am Ende seines Lebens ein „Prägungsergebnis." *„Dann endlich folgt die glückliche Befreiung, der Tod, jener große Augenblick, in dem der „Geist im Kerker" den ihn einschließenden Mauern seiner körperlichen Form entschlüpft. Die bisherigen Vorstellungen über den Tod sind irrig: im Sterben das große, letzte Schrecknis zu sehen. Der Tod ist in Wirklichkeit das große Entrinnen und die Freisetzung des Lebens aus dem kristallisierten Ausdrucksträger und aus einer unzureichenden Form."*[144]

Worin liegt aber nun der Zweck hinter diesem endlosen Prozess des Formbildens im Kosmos? Mit Sicherheit ist es die Entwicklung und Ausweitung des Bewusstseins, die Entwicklung einer Erkenntnisfähigkeit und das Hervorbringen der Kräfte der Seele, um den rückspiegelnden Wiederaufstieg der Seele zu ermöglichen. In seinem Modell der Evolution ist für Popp *das Entwicklungspotential die Gesamtheit aller Lebewesen als eine untereinander verbundene und sich gemeinsam entfaltende Einheit, in welcher verschiedene Individuen und Populationen sich nicht nur um ihrer selbst willen entwickeln, sondern auch im Interesse der Gesamtheit aller lebenden Systeme. Es handelt sich dabei um eine biologische Evolution und gleichzeitig um eine Entwicklung des Bewusstseins von seiner rudimentärsten bis zur höchsten entwickelten Form.*[145]

Zusammenfassend kann man zu den drei kosmischen Naturreichen folgendes feststellen:

Bereits das Atom der Chemie zeigt Symptome unterscheidungsfähigen Denkens und rudimentäre selektive Befähigung. Damit demonstriert dieses winzige Leben innerhalb der atomaren Form im Mineralreich nicht nur Bewusstsein, sondern auch Elastizität. Diese

---

[144] Bailey
[145] Popp / Biophotonen / Licht in allen Zellen S.237

beiden Eigenschaften erscheinen im Pflanzenreich wieder, doch kommt eine dritte hinzu, die man als eine Empfindung rudimentärer Art einstufen könnte. Die „ursprüngliche Intelligenz" des Atoms hat also während des Übergangs von Form zu Form und von Naturreich zu Naturreich etwas dazu gewonnen: *Reaktionsfähigkeit auf Kontakte und ein differenzierteres Wahrnehmungsvermögen. Dies zeigt, dass im Pflanzenreich aus Atomen erbaute Formen nicht nur unterscheidungsfähige „Intelligenz" und Elastizität besitzen, sondern auch Empfindungsfähigkeit, also etwas, was im Tierreich der Emotion oder dem Gefühl entspricht* (Bailey). Diese Art der Emotion ist nichts weiter als eine rudimentäre Form von Liebe. Dann folgt das Tierreich, in dem die animalischen Formen nicht nur alle eben genannten Eigenschaften besitzen, sondern in dem noch der Instinkt hinzukommt oder das, was endlich beim Menschen als Mentalität zur Blüte kommt. Denn der Mensch besitzt intelligente Aktivität, er ist zu Gefühlen oder Liebe fähig und hat dem noch einen weiteren Faktor hinzugefügt: den des bewussten Eigenwillens; denn der Mensch ist in seiner „Gott-Ebenbildlichkeit" eine Monade seines eigenen Systems. Der Mensch ist nicht nur bewusst, sondern ist sich vor allem seiner selbst bewusst. Er baut seinen eigenen Manifestationskörper, genau wie es der Logos tut, nur in winzigem Maßstab. Er beherrscht sein kleines System durch das große Gesetz der Anziehung und Abstoßung, wie es auch der Logos tut, erfüllt es mit Energie und synthetisiert seine dreifache Natur[146] zu einer kohärenten Einheit. Er ist die Drei in Einem und der Eine in den Dreien, ebenso wie der Logos.

Einheit des Bewusstseins im Kosmos

Ebenso wie in der Evolution der kosmischen Naturreiche von der mineralischen Grundsubstanz ausgehend über das erste seelische Gruppenleben der Pflanzen zum individuellen Erleben im Tierreich, an dessen Ende eine Synthese aller bisherigen Lebensausgestaltun-

---

[146] Leib – Seele – Geist

gen im Menschen stattfindet, ebenso kann man auch in den Phasen der menschlichen Bewusstseinsentwicklung ein ähnliches Fortschreiten bis zum höchsten mentalen Dimensionslevel wiedererkennen und feststellen: Im Frühstadium der menschlichen Bewusstseinsevolution, die man mit dem „Atom-Stadium" vergleichen kann, kommt der Mensch allmählich zu der Erkenntnis, dass er *eine* seiner selbst bewusste Einheit mit einer ihm allein eigenen Individualität ist. Es ist die Periode, in der das Ego erwacht und die Periode des allmählichen Erkennens eines gesonderten Daseins. Nach Durchlaufen dieses ersten Stadiums beginnt das Gruppenbewusstsein sich bemerkbar zu machen. So findet das menschliche „Atom" seinen Platz innerhalb der sozialen Gruppe, jener größeren Einheit, zu der ein Mensch gehört; und der Liebe-Aspekt beginnt sich durch Anziehung und Abstoßung (Sympathie und Antipathie) im Verhalten sichtbar kundzutun. Der Mensch ist vom „Atom-Stadium" in das der „Gruppenkohärenz" übergegangen. Endlich, auf einer späteren Stufe wird ihm dann klar, dass er nicht nur Verpflichtungen gegenüber einer Gruppe hat, sondern dass es da noch etwas Größeres geben muss, und er erkennt sich als Teil eines großen universalen Lebens. Darin erreicht er den höchsten Bewusstseinslevel seiner Dimension im erkennenden Verständnis für die göttliche Einheit.

Auf diese Weise lässt sich auch die Einheit des „Bewusstseins" vom winzigsten Atom bis zur Gottheit selbst nachvollziehen. So kann das Leben Gottes in seiner essentiellen Manifestation gesehen werden, wie es sich in einem ewig sich ausdehnenden Bewusstsein auswirkt; wie es sich im Substanzatom demonstriert, durch das Mittel der Form erweitert, bis es einen Kulminationspunkt im Menschen findet und dann auf seiner Bahn weitergeht, bis es sich als das planetarische Bewusstsein (planetarischer Logos), die Gesamtsumme aller Bewusstseinszustände im Kosmos offenbart.[147] So können wir in der ontogenetischen Bewusstseinsentwicklung eines jeden Menschen vier Bewusstseinszustände intelligenter Aktivität unterscheiden, die wir

---

[147] Teilhard: Der kosmische Christus.

als Bewusstsein, Selbst-Bewusstsein, Gruppen-Bewusstsein und Gott-Bewusstsein bezeichnen können – ähnlich der Jahrtausende langen phylogenetischen Bewusstseinsentwicklung, die Gebser anschaulich beschrieben hat.[148]

Im Lexikon findet sich folgende Erklärung für Bewusstsein: *„Der Zustand des Gewahrseins" oder die Bedingung für Wahrnehmung, die Fähigkeit auf Stimuli zu reagieren, die Gabe, Kontakte zu erkennen und die Kraft, Schwingung zu synchronisieren. Bewusstsein wird nicht nur dem Tier und dem Menschen zugestanden, sondern erstreckt sich auch auf das Pflanzenreich bis ins Mineralreich hinein.* Selbst-Bewusstsein als die vollzogene Vollendung der Evolution des gesamten Bewusstseins in den drei Naturreichen hat nur der Mensch. In allen Naturreichen sind also die verschiedensten Grade und Arten von Bewusstsein anzutreffen, während sich im Menschen die ersten Symptome von Selbst-Bewusstsein zeigen oder die Fähigkeit, durch die er gewahr wird, dass er nicht nur eine gesonderte Identität, sondern auch der dem Körper innewohnende Impuls ist, der seiner Selbst gewahr zu werden sucht. In den östlichen Philosophien lehrte man immer, dass alles lebt und bewusst ist, aber dass nicht alles Leben und Bewusstsein dem des Menschen „gleicht"[149]; und weiter wird die Tatsache betont, dass *„zwischen dem Bewusstsein des Atoms und dem einer Blume, zwischen dem einer Blume und dem eines Menschen, zwischen dem eines Menschen und dem eines Gottes enorme Intervalle bestehen."* (Bailey)

Als ein Substanzatom aus der Fülle eines „Atom-Chaos" in die Form eines Moleküls eingebaut wurde, war das für das Atom eine Art „Einweihung" oder Höherpotenzierung. Es wurde sich einer neuen Art von Kraft gewahr und sein Kontaktbereich wurde erweitert. Als das Bewusstsein der Pflanzen und des Tierreiches sich einander durchdrangen und das Leben vom niedereren Naturreich in das höhere

---

[148] Gebser: Ursprung und Gegenwart
[149] Yogananda / „In der Schöpfung scheint Gott im Gestein zu schlafen, in den Blumen zu träumen, in den Tieren zu erwachen und im Menschen zu wissen, dass er wach ist."

überging, war das auch eine „Einweihung". Als das Bewusstsein des Tieres sich in das des Menschen ausdehnte, fand wiederum eine große „Einweihung" statt. Beim Übergang der Naturreiche fand jedes Mal eine Höherpotenzierung durch eine Erweiterung des Bewusstseins statt. Der Menschheit steht nun der Übergang in das nächst höhere Bewusstsein, das Supramentale, bevor. Auch dieser Übergang vollzieht sich ebenfalls durch eine „Einweihung". So kommt es, dass es im Evolutionsschema keine Lücken zwischen den Naturreichen gibt und dass zwischen dem einen Gewahrseinszustand und dem nächsten vielmehr eine permanente fließende Entwicklung des Bewusstseins besteht, an dem alle Geschöpfe teil hatten und auch weiterhin teilhaben werden.

DAS MENSCHENREICH – DAS VIERTE REICH
der Zwischenbereich der „Unschärferelation"

Dieser „fließende Bewusstseinsverlauf" einer permanenten Höherpotenzierung erfolgt beim Menschen nicht mehr automatisch, sondern der Mensch muss jede „Einweihung" selbst mit initiieren. Das „Reich des Menschen" wird vom „fünften Strahl" beherrscht und bestimmt. Er ist der „Offenbarer des Evolutionsweges des Wissens" und eines vollkommen ausgebildeten physischen Körpers (homo sapiens). Das Feld des Erkennens oder Wissens ist so beschaffen, dass es auf die langsam hervorbrechende göttliche Willensenergie mit seinen Schwingungen intelligent reagiert. Dadurch nimmt der Mensch immer mehr teil am göttlichen Schöpferwillen. Dabei ist das „Wort" als bewusste Sprache das Mittel, die Welt verstehend zu interpretieren. Worte sind Symbole für Ganzheitsfragen, die kosmisches Geschehen in kurzen, aber komplexen Gedanken auszudrücken suchen. Der „fünfte Strahl" zeigt auch den Weg hinab ins Reich des Todes, in die Inkarnation (insofern diese ein dem Tod ähnliches Gefängnis für die Seele ist) und auch wieder den Weg aufwärts, heraus aus dem Dunkel in das reine Licht der „Auferstehung". Diese Rückspiegelung als Wiederaufstieg der Seele geht über das Bewusstsein der Menschen. Es ist die Fortsetzung einer Entwicklung von der reinen Körperlichkeit des Menschen mit den Mitteln des Bewusstseins bis hin zur reinen Spiritualität höherer Dimensionen und ist parallel zur dritten absteigenden Triade der spirituellen Hierarchie zu verstehen. Aufgabe der Menschheit ist es also, diese Transparenz der Körperlichkeit zu erbringen und dem Primat des Bewusstseins wieder zum bestimmenden Faktor im Leben zu verhelfen.

Denn der Mensch als „Zwitterwesen" zwischen Geist und Materie bestimmt die Weiterentwicklung über sein eigenes Bewusstsein mit, wobei aber den Menschen entscheidende Hilfen aus spirituellen Quellen zufließen. In der Psychologie hat Assagioli dieses „selbst-lose" Bewusstsein mit dem transpersonalen Selbst im Menschen in Beziehung gesetzt. In der Quantentheorie ist es das Quanten-Selbst, die Seele als das nicht-konditionierte universale Ziel, was mit dem kosmischen Bewusstsein vereint gleichgesetzt wird. In östlichen Theorien ist das Ziel der Erfahrung des kosmischen Bewusstsein das „Atman", im Christentum ist diese primäre universale Daseinsform der Heilige Geist. In diesem Bewusstseinsprozess entsteht die individuelle Selbst-Erfahrung des Ego im Spiegel des Gedächtnisses und zwar *mit zeitlichen Verzögerungen aus sekundären Nachklängen von Primärerfahrungen.*[150]

Das Endstadium, die Vollkommenheit in dieser Bewusstseinsentwicklung wird nicht deshalb erreicht, weil es „große Wesen" als Helfer gibt, die begierig darauf warten, den Menschen zu helfen, um sie „emporzuheben", sondern deren Hilfe erreicht den Menschen nur dann, wenn der Mensch selbst dafür die notwendige Empfangsbereit-

---

[150] A. Goswami: „Das bewusste Universum", S.239: „Auf der Ebene der Primärprozesse gibt es keine Konditionierung. Nur auf sekundären Ebenen hat der Mensch konditionierte Reaktionen in Form von Gedanken und Gefühlen.

schaft signalisiert und geistige Vorleistungen erbringt. Die Empfangsbereitschaft des Menschen ist in dieser Wechselbeziehung der Eigen-
beitrag des Menschen in einem unendlichen Prozess. Dabei können
auch diejenigen, die das Ziel bereits auf Erden erreicht haben, ihren
Mitmenschen helfend beistehen, was auch erfolgt; nur sind auch ihre
Hände gebunden, solange ein Mensch nicht seinen Teil zum „Unter-
nehmen" beiträgt, jene ständigen liebevollen Bemühungen einer
helfende Energieflut anzunehmen, die Menschheit ihrem geistigen
Ziel näher zu bringen. Es handelt sich dabei um eine Initiation, und
das heißt einfach: ein Initiant ist ein Mensch, der bereit ist, die ersten
Schritte in das Reich des Geistes zu tun und die ersten geistigen
Offenbarungen erlebt, von denen jede der Schlüssel zu einer höheren
Erkenntnis ist. Bei jeder Erkenntniserweiterung handelt es sich nicht
um eine Art automatischen Mechanismus, sondern immer um einen
ganz individuellen Beitrag jedes einzelnen Menschen. Nur leider ist es
genau dieser Mechanismus einer Jahrtausende langen Bewusstseinsentwicklung, mit dem sich die Menschen bisher allein identifiziert
haben. Darüber hat der Mensch vollständig vergessen, dass dieser
Mechanismus in der Bewusstseinsentwicklung der Menschheit nur
eine Ausdrucksform eines epochalen Bewusstseinsaspektes ist und
den einzelnen nicht davon entbindet, seine eigne innewohnende
Wesenheit dem jeweiligen Stand der Entwicklung anzugleichen.

Jedes einzelne Naturreich steigert den immanenten Bewusstseinsaspekt zu einer höheren Vollkommenheit und bekundet so eine grö-
ßere Empfindungs- und Reaktionsfähigkeit auf die Umweltbedingungen gegenüber dem vorhergehenden Naturreich. Jedes Reich zeigt
eine deutlichere Enthüllung der inneren, verborgenen Herrlichkeit.
Denn jedes Naturreich besteht aus einer Vielheit von Lebewesen, die
als Manifestationsinstrument ein Ganzes bilden, es ist quasi die „Verkörperung" eines großen Wesens. So wie die Myriaden lebendiger
Atome die Ausdrucksform des Menschen darstellen und seine körperliche Erscheinung ausmachen, genau so verhält es sich mit den Naturreichen als eines jeweils großen „Lebewesen". Dabei erhält die äußere

Erscheinung ihre Qualität durch einen besonderen „Strahltyp", wodurch diese von Qualität erfüllte Lebenszellen produzieren und eine körperliche Erscheinung durch das „Zusammenbauen" ein einheitliches Wesen erschaffen.

Der vierte Strahl der Menscheit

Der Strahl, der die Menschheit als Ganzes lenkt und beherrscht, ist der „vierte Strahl der Harmonie". Die Hauptmerkmale dieses Strahleinflusses, der durch die Menschheit als Ganzes flutet ist die Fähigkeit, sich Wissen durch Unterscheiden und Auswählen zu erwerben und Konflikte zu lösen, um sie vorwärts auf ihre gottgewollte Bestimmung zuzutreiben. Es ist der Garant für den schließlichen Erfolg, aber auch die Ursache von Aufruhr und temporärer Spaltung. Denn es ist das Zwitterwesen des Menschen, das wieder ins Gleichgewicht gebracht werden muss. Denn Harmonie wird nur durch Kampf und Überwindung von Druck und Spannungen erreicht. Selbst Wissen, das schließlich in Weisheit übergehen soll, wird nur durch die Qual erworben, ständig zwischen den Dingen zu wählen und Entscheidungen zu treffen. Durch solche Entscheidungen, die des Menschen abwägender Verstand zu treffen hat, wird am Ende der Sinn für wahre Werte, die Vision des Ideals und die Fähigkeit geboren, hinter dem störenden Blendwerk die Wirklichkeit zu erkennen.

Ursache für diesen „ewigen Kampf" im Menschenreich ist die Tatsache, beiden Seiten der Hierarchie anzugehören: der spirituellen und der kosmisch-materiellen. Es ist die Aufgabe, beide Seiten wieder in Harmonie zu vereinen: Es ist die „Quadratur des Kreises", jene nie zu erreichende Deckungsgleichheit, jene „Unschärferelation", die das Leben selbst ist und letztendlich das gesamte Universum in Bewegung hält. Bisher wurde der Mensch als höchste animalische Entwicklungsstufe des dritten „Naturreiches" betrachtet. Von jetzt an muss der Mensch auch als unterste Stufe der spirituellen Hierarchie verstanden werden. Denn die Menschheit ist die „Schnittstelle", an der sich diese beiden Aspekte begegnen, um über den Menschen die „Rückspiegelung der Liebe" zu erbringen. Aus der „Homogenität der beiden Ursprünge" – dem spirituellen Zentrum und der materiellen Grundsubstanz im Kosmos – entfaltete sich die unvorstellbare Vielheit von Geschöpfen und Gestalten, die im Bewusstsein des Menschen kumulieren und sich vereinen. Aus der dritten Triade der spirituellen Hierarchie inkarnierte eine letzte anstehende ätherische Population, um sich im dritten Naturreich auf Erden mit den höchstentwickelten Geschöpfen, den Hominiden zu vereinen. Die „Rückspiegelung der Liebe" besteht nun darin, die materielle Gestalthaftigkeit im Kosmos wieder auf die darin wirkende Seele hin transparent zu machen.

Der Mensch ist ein Doppelwesen aus Körper und Bewusstsein und somit der Ausdruck von zwei Seelenaspekten, der animalischen und der göttlichen Seele. Diese beiden stellen, wenn sie sich im Menschen verbinden und verschmelzen, die menschliche Seele dar, und machen den Menschen zu einem bewussten „Gottessohn". In dieser Tatsache liegt die Ursache für die Probleme des Menschen begründet, denn diese beiden Faktoren verwickeln ihn in einen langen Kampf[151], der einmal in der Weise ausgehen wird, dass die göttliche Seele befreit wird durch die Vergeistigung und Veredlung der animalischen Seele. Dieser Prozess begann im Tierreich und führte im Menschen bis zur „Individuation". Der Mensch als Individuum ist das erste Resultat dieses geheimen Prozesses, dessen letzte Vollendung in der Verklärung und Befreiung des Menschen in seiner Vereinigung mit seiner Seele besteht. Dieser ganze Entwicklungsprozess stellt eine einzige Enthüllung der Seele Gottes dar. Stufe um Stufe nehmen Bewusstsein, Gewahrsein und Empfänglichkeit für Kontakte zu, die sich ständig weiter vertiefen.

Der Mensch bildet gleichsam das Verbindungsglied zwischen Materie und Geist und vereint in sich die Quintessenz des ganzen

---

[151] Heraklit / Das Leben als Kampf

Evolutionsprozesses im Kosmos. Im Menschen erscheint im Kosmos ein neuer Aspekt: Individualität und das Bewusstsein darum, wer er selber ist. Dieser Aspekt unterscheidet den Menschen vom Tier und erweckt in ihm ein Bewusstsein der Unsterblichkeit, ein Selbsterkennen und ein Ichbewusstsein, was ihn als „Ebenbild Gottes" erscheinen lässt. Diese eingeborene und verborgene Machtfülle befähigt ihn zu leiden und zu lieben, was kein Tier kann, und verleiht ihm auch die Fähigkeit, die Früchte seiner Erfahrung als Denk- und Urteilskraft zu ernten. Diese besondere Eigenschaft des Menschen ist es, die ihm die Kraft verleiht, Ideale zu erahnen, Schönheit zu empfinden, mit Gefühlen auf Musik zu reagieren und sich an Farben und Harmonie zu erfreuen. Es ist das Göttliche in ihm, das den Menschen zum „verlorenen Sohn" macht, der hin- und hergeworfen wird zwischen Lust an irdischem Dasein, Besitz und Erlebnissen, und der magnetischen Sehnsucht nach jener „Heimat", aus der er stammt.

Die Menschheit – und nur die Menschheit – kann das Wesen der Gottheit und des ewigen Lebens offenbaren: „Der Mensch ist nach dem Bilde Gottes gemacht", und deshalb spiegelt auch der Mensch die dreifache „Natur des Logos" wider. Er besitzt als Bewusstsein Intelligenz, Liebe und Willen und ist somit in der Schöpfung *„Der Eine, der denkt"*[152]; mit anderen Worten: der Mensch ist das Geschöpf Gottes, über das sich Gott als Schöpfer selbst erkennen kann. *„Der Mensch ist das Wesen, in welchem höchste Geistigkeit und niederste Materie in einem Bewusstsein verbunden sind."* Denn im Menschen ist der Schnittpunkt aller Evolutionslinien im Universum. Er ist derjenige, der das Selbst, das Nicht-Selbst und die Verbindung eine Angelegenheit des stufenweisen Wachstums bis hin zum allmählichen Herausarbeiten der spirituellen Bewusstheit des Lebens Gottes (teleologische Bestimmung[153]), wodurch Sein essentielles Wesen erkennbar wird. Im vierten „Naturreich" ist der wissende Mensch der Erkennende und darum der Hüter dieser tiefen Weisheit, die ihn in Stand setzt, Gott in seinem Plan

---

[152] Sanskritwort
[153] Auf ein Endziel gerichtet

zu unterstützen und Seinem Willen zur vollen Auswirkung zu verhelfen. Hildegard von Bingen spricht in diesem Zusammenhang von der *Verantwortung des Menschen für das ganze Universum.*

Der Mensch steht so zwischen Himmel und Erde. Meistens sind seine Augen noch verschlossen, und er sieht die Schönheit himmlischer Vision nicht; sind sie aber offen, dann sieht er nur den Schmutz und Schlamm, mit dem seine Füße bedeckt sind. Richtet er jedoch seine offenen Augen für einen kurzen Moment nach oben und wird er der Welt der Wirklichkeit und der spirituellen Werte gewahr, beginnt für ihn das verwirrende und unruhige Leben eines nach Erlösung Suchenden. (Bailey)

Wenn der Mensch lediglich Träger einer Form bleibt und in dieser eingeschlossen ist und sich sein Bewusstsein in Zeit und Raum mit dieser Form identifiziert, dann ist es für einen solchen Menschen nicht möglich, seine innerlich wesende Göttlichkeit zu erkennen oder diese bewusst zum Ausdruck zu bringen. Sein Bewusstsein ist dann nur teilweise entfaltet umfasst immer nur äußerliche Einzelheiten, nicht aber das Universale und Gesamte. Denn je stärker und fester das Bewusstsein mit dem Formaspekt verhaftet ist, umso stärker ist auch seine Dunkelheit in der festen Form seines „Gefängnisses". Die Tragödie des Menschen, sein Problem und seine Größe liegen darin, dass er sich mit beiden Aspekten, sowohl mit der Form als auch mit dem Leben selbst identifizieren kann. Zwischen diesen Gegensätzen schwankt sein Bewusstsein ständig hin und her. Der Mensch kann sich im Leben allein mit dem animalischen Aspekt identifizieren, was im Frühstadium seiner Entwicklung ein ständiger Zustand ist, kann aber auch eine Übereinstimmung mit dem Seinsaspekt des Lebens den Sinn erkennen, was zuweilen im Endstadium seiner Bewusstseinsentfaltung geschieht. Die meiste Zeit im Leben wird ein Durchschnittsmensch zwischen diesen beiden Extremen heftig von einer Seite zur anderen geworfen und der Mensch ist selbst der „Kampfplatz" im Leben.[154]

---

[154] Heraklit „Das Leben als Kampf" – Hildegard von Bingen / „Entscheidung und Verantwortung"

Mit der Bewusstwerdung dieser Gegensätzlichkeit im Leben hängen Schmerz und Leid zusammen. Auch ein Tier leidet, aber es empfindet nur körperlichen Schmerz und ist sich dessen nicht bewusst. Wenn der Mensch leidet, so betrifft es nicht nur seinen Körper, sondern auch seine Gefühle und Gedanken. Sein mentales Leiden bestimmt seine seelisch-geistige Entwicklung und gründet in den Fähigkeiten seines reflektierenden Denkvermögens: so z. B. in Voraussicht und Erwartung, Erinnerung, Phantasie oder Vorstellungen, Schuldgefühlen und Gewissensbissen. All diese Erfahrungen aktivieren einen angeborenen Drang, über sich selbst hinaus zu streben und davon erlöst zu werden. Doch all das endet meist im Gefühl der Vergeblichkeit und des Versagens. Das „Leiden Gottes" hat dagegen nichts mit menschlichen Gefühlswerten zu tun, sondern ist von geistiger Art, ein unbegreifliches Mysterium. Die Leiden der Menschheit sind immer persönlicher Art, das Leiden Christi ist dagegen immer unpersönlich und bezieht sich auf die ganze Welt.

Wichtig ist dabei die Feststellung, sich ständig zu vergegenwärtigen, dass der Mensch ein Doppelwesen ist. Diese Polarität steckt in jedem Bewusstsein des Menschen drin, und jeder Mensch hat dieses Gefühl der Zweiheit, denn er spürt auch in einem mysteriösen Sinne zwei Naturen. Diese zwei Naturen sind es, die einen permanenten „Kampf" miteinander ausfechten. Paulus wies darauf hin, wenn er von dem ewigen Widerstreit sprach, der zwischen der tierisch-fleischlichen und ewig-himmlischen Natur im Gang ist. Paulus sagt aber auch, dass der Sieg durch Christus zu gewinnen sei, und im Hinblick darauf, wie wichtig darum das Erkennen aller göttlichen Energiestrahlen ist. Es ist nämlich die Feststellung, dass allein nur die göttlichen Energien die wahren Ausdrucksformen des „kosmischen Christus" sind[155]. Die moderne Wissenschaft von der sichtbaren exoterischen Welt hat über die äußeren Formen, über die materielle Struktur und deren elektrischer Natur zwar viele Kenntnisse gesammelt, weiß aber wenig über

---

[155] Teilhard de Chardin a.a.O.

die Natur der inneren Energien und Qualitäten, welche den Formen ihr Gepräge geben. Wenn diese beiden Wissensrichtungen mit Klugheit kombiniert werden, wird eine wahrere, neue Religion die Folge sein.

Zusammenfassung

Nr. 1: Die Menschheit ist ein Ausfluss der göttlichen Lebensessenz, und jeder Mensch kommt wie auch alles durch den einen oder anderen der sieben Strahlkräfte ins Dasein. Die spezifische Eigenart seiner Seele hängt vorwiegend von der Eigenschaft desjenigen Strahls ab, der ihm Leben einhauchte. Dabei bleibt die Seele als Führerin im Leben während einer zeitlichen Periode unverändert, wohingegen sich das äußere Leben und die Beschaffenheit der Erscheinungsformen ständig verändern, und dies hängt von den Bedürfnissen der jeweiligen Zeitepoche und den Bedingungen der Umwelt ab. Dieser letztere Faktor wird durch den oder die Strahlen bestimmt, die gerade zu einem Zeitzyklus wirksam sind, denn die gesamte Natur wird von jenem Strahlenleben bestimmt, das die jeweiligen Gestaltqualitäten der Erscheinungsformen in einem Naturreich ausprägt.

Nr. 2: Die Gesetze, welche die Entstehung von Qualität oder Seele (durch das Mittel körperlicher Formen) lenken und steuern, sind die mentalen Zielsetzungen und richtungweisenden Lebenskräfte der „Strahlherren", deren Entschluss keine Änderung erfahren kann, deren Vision vollkommen und deren Gerechtigkeit unübertrefflich ist.

Nr. 3: Jedes Geschöpf ist eine Monade , die sich im Einklang mit allen sieben Lebensströmen betätigt, weil die sieben Strahlen das Gerüst des manifestierten Weltalls sind.

Nr. 4: Innerhalb des Kosmos ist das Menschsein durch Selbsterkennen gekennzeichnet. Wenn dieser Prozess der Selbsterkenntnis sein Endziel erreicht hat, ist das voll entfaltete Ichbewusstsein identisch mit dem Einen Selbst und die erworbene „Erkenntnis" gipfelt in der Entdeckung, dass sich Gott als die Qualität seiner ganzen Schöpfung hinter aller Erscheinung pulsiert und offenbart. Die sieben Urgeister enthüllen sich dann als Wesensäußerung eines einzigen Lebens und alle Vielheit verschwindet in der Vision dieses Einen und in dem Eins-werden mit IHM. Das ist der Weg zur Vollkommenheit und die ange-wandte Methode, um diese letzte Erkenntnis zu erringen. Es ist der Weg schrittweiser persönlicher Erfahrung im Leben eines jeden Men-schen, der mit der Menschwerdung als Einzelwesen beginnt und mit der Einweihungen endet.

Verhüllung und Offenbarung

Die Menschheit ist der Hüter eines verborgenen Mysteriums, wobei die Schwierigkeit in der Tatsache liegt, dass das, was der Mensch aus sich nicht herausholen kann, für ihn ein ewiges Geheim-nis bleibt. Er kennt nicht die Wunder, die er hütet und hegt. Die Menschheit ist die Schatzkammer Gottes, denn nur im „Reich des Menschen" sind die drei göttlichen Qualitäten in voller Blüte und Ver-bundenheit zu finden: *Gott der Vater hat das Geheimnis des Lebens in den Menschen versenkt, Gott der Sohn hat die Schätze der Weisheit und Liebe in ihn hineingelegt, und Gott der Heilige Geist hat das Mysterium der sichtbaren Schöpfung in ihn verpflanzt*[156]. Nur die Menschheit kann das Wesen der Gottheit und des ewigen Lebens offenbaren: *„Fecisti nos ad te et cor nostrum inquietum est, donec requiescat in te."*[157] Dem Menschen wurde das Vorrecht eingeräumt, das Wesen des göttlichen Bewusstseins aufzuzeigen und vor den Augen der versammelten „Söhne Gottes" (der Engel)[158] das zu enthüllen, was von Ewigkeiten her in Gottes Gedanken verborgen geruht hat.

---

[156] A.Bailey
[157] „Du hast uns für dich geschaffen, und unser Herz ist unruhig, bis es wieder in dir ruht." (Augus-tinus)
[158] vgl. Paulus; „Nicht den Engeln hat Gott es offenbart, sondern den Menschen ..." (vgl. Hebr. 2,5)

Es ist einerseits der Vorgang der Verhüllung durch die Inkarnation in das „Gefängnis" einer materiellen Form nach dem Verlassen des „Gartens Eden" und andererseits die offenbarende Verheißung der Auferstehung. In der „Wanderung des verlorenen Sohnes" ins ferne Land werden die verschiedenen Stadien in der Bibel geschildert, in denen der Mensch die Entdeckung macht, dass nicht er selbst die ihn verhüllende Form ist, sondern derjenige, der sie nur benutzt, um sie wieder zu verlassen. Denn der Mensch hat Selbsterkenntnis und ist deshalb das Abbild Gottes; er ist Liebe, und durch ihn wird sich der Liebe-Aspekt der Gottheit eines Tages vollkommen manifestieren. Und dann wird er als Antwort auf seine Frage: *„Herr, zeige uns den Vater"* mit seinem älteren Bruder, dem Christus, sagen können: *„Wer Mich gesehen hat, hat den Vater gesehen"*, denn Gott ist Liebe. Und wenn erst der höchste Aspekt, der Wille Gottes, sich im Menschen manifestieren wird, dann wird er vollkommen sein, wie sein Vater im Himmel vollkommen ist: Die Trinität von Wille – Liebe – Geist.

Der Mensch im Fadenkreuz von
Leib – Seele – Bewusstsein – Wille

Das entspricht wieder der Trinität von Wille – Liebe - Geist

Teilhard de Chardin: *„Der Mensch ist nicht ein zoologischer Typus wie die anderen Lebewesen, sondern der Kernpunkt einer universellen Bewegung, in der sich – begrenzt auf unseren Planeten – etwas offenbart, das wahrscheinlich die charakteristischste und aufschlussreichste Grundströmung der uns umgebenden Unendlichkeit ist. Der Mensch ist das Ziel, auf das hin und in dem das Universum sich einrollt."*

Der Mensch und seine zwei Körper: Physis und Ärtherleib

„...zwei Seelen wohnen, ach! in meiner Brust ..." (Goethe)

„Der Mensch ist ein beseeltes Wesen. Was sich - aufsteigend aus der Tiefe unseres Inneren - in uns vollzieht als der Wechsel unserer Gefühle und Stimmungen, unserer Erregungen und Leidenschaften, als der Drang unserer Triebe und Strebungen, als der Ablauf unserer Entscheidungen und Handlungen, als das Spiel unserer Vorstellungen und Gedanken, mit denen wir die Weiten von Raum und Zeit umgreifen – all das ist es, worin sich unser auf die Welt entworfenes Dasein entfaltet und erfüllt. Und das, was wir Leben nennen, ist das umgreifende Ganze, in das alles Seelische mit seiner Mannigfaltigkeit eingebettet ist." Lersch

Der Mensch ist ein Doppelwesen, ein „Kentaur", denn im Menschen sind Leib und Seele vereint. Der physisch-biologische Leib ist die sinnenhaft wahrnehmbare materielle Erscheinlichkeit als der zeitlich begrenzte und sterbliche Funktionsbereich eines organischen Stoffwechsels, und somit der Träger der gesamten Vitalität. Mit diesem physischen Körper eng verbunden und diesen umhüllend existiert noch der feinstoffliche Ätherleib als Lebensträger und Funktionsbereich der Seele, über den der Empfang aller Lebensenergien in der gesamten Schöpfung erfolgt. Denn allein die Seele ist im Menschen, wie in allen Geschöpfen, das wahre Leben.

Phillip Lersch greift diesen Gedanken von „Leib und Seele" auf und beschreibt in seiner Schrift „Aufbau der Person" den Menschen in allen seinen Lebensäußerungen als Ergebnis einer durchlaufenen jahrtausendelangen Entwicklung und Ausfaltung. In einem tektonisch gegliederten dreiteiligen *Schichtenmodell"*[159] stellt Lersch die in einer langen zeitlichen Entwicklung herausgebildeten Lebensäußerungen der heutigen Menschheit dar, an dem sich unschwer die Entwicklungsstufen der Menschheit vom Vormenschen bis zum heutigen

---

[159] Philipp Lersch

Menschen wieder erkennen lassen. Genau wie beim einzelnen Menschen beginnt das eigentliche Menschsein erst mit der bewussten Ausprägung des ICH.

Diese „Schichten" sind nicht als Analogie zu geologischen Gesteinsformationen zu sehen, sondern als ein sich gegenseitig bedingendes Beisammensein eines integrativen Ganzen, dessen Teile sich gegenseitig funktionell durchdringen. Das „Schichtenmodell" von Phillip Lersch umfasst drei von einander unterschiedliche Funktionsbereiche: 1. Lebensgrund 2. Endothymer Grund 3. Kortikaler Oberbau. Diese Dreiteilung entspricht wiederum den Triaden in der spirituellen wie der kosmischen Hierarchie.

Lersch benennt folgende drei Funktionsbereiche: den vitalen Lebensgrund, den endothymen Bereich (Endothymos ist das Stammhirn, wo alle triebhaften und emotionalen Bewegungen registriert werden) und den kortikalen personellen Oberbau (Kortex ist die Hirnrinde, in der alle intelligiblen Vorgänge ablaufen). Entscheidend ist dabei für Lersch, die jeweilige Akzentuierung der Bereiche im Leben eines Menschen und das Verhältnis dieser drei Schichten untereinander richtig zu sehen. Denn es handelt sich im Menschen immer um eine Integration aller Schichten über das Ich, um zu einer individuellen Persönlichkeit zu werden. Das Ich ist dabei das Integral, ohne das es weder Strebungen, Gefühlsregungen des individuellen Selbstseins, weder egoistischen Geltungsdrang oder Selbstwertstreben, noch ein Streben nach Transzendenz[160] gäbe. Denn alle diese Lebensäußerungen sind nur auf dem Hintergrund eines Ichbewusstseins möglich und erklärbar und bedürfen einer Ordnung und Steuerung, die vom Denken und Wollen vollzogen wird. Agens movens in der Zeitlichkeit ist die im Fadenkreuz von horizontalem und vertikalem Bewusstsein sich ergebende Spannung, jene „Quadratur des Krei-

---

[160] Goswami / Das bewusste Universum S. 88 „Transzendenz ist ein Zustand, der über die Grenzen jeder möglichen Erfahrung und Kenntnis hinaus geht und jenseits des Begriffsvermögens liegt. Es ist Realität in der Überwirklichkeit."

ses", deren Deckungsgleichheit im Leben herzustellen absolut unmöglich ist. Es ist jene „Unschärferelation", die das Leben selbst ist, denn es handelt sich dabei um die ursächlich bedingten Spannungen zwischen jener unauflöslichen materiellen Verbundenheit einerseits, die im animalischen Trieb mit seiner nie erfüllbaren, unersättlichen Begehrlichkeit gründet, und zum anderen der Sehnsucht nach Erlösung daraus sowie der begrenzten Erkenntnismöglichkeit, die der Grund für die „geistige Blindheit" der Menschen ist: „Denn sie wissen nicht, was sie tun".

Es entspricht dem innersten Wesen des Menschen, dass er sich oft bis zum Fanatismus irgendeinem Lebensziel widmet oder hingibt. Was immer es auch sein mag, der Mensch opfert für dieses Ziel all das, was er ist und besitzt. Doch mit seiner unvollkommenen Gedankenbeherrschung, in seiner geradezu totalen Unkenntnis des wahren Denkgesetzes und dazu noch ohne die geringsten Kenntnisse über seine eigene Natur, arbeitet der Mensch wie ein Blinder. Die geahnten Ideale werden vom Verstand noch nicht richtig ausgelegt und auch nicht in der Weise gehandhabt, dass sie allgemeingültige Brauchbarkeit hätten. Daher die gegenwärtige große Verwirrung und das chaotische Experimentieren: „Wir wissen nicht, was wir wollen, aber das mit aller Kraft!" Hilfe komm allein über das Erkennen des zweiten „Körpers", des Ätherleibes, der Träger des Denkens ist und zugleich die Verbindung zu übergeordneten Bewusstseinsdimensionen herstellt.

Der Ätherleib *(nach Alice Bailey)*

„Die Allgegenwart Gottes hat ihre Grundlage in der Substanz des Universums, dem ÄTHER. Das ist ein Sammelbegriff, der den Ozean von Energien umfasst, die alle miteinander in Wechselbeziehungen stehen. Das Integral einer jeden Form im Universum ist der ÄTHERKÖRPER. Das gilt auch für den Menschen als Geschöpf; denn durch den Ätherkörper ist der Mensch mit jedem anderen Wesen des göttlichen Lebens verbunden. Die Funktion des Ätherkörpers besteht darin, Energieimpulse aufzunehmen,

die das Leben selbst sind; denn der Ätherkörper ist nichts anderes als Energie, und diese Energie geht von einer zentralen Stelle als universales Denken aus".

Da im Universum alles zusammenhängt, besitzt auch die kosmosbedingte Menschheit alle Substanzen der Schöpfung. Darum besitzt der Mensch nicht nur einen biologisch-physiologischen Körper, der Träger der Sinne und Voraussetzung für die Darstellung in den Bedingungen dieser Erde ist, sondern darüber hinaus auch einen Ätherleib, der Träger der Bewusstseinsfrequenzen und mit dem physischen Körper eng verbunden ist. Seine feinstoffliche Substanz blieb den Menschen quasi aus im Abstieg der spirituellen Hierarchie befindlichen ätherischen Dimensionen erhalten und bestimmt in Verbindung mit den physischen Voraussetzungen die Entwicklung im Leben eines jeden Menschen mit. Das ist der Traumkörper, in dem man zwar auch Wahrnehmungen hat, die aber nicht mit der grobstofflichen Sinneswahrnehmung zu vergleichen sind. Diese feinstofflichere Substanz ist dem Geistursprung viel ähnlicher. Über diesen „Körper" gehen alle menschlichen Vorstellungen, Gedanken, Phantasien und das Denken. Auch der Ätherleib unterliegt einer Dreiteilung gemäß 1. seiner physischen Entsprechung (Vitalgrund), 2. des gefühlsmäßigen Bereiches als Astralleib (Endothymer Grund) und 3. hinsichtlich des Denkens als geistiger Mentalbereich (Kortikaler Oberbau).

Die Ätherkörper bestehen aus feinstofflicher Substanz, die aus höheren Frequenzbereichen stammt und eine Verbindung mit diesen ermöglicht. Denn nur das „Seelenfünklein"[161] schafft die Verbindung mit dem geistigen „Zentrum Gottes" selbst. Die Funktion der Ätherkörper besteht also darin, Energieimpulse aufzunehmen, die das Leben selbst sind. Über diese „Körper" gehen darum auch alle menschlichen Vorstellungen, Gedanken, Phantasien und Intuitionen. Dabei besitzt und erhält der Ätherleib enge Verbindungen zu den parallelen Sinnen in der Physis, die der Seele als „Verkehrsmittel" zwi-

---

[161] Meister Eckhard

schen sich und dem Leib dienen. Die Sinne des Leibes sind wiederum die „Leitzügel" in den Händen der Seele zur Beherrschung des Leibes in der Außenwelt. Leider haben die meisten Menschen davon kaum eine Ahnung und werden in Zukunft nur über eine konsequente Selbsterkenntnis einen allmählichen Zugang zu ihrer Seele erlangen. Denn die Seele enthält in sich alles, und der Mensch findet allein über den „Geist", über sein Bewusstsein, einen Zugang zu seiner Seele, denn nur über diesen „Geistfunken" steht der Mensch in engster Verbindung mit dem Urgeist Gottes selbst.

„Alle geistigen Energien gehen vom universellen Zentrum als universales „Denken" aus und werden in hierarchischer Folge in den Bewusstseinsdimensionen der Schöpfung aufgefangen („angezapft"). Man hat den ätherischen Körper als ein mit Feuer durchwobenes Geflecht oder ein von „goldenem Licht belebtes Gewebe" bezeichnet. Die Bibel (Prediger 12, 6) spricht von ihm als „güldene Schale", nach welcher erst später der dichte physische Körper geformt wird, wobei gemäß dem Gesetz der Anziehung die Physis dazu gebracht wird, sich an das Energiemodell anzuheften, bis beide Formen einander vollkommen durchdringen und eine Einheit bilden. Das Ganze ist ein umfassendes System der Übermittlung und gegenseitigen Abhängigkeit, wobei der ätherische Körper den Urtypus für den physischen Körper bildet. Der Kern des Ganzen ist die Seele selbst, die den Ätherleib belebt, über den die Lebendigkeit des grobstofflichen Körpers ermöglicht wird. Die Seele selbst ist nicht mehr feinstofflich, sie ist der Geistfunke aus dem Zentrum und das Allesbelebende der gesamten Schöpfung. Denn der Äther erfüllt den ganzen, endlosen „Raum" im Universum. Er ist die "Außenlebenssphäre des Geistes", der als geistige Speise alle Geschöpfe ernährt, und ist in jeder Seele der kondensierte Brennpunkt des Lebensgeistes schlechthin." [162]

Der Keim für alles Leben liegt in der „Substanz des Äthers" selbst und ist im Wort „Allgegenwart" zu sehen. Der Ätherleib ist die Voraussetzung für die gedankliche Beeinflussung des Bewusstseins aller

---

[162] Lorber a.a.O.

Menschen, was letztendlich zu einer einheitlichen Ausrichtung im Denken führt. Darüber hinaus ermöglicht es allein die feinstoffliche Substanz des Äthers, die menschlichen realen Bewusstseinsbegrenzungen zu überschreiten (Paranormale Phänomene). Denn jeder Mensch ist immer Empfänger gelenkter Gedanken, die sein Bewusstsein und seine Seele auf Übereinstimmung bringen, so dass die empfangenen Gedanken in und durch seinen eigenen Energiekörper hindurch wirken. Diese Ideen manifestieren den schöpferischen Plan Gottes für das gesamte Universum, wobei die Willensenergie Gottes, der erste „Strahl", im Äther der beherrschende Faktor in jeder Erscheinungsform ist; denn alle manifesten Formen bestehen aus Energie. Das gilt im besonderen Maße für den Menschen, der durch den Ätherkörper mit dem gesamten Universum verbunden ist. Der Ätherkörper ist somit zugleich Träger und Ausdrucksform einer vorherrschenden Energie, von der die Menschheit im jeweiligen historisch zeitlichen Zyklus beherrscht wird.[163]

Das Integral einer jeden Form im Universum ist der ÄTHERKÖRPER; denn es gibt im manifestierten Kosmos (in den Sonnensystemen, in der planetarischen Welt oder in den verschiedenen Naturreichen) nichts, was nicht eine feinstoffliche und unberührbare, jedoch substanzerfüllte Energieform besäße, die einen äußeren physischen Körper umhüllt, kontrolliert, beherrscht und in seinem Zustand bestimmt. Diese ist quasi die Parallelwelt oder Parallelerscheinung im Spiegelbild der spirituellen Hierarchie. Der Ätherkörper ist somit die Grundlage und zentrale Leitstelle für alle wahrnehmbaren Phänomene im Kosmos, und das bedeutet, dass die Urenergien über den Ätherleib nicht nur die individuellen menschlichen Reaktionen bestimmen und folglich auch alle Wesensäußerungen der Menschen im täglichen Leben beherrschen, sondern dass die jeweils in irgendeinem Weltenzeitalter vorherrschenden planetarischen Energien ganze Epochen, Kulturkreise oder Völker dieser Welt mitprägen. Diese Energien gehen

---

[163] Marco Bischof spricht in diesem Zusammenhang hinsichtlich der gegenwärtigen theoretischen Physik von der „Wiedergeburt des „Äthers" S. 401 in „Biophotonen"

vom universellen Zentrum aus und werden in hierarchischer Folge absteigend wirksam. Dabei erfahren die hohen Frequenzen aus dem Zentrum, die über „Engel", Geister und höchste menschliche Wesen weitergeleitet werden, innerhalb des „Abstieges" bis hin zum materiellen Kosmos eine permanente Umwandlung durch eine Reduzierung in tiefere Frequenzen, die ständig das gesamte Leben im Kosmos bestimmen.

Das ist der Grund, warum den Menschen als „Zwitterwesen" neben ihrem groben physischen Körper dieser feinstoffliche Ätherleib als „geistiger Führer" mitgegeben worden ist. Über diese feinstoffliche Substanz werden die interdimensionalen Verbindungen für die Lebensbedingungen der Menschen aufrecht erhalten. So hält sich z.B. jeder Mensch in seinem Ätherkörper während des Traumes auf, um neue Lebensenergien zu „tanken". Darum nennt man den „Ätherleib" auch den „Traumkörper". Denn genau wie im Wachzustand hat man auch im Traum Wahrnehmungen, die aber nicht mit den grobstofflichen Sinneswahrnehmungen zu vergleichen sind. Dafür ist der Mensch in dieser feinstofflichen Substanz seinem einstigen Geistursprung viel näher.

Unentwegt strömen Energien in die Menschheit als Ganzes hinein, deren besondere Eigenschaft es ist, als Strahlenenergie den Bewusstseinsaspekt anzuregen, das Bewusstsein zu beleben und das zu erwecken, was in allen materiellen Formen verborgen ruht, und zwar das spirituelle Sein sowohl im Menschen, als auch in allen anderen Naturreichen. Denn diese Strahlenenergien, die durch die Menschheit wirken, „erheben" auch die Naturreiche unterhalb des Menschen zum Leben und in ein neues Bewusstseinsstadium. Hierfür *„seufzt die ganze Schöpfung und plagt sich in Schmerzen bis zum heutigen Tag".* (Römer VIII, 22). In diesem Prozess liegt auch das Geheimnis der „Auferstehung", ein Auferstehen, das auch von jedem Individuum, jedem „Gottessohn" vollbracht wird, der sein Ziel erreicht. Denn alles ist ein Kommen und Gehen in zeitlicher Folge, das sowohl auf die Strahlen wie auf die Naturreiche bestimmenden Einfluss hat. Völker kommen auf die Weltbühne und verschwinden wieder, um aufs Neue zu erscheinen. Spirituelle „Wiedergeburt" und zyklisches Geschehen liegen hinter allem sichtbaren Geschehen und hinter allen sichtbaren Formen. Es ist ein Aspekt des pulsierenden Gotteslebens, ein „Aus- und Einatmen" göttlicher Existenz und Manifestierung und das Geheimnis, das hinter der Doppelnatur der polaren Gegensätze ruht, die unter dem großen Gesetz der Anziehung und Abstoßung stehen. So wie die Energiestrahlen das ihrige tun, um den Menschen in eine Form zu bringen, die seine wesentliche und wirkliche ist, ebenso kann auch der Mensch im Bewusstsein dieses Werk mitgestalten und stetig fortsetzen. So wenig auch die Menschheit heute davon weiß, das Schöpfungswerk geht voran und der Plan wird erfüllt.

Die heutige Wissenschaft hat den Nachweis der verschiedenen Energien im Kosmos bereits erbracht. Die wachsende Erkenntnis, dass jeder Mensch ein energetisches Feld besitzt und sogar das Atom eine lebendige, schwingende Wesenheit ist, erhärtet diesen Gesichtspunkt.[164] Die Wissenschaft hat die Energie als beherrschenden Faktor in jeder Erscheinungsform erkannt, weil alle manifesten Formen aus Energie bestehen, und der Mensch dabei keine Ausnahme bildet. Das Licht als sichtbare Energiequelle auf Erden ermöglicht den Beweis jener Synonymität von „Materie und Energie" in der „Unschärferelation" von Welle und Teilchen[165].

Zusammenfassung:

1. Alle Energien treten über die integrierende Kraft des „Äthers" (Medium) im Universum miteinander in Verbindung, wobei der Impuls dafür in der energetischen Substanz des Äthers selbst liegt

---

[164] Bailey: „Das Bewusstsein des Atoms"
[165] Die neue physikalische Betrachtungsweise des paradoxen Wellen-Teilchen-Dualismus führt Niels Bohr ein. Dabei handele es nicht um Polaritäten, sondern komplementäre Eigenschaften.

und die Energien sich in allen Manifestationen im Kosmos zu Phänomenen verdichten.

2. Über die Energieeinflüsse erfolgt jede gedankliche Beeinflussung der Menschen, was zu einer Einheitlichkeit im Denken der gesamten Menschheit führt, und das bedeutet: Gedanken werden vom Menschen durch gelenkte Energien empfangen, begriffen und umgesetzt. Empfänger gelenkter Gedanken ist jeder Mensch, der sein Denken und seine Seele auf empfangende Übereinstimmung gebracht hat, so dass Gedankenformen durch seinen Energiekörper wirken können. Die aus dem Zentrum gesendeten Gedankenformen manifestieren sich dabei als der universelle Plan Gottes. Der einzig aktive Beitrag des Menschen an diesem Schöpfungswerk liegt im „freien Willen" einer „passiven Aufnahmebereitschaft", diese gedanklichen Impulse zu empfangen. Im Gegensatz zum Menschen steht die „blinde und bewusstlose" Natur allein im „göttlichen Gesetz"; d.h. alle naturhaften Lebensformen werden allein durch göttliche Energien gelenkt und beherrscht, und zwar mittels ihrer Energiekörper, die lediglich integrale Teile des Ganzen sind. Sie reagieren jedoch unbewusst und ohne Einsicht. Nur die Menschen nehmen mehr oder weniger bewusst das „Denken Gottes" wahr, was letztendlich im erleuchteten Denken der Hierarchie das Ziel seiner Entwicklung findet.

Zum „Sitz" des Bewusstseins im Menschen

Zur Frage nach dem Sitz des Bewusstseins und seinen Steuerungsvorgängen bietet die Forschung sehr unterschiedliche Antworten an, die von „Holographischen Biophotonenfeldern im Gehirn" als sogenannten Informationsspeichern bis hin zu Wechselwirkungen von Energiefeldern, die alle noch im hypothetischen Bereich verbleiben. Die Frage ist, wie gelangt ein elektrischer Impuls von einem Neuron über einen synaptischen Spalt – das ist die Stelle, an der die Erregung von einem Neuron auf ein anderes übertragen wird – ins Gehirn. Das aber geht nur über einen quantenmechanischen Prozess als Wellen funktion, um im Gehirn das entsprechende „Quant" abzurufen. Goswami spricht in diesem Zusammenhang von einem Quantenmechanismus.[166] Damit ist die Fähigkeit eines Quantenobjektes (eines Gedankens z. B.) gemeint, über ein eigentlich unüberwindliches Hindernis zu kommen, eine Fähigkeit, die sich allein aus seiner Wellennatur ergibt. Für C. G. Jung ist Psyche und Materie letztendlich ohnehin aus demselben „Stoff". Das Gehirn hat dabei nur die Funktion eines empfangenden Messapparates für ein riesiges Konglomerat und Makro-Quantensystem von nichtlokalen, archetypischen Quanten. Dabei funktioniert der Quantenmechanismus ähnlich wie ein Laserstrahl im Gehirn. Dieser öffnet sich durch Kohärenzen dem nichtlokalen Bewusstsein, worüber ein Transferpotential ausgelöst wird, das sich in der formlosen „Potentia" im transzendentalen Bereich des Bewusstseins befindet. *„Zusammenfassend geht es mir darum, dass wir die Funktionen des Gehirns als Bewusstsein neu betrachten, und zwar als Messapparat einerseits und auch als Quantensystem andererseits."*[167]

Einige dieser Erklärungsversuche wurden mir als teilweise richtige Ansätze bestätigt, jedoch durch folgende Hinweise ergänzt: *„Natürlich müssen im Menschen immer Empfangs- und Speicherorgane sein, nur einen so großen Speicher für sämtliche Erinnerungen im Leben könnte es niemals geben. Es handelt sich dabei vielmehr um Modelle von elektrischen Kombinationen bei gleichen Strukturen, die Erinnerungen wieder abrufbar machen. Das aber ist nur die eine Seite im Organismus. Die andere Seite ist die Eingabe für Erinnerungen, die über die Sinneswahrnehmungen erfolgen und ähnlich wie bei einem Film in einem Superspeicher[168] (Akashachronik, Riesencomputer) registriert werden, an dem alle Menschen angeschlossen sind, um im gesunden Zustand jederzeit Erinnerungen davon abrufen zu können."*

---

[166] A. Goswami S.214 „Mir ist klar, dass die Daten, die zwischen Geist und Quant Parallelen wie Unschärfe, Komplementarität, Quantensprünge, Nichtlokalität und letztlich auch kohärente Superpositionen erkennen lassen, nicht unbedingt für schlüssig zu erachten sind. Denn was wir als Geist bezeichnen, besteht aus Objekten, die mit den Objekten submikroskopischer Materie verwandt sind und Regeln unterliegen, die denen der Quantenmechanik ähneln.".
[167] Goswami a.a.O.

Das gilt auch für die Hypnose, in der z.B. Dinge abgerufen werden, die vom Hypnotisierten selbst nicht bewusst erfahren wurden und insofern gar keine echten „Erinnerungen" sind. Es handelt sich dabei um sogenannte „Chips", auf deren Eingabe ein Auswurf an Bildern und „Erinnerungen" genau wie im Traum erfolgt. Denn im Traum sind alle Menschen an diesen „Riesencomputer" angeschlossen, was natürlich ganz besonders auch für den Zustand nach dem Erdenleben im Jenseits gilt. In der Alzheimerschen Krankheit sind lediglich die Chips zerstört, und darum kann keine Erinnerung mehr abgerufen werden. Es macht darum wenig Sinn, sich weiterhin allein nur mit den rein organisch-physiologischen Gegebenheiten zu befassen, vielmehr sollte sich das Interesse der Wissenschaft endlich dem Ursprung aller Bewusstseinsvorgänge zuwenden.

Denn letztendlich ist das menschliche Bewusstsein vom Hirn als Organ völlig unabhängig. *„Nur in eurer materiellen kosmischen Dimension steht nun einmal der Körper als Träger aller Bewusstseinsvorgänge an erster Stelle. Doch das Bewusstsein als solches gehört bereits einer höheren geistigen Ebene an und ermöglicht erst dem Menschen, seinem Träger, den materiellen Körper wieder transparent zu machen."*[169] Darum auch die Unabhängigkeit des Bewusstseins vom Körper, die dem Tier nicht gegeben ist. Andererseits ist der Körper mitverantwortlich für das Funktionieren. Mit anderen Worten, wenn das „Radio" defekt ist, kann es auch nicht mehr voll einsatzfähig sein, nämlich empfangen und senden. Denn auch das Bewusstsein setzt für die Menschen vorerst einen ganz intakten Wiedergabemechanismus voraus. *Nur, wenn die wissenschaftliche Forschung weiterhin am „Apparat" stecken bleibt, kommt sie nie hinter das Geheimnis des Bewusstseins. Alle bisherigen Forschungsergebnisse haben lediglich für die Anfänge des Lebens und für einen primitiven Informationsmechanismus in tierischen Organismen*

---

[168] Goswami 216 Für den Physiker Henry Stapp unterliegt das Gehirn einem Quantensystem, das mit Programmen arbeitet, die reine Wellenfunktionen sind. Dabei ist das Gehirn nur ein empfangender Messapparat eines Makro-Quantensystems von mentalen Archetypen. Die universalen Charakter haben.
[169] Anonymos / Durchsage

überhaupt eine gewisse Geltung, jedoch nicht für den Menschen. Es ist daher an der Zeit, weg von den bisherigen noch immer mechanistischen physikalischen und physiologisch-biologischen Basisvorstellungen zu gehen und sich endlich einer menschheits-relevanten Energie zuzuwenden. Das ist z.B. die Energie, die in Meditationen freigesetzt wird, eine Energie, die zwar noch nicht bewusst greifbar ist, an der aber alle Menschen angeschlossen sind und über die sie auch alle Eingaben aus anderen Dimensionen erhalten." (Anonymos)

Erst wenn das wieder bewusst gemacht worden ist, werden auch ganz entscheidende Bewusstseinsveränderungen erkannt werden und erfolgen. Die wissenschaftliche Forschung ist in dieser Richtung auf der Suche nach den Ursachen, und bisherige Forschungsergebnisse zeitigen bereits, dass verschiedene Bewusstseinszustände auf unterschiedliche Gehirnströme zurückzuführen sind. Tatsächlich wird in Zuständen tiefster Entspannung, z-B. in der Meditation, die Dominanz der sehr schnellen Betawellen des Alltags von einer Koexistenz mit den langsameren und längeren Alphawellen abgelöst. Yogis und Mystiker in höchster Versenkung zeigen im EEG neben stark verlangsamter Alphaaktivität auch noch Thetawellen, die nur noch von den im Tiefschlaf auftretenden Deltawellen an Langwelligkeit übertroffen werden. Nachweislich erhöht das die Kohärenz unserer Gehirnwellen und führt möglicherweise auch zu einer Erweiterung unseres Bewusstseins.

Es stellt sich dabei die Frage, woran der gravierende Unterschied der heutigen menschlichen Intelligenz zu einem zukünftigen Bewusstsein festzumachen ist. Werden da lediglich bisher latente Bereiche aktiviert oder treten neue hinzu. Ist das Gehirn nach wie vor lediglich das Umschlagsmodul oder der Messapparat für ein Bewusstsein und hat die Menschheit bisher nur einen Teilbereich davon überhaupt aktiviert? Werden weitere Bereiche aus der Latenz befreit, wobei diese jedoch selbst nichts mit dem Bewusstsein zu tun haben? Handelt es sich dabei lediglich um eine Erweiterung der Empfangs-

und Speichermöglichkeiten (vergleichbar einer Hardware-Aufrüstung am PC) oder liegen die Ursachen dafür im Empfang neuer Energien?

Nicht das Gehirn wird „erweitert", sondern die bisherige Latenz von Energiepotentialen beruht auf dem Ätherleib, der bisher nur teilweise aktiviert wurde und ohnehin bei den einzelnen Menschen unterschiedliche Empfangseigenschaften und -Möglichkeiten aufweist. Gedanken sind naturgemäß nur über den Ätherleib erreichbar und die belebende Kraft im Bewusstsein. Sie allein machen den Stand eines menschlichen Bewusstseins aus – „Du bist, was Du denkst" - [170] Die Frequenz der Gedanken wird ins menschliche Gehirn umgesetzt und so wiederum über die „Vernetzung" der Nerven für einen Menschen „greifbar" (begreifbar) gemacht. Doch das „Verstehen" eines Gedanken weist weit über diesen bisher rein mechanisch-organischen Vorgang hinaus und erfolgt allein über die spirituellen Vernetzungen des Ätherleibes. Je mehr nun ein Ätherleib über die Chakren und die bereits vorhandenen Module aktiviert wird, umso stärker werden auch jene bisher latenten Bereiche wieder aktualisiert werden, bis am Ende des neuen Äons der Ätherleib den leiblichen Träger völlig überflüssig machen wird. Dieser Umbruch hat in der Gegenwart begonnen, erfolgte z.B. bei den meisten Heiligen aber schon immer. Phänomene, die das bereits erkennen ließen, wurden als Wunder oft abgetan oder auch verehrt, jedoch nie begriffen. Diese zu erwartenden Veränderungen bedeuten jedoch nicht zugleich, dass die Menschen diese neuen Erfahrungsmöglichkeiten sinnvoll einzusetzen verstehen werden. Viele Menschen werden im Gegenteil durch magische Zaubereien, Scharlatanerien vielmehr in Verwirrung geraten, andere wiederum werden in der Gesellschaft als Störenfriede oder Verrückte verlacht oder ausgeschaltet werden. Das sind jedoch nur Übergangserscheinungen.

[170] Cogito ergo sum – Ich entscheide also bin ich – ich denke, also bin ich.

Bewusstseinsentwicklung

Neben Leib und Seele ist die dritte Kraft im Menschen sein Bewusstsein. Dieses unterliegt auch der Entwicklung, und zwar zum einen als eine jahrtausendelange Bewusstseinsentwicklung der gesamten Menschheit (Phylogenese) und zum anderen als die ganz persönliche Bewusstseinsentwicklung jedes einzelnen Menschen (Ontogenese). Es liegt überall da seelisches Leben vor, wo das Leben zur Wachheit des Erlebens gelangt. Das Erleben vollzieht sich zwischen zwei Polen: Dem beseelten Lebensträger und dem Horizont der Umwelt. Die Grundstruktur dessen, was wir Bewusstsein nennen, ist bestimmt durch eine im Erleben mitgegebene Abgehobenheit eines Subjektes von einem Objekt, eines **Ichs** von einem **Nichtich** (P. Lersch). *„Dass der Mensch in seiner Vorstellung das Ich haben kann, erhebt ihn unendlich über alle anderen auf Erden lebenden Wesen."* (E. Kant) Unser menschliches Bewusstsein hat nicht nur im Laufe der überschaubaren historischen Entwicklung große Umwandlungen erlebt, auch jeder einzelne Mensch erfährt im Laufe seines Lebens von der Kindheit an einen permanenten Veränderungsprozess seines Bewusstseins. Denn jeder Mensch absolviert bekanntlich in seiner Ontogenese in zusammengeraffter Form die sich über Jahrtausende erstreckende Phylogenese der gesamten Menschheit.

Ursprung und Gegenwart (nach Jean Gebser)

Vier Bewusstseinsmutationen der Menschheit und die dazu parallele Entwicklung des einzelnen Menschen.

Für die Entwicklung des menschlichen Bewusstseins benennt J. Gebser[171] in seinem groß angelegten Entwurf *Ursprung und Gegenwart* vier Bewusstseinsmutationen: 1. Archaische, 2. Magische, 3. Mythische und 4. Mentale Grundstruktur des jeweiligen epochalen

---

[171] Jean Gebser: „Ursprung und Gegenwart"

Bewusstseins. Dabei integriert die jeweils folgende Epoche die Errungenschaften der bisherigen voran gegangenen Strukturen. *„Jede höhere Bewusstseinsform integriert die vorherige, indem sie diese mit dem neu erreichten Bewusstseinsstand verwandelnd wirksam macht."* [172]

1 Die archaische Bewusstseinsstruktur ist eine null-dimensionale, traum- und zeitlose Ununterschiedenheit von Mensch und All. Es herrscht ein noch problemloser Einklang von Natur und Mensch. Die „Seele" schläft noch wie in der Tierwelt. Die Wahrnehmung ist ein rein sinnliches Bemerken und hat gegenständlichen Charakter. Die einfachste nicht mehr unterscheidbare Qualität ist das Empfinden, das Lust-Unlust-Prinzip. (Neandertaler, Vormenschen; – dieser Bewusstseinszustand entspricht dem Säugling und Kleinstkind).

2. Die magische Bewusstseinsstruktur wird bereits zur eindimensionalen und tritt aus der Raum- und Zeitlosigkeit heraus. Jedoch ist alles, was noch in der Seele schläft, vorerst nur spiegelbildlich im Außen wach. Der Mensch beginnt zu wollen; doch ein sittliches Bewusstsein, das eine Verantwortung zu tragen imstande wäre, weil es auf einem bewussten Ich beruht, liegt für die Ich-Losigkeit des magischen Menschen noch nicht vor. Es handelt sich jetzt um ein erlebendes Wahrnehmen, so dass bereits eine Art Weltinnewerden zustandekommt, weil sinnliche Einwirkungen bereits in ein Erleben übersetzt werden. Diese Phase entspricht dem Kleinkind, der Trotzphase mit dem Beginn eines Ichbewusstseins – („Gruppen-Ich, Magie und Zauber, Große Mutter").

3. Die mythologische Bewusstseinsstruktur beinhaltet bereits ein Bewusstwerden der Seele und damit zugleich auch das bewusste Erfahren der Zeitlichkeit aller Lebensprozesse. Der Mensch tritt in die Spannung einer zweidimensionalen Polarität. So wird jetzt neben der „Erde" auch der „Himmel" bewusst wahrgenommen. Das Erfahren der Seele ist das sichtbarste Zeichen einer Bewusstwerdung des eigenen

---

[172] Ken Wilber: „Halbzeit der Evolution"

Ich, und auf dem Umweg über dieses Erwachen seiner selbst erwacht auch das Du. Im mythologischen Bewusstsein entspricht parallel dem bewussten Erfahren einer Seele ein erstes imaginäres Wahrnehmen, weil neben dem äußerlichen Wahrnehmen auch eine Traum- und Vorstellungswelt erfahren und erlebt wird. Diese Phase entspricht der Kindheit, Einschulung und dem Beginn einer ersten Sozialisierung. (Ägypten, Astrologie, Vielgötterei)

4. Die Phase der mentalen Bewusstseinsstruktur setzt Gebser zeitlich im ersten vorchristlichen Jahrtausend an: in Griechenland mit der Philosophie, in Israel mit dem Monotheismus und in Rom mit der Staatslehre. Moses – Platon – Kaiser Augustus. Mit der „Entdeckung" des Monotheismus erfährt sich der Mensch als voll erwachtes reflektierendes Ich. Hier ist der voll bewusste Dualismus von Gott und seinem „Ebenbild", dem Menschen, erreicht: reflektierendes Selbsterkennen und Verantwortlichkeit für das eigene Leben. Das von nun an reflektierende Wahrnehmen wird dreidimensional, weil über das erwachte Ich der Mensch in der Lage ist, über vordergründiges Wahrnehmen hinaus auch seiner selbst und der Welt inne zu werden, was erstmalig ein Fürwahrnehmen ermöglicht und zum abstrakten Denken führt. Lersch spricht in diesem Zusammenhang von zwei Wahrnehmungsmöglichkeiten: von einer horizontalen Verflochtenheit von Seele und Welt, dem sogenannten Funktionieren im Leben, und von einer vertikalen Ganzheit der davon unterscheidbaren seelischen Vollzüge und Zustände. Diese Phase könnte man mit der Adoleszenz, dem Reifeprozess des Jugendlichen zum Erwachsenen vergleichen. Die höchsten mentalen Ausformungen sind dabei im Wahrnehmen des Menschen das Fürwahrnehmen und das Weltinnewerden. Es geht um das Offenbarwerden des „Verhüllten" über ein Fürwahrnehmen.

Diese bereits seit ca. 2500 Jahren andauernde „mentale Bewusstseinsphase" ist seit der Renaissance in ihre defizitäre Endphase getreten. In der Gegenwart befindet sich darum die Menschheit wieder in einer Übergangsphase zu einer neuen Bewusstseinsstruktur, die Gebser als „vierdimensionale" und Aurobindo als supramentales Bewusstsein bezeichnet. Darunter versteht er ein Bewusstsein, das transpersonal über das Ich hinausweist im Sinne einer Transparenz neuer Wahrnehmungsmöglichkeiten: „Diaphanität" – Durchsichtigkeit auf ein Erscheinendes im Innern. Andere Bezeichnungen für dieses neue Bewusstsein sind supramentales, integrales oder raum-und zeitfreies, spirituelles Bewusstsein. Alle diese Begriffe meinen ein Gleiches, noch können aber darüber keine verbindlichen Aussagen gemacht werden. Wir können nur die neuen Möglichkeiten ansatzweise erahnen, weil sich die Veränderungen in der Gegenwart immer deutlicher bemerkbar machen.

Die Entwicklung des menschlichen Bewusstseins unterliegt, wie beschrieben, einer permanenten Verwandlung der Wahrnehmungen aller materiell-phänomenal vorgegebenen Bilder dieser Welt. Von der eindimensionalen Wahrnehmung eines rein sinnenhaften Bemerkens des Frühmenschen bis zur heutigen dreidimensionalen Fürwahrnehmung erlebt der Mensch bisher diesen sich ständig wandelnden Wahrnehmungsprozess primär in einer linear-zeitlichen Ausrichtung, deren Höhepunkt in dieser gesamten Entwicklung die Herausbildung eines Ichbewusstseins war. Mit dem sich neu anbahnenden supramentalen Bewusstsein eröffnet sich mehr und mehr auch eine Bewusstseinsrichtung, die nicht allein zeitlich vordergründig linear erlebt wird, sondern auch Bereiche des Weltinnewerdens wie das Religiöse einschließt und das Erfahren der Welt in einen höheren Sinnzusammenhang stellt. Und das bedeutet, dass es im Bewusstsein zwei Ausrichtungen gibt: Eine zeitlich-lineare Horizontale und eine Raum und Zeit übersteigende Vertikale.

ZWEI BEWUSSTSEINSRICHTUNGEN:
VERTIKALE UND HORIZONTALE / GLAUBEN UND DENKEN

„Was ich weiß, glaube ich nicht – was ich glaube, weiß ich nicht."
(Thomas von Aquin)

In diesem permanent sich wandelnden Entwicklungsprozess des Bewusstseins tastet das Ich das Sein ab und fühlt sich in seiner Identifizierung diesem zeitlich vorgegebenen Horizontalprozess, in dem das Ich sich immer nur selbst erfährt, unterworfen. Insofern kann man „Ichbewusstsein" mit „Horizontalbewusstsein" gleichsetzen. Das Ichbewusstsein ist ein vielschichtiges Phänomen, und man könnte zurecht eher von einer Art Ich-Bewusstseinssphäre sprechen, deren einzelne Bereiche sich in einer ständigen Bewegung und Überschneidung befinden. Wie in einer Hierarchie handelt es sich dabei um Außen- und Innenbereiche, die durch die Richtungstendenzen unseres Bewusstseins konstituiert werden. Solche Richtungstendenzen sind z.B. einerseits wirkendes Verhalten und andererseits Weltinnewerden. Alle Aktivitäten unseres Bewusstseins, die sich allein dem Außen zuwenden, bewegen sich dabei auf einer linearen **Horizontalen** und werden als primär zeitlicher Prozess zwischen Vergangenheit und Zukunft erlebt. Auf dieser Ebene identifiziert sich das Ich mit allen seinen Strebungen, Wünschen und Wollungen. Man kann darum diesen auf das Außen gerichteten Bereich des Ich auch **Unruhebewusstsein** nennen. Ganz anders verhält es sich mit der Bewusstseinsausrichtung, die sich auf ein Weltinnewerden bezieht und einen Zugang zum Selbst ermöglicht. Diese Bewusstseinsrichtung verläuft nicht horizontal, sondern in einer **Vertikalen**, die in die Tiefe unseres Bewusstseins und über das zeitlich-gegenwärtige Ich in eine immanent-zeitlose Transzendenz hinausweist. Da in dieser Bewusstseinsrichtung die Zeitlichkeit als Prozess weitgehend aufgehoben zu sein scheint, könnte man diesen Bewusstseinsbereich als **Ruhebewusstsein** bezeichnen.

Beide Bewusstseinsausrichtungen, die horizontale wie die vertikale, ergeben in ihren vielschichtigen Überschneidungen den individuellen Eigenraum eines Menschen, der auch die Vernetzung zum Du herstellt, jene Einheit, die jedoch aufgrund der Illusion einer phänomenalen und scheinbaren individuellen Eigenständigkeit kaum wahrgenommen werden kann. Insofern sind gerade diese Überschneidungen die Conditio sine qua non für den Entwicklungsprozess der Menschheit, weil sie die „Unschärferelation" im Leben eines Menschen sind, die allein die notwendigen Spannungen ausmacht, die jedem Individuum die notwendige Reibung für seine Transparenz ermöglicht und seine wirkliche individuelle Ich-Bewusstseinssphäre erzeugt. Denn allein das Zusammenspiel von horizontaler und vertikaler Bewusstseinsausrichtung ergibt für das Ich seinen größtmöglichen Bewegungsradius, der im Leben als sphärisches Umfeld alle Strebungen des Ich auch das Überich und das Unterbewusste mit umfasst. Die Vertikale stellt somit die Verbindung zur Seele dar, die als Urlebensverbindung ständig auf die Horizontale einwirkt.

Es sind also im Bewusstseinsprozess immer die Vertikaleinstrahlungen, die den durchgehenden Zusammenhang bis zum spirituellen Zentrum herstellen, so wie es im Traum[173] von der „Jakobsleiter" so anschaulich dargestellt ist: „Die herabsteigenden Engel sind dabei die Lebensgrundenergien, die aus dem geistigen Zentrum kommen, wobei jeder der ungezählten Engel symbolisch für eine Bewusstseinssphäre innerhalb des Allbewusstseins steht, in das zwar das Ichbewusstsein als Teilbewusstsein nicht eindringen kann, aber dennoch durch die Vertikaleinstrahlungen am Allbewußtsein und an allen anderen Bewusstseinssphären Anteil hat. Am Ende dieses Bewusstseinsabstieges („Halbzeit der Evolution")[174] steht das Ich als Teilbewusstsein, um von da aus wieder den Aufstieg bis hin zum Zentrum

---

[173] Traum des Jakob (Genesis 28,12)
[174] Ken Wilber: „Halbzeit der Evolution"

anzutreten. Dabei stehen die „aufsteigenden Engel" symbolisch für alle Vertikaleinstrahlungen wie Inspirationen, Eingebungen oder Intuitionen. Es sind die geistigen Impulse, welche Einblicke in die Zukunft geben und z.B. Entrückungen, Visionen oder Offenbarungen, also alle das Ich überschreitenden Ereignisse und „Wunder" ermöglichen. Die „aufsteigenden Engel" symbolisieren die Möglichkeiten, das menschliche Bewusstsein wieder transparent und durchlässig zu machen, um die nächsthöhere Bewusstseinsdimension zu erreichen, was allein über die **vertikale Einstrahlung** erfolgt.

Alle Vertikalfrequenzen haben somit einen das Ich lösenden Charakter und ermöglichen dem Bewusstsein Durchlässigkeit und Transparenz auf die Liebe hin, hingegen sind alle Bewegungen der Horizontalfrequenzen für ein Ich bindende Kräfte im Sinne einer exklusiven Eigenliebe. Darum schließt auch im Leben eine völlige Identifikation mit der eigenen Körperlichkeit prinzipiell jede wirkliche Liebe aus, denn alle damit verbundenen Motive und Wirkungen sind rein prozesshafte, zeitbedingte, die nur in der Welt von einem Ich erlebt und genossen werden wollen.

In die Vertikaleinstrahlungen des Bewusstseins gehören Glaube, das Religiöse, das Wunderbare, ebenso wie Philosophie oder die Ideologien eines Materialisten, Atheisten oder Nihilisten. Alle diese verschiedenen Einstellungen befinden sich am Schnittpunkt von Vertikale und Horizontale, wobei sich dann dieser Kristallisationspunkt auf der Horizontalen ausdehnt, um im Leben eines Menschen seine Richtung zu bestimmen, sich gegenüber anderen Bewusstseinsschwerpunkten zu identifizieren. Die meisten Menschen sind dabei mehr horizontal bestimmt und bleiben daher hinsichtlich der Vertikalen mehr auf der Ebene der Erdsphäre hängen – und leider sehr, sehr viele sinken noch darunter. Bei allen diesen Überschneidungen ist das Ich horizontal wie vertikal immer ein Empfangendes. Es kann zwar auch Gedanken aussenden, denn ein Ich versteht, lernt und kann im Frequenzbereich, in dem es sich identifiziert, auch Gedanken umsetzen, ist aber dabei niemals selbst schöpferisch. Es hat keine wirklich eigenen Gedanken, sondern macht sich nur Gedanken zu eigen, die es dann miteinander kombiniert; denn Denken ist nur reines Kombinieren von Gedanken, alles Schöpferische ist dagegen ein Einbruch aus der Vertikalen und wird immer passiv empfangen. Sich damit zu identifizieren und Gedanken als „Eigentum" zu deklarieren, ist eine unstatthafte Anmaßung. Das aber kann nur ein Ich erkennen, das sich selbst durchschaut und erkannt hat.

Obwohl nun dieser individuelle Eigenraum ein fließender ist, kann sich das Ichbewusstsein nur bis an die für eine bestimmte Bewusstseinsebene gesetzte Abgrenzung zum Innenraum hin ausdehnen. Diese Ausdehnung wiederum bestimmt dann den individuell erreichten Standort auf der **Vertikalen**. Überschreitungen zum Innenraum sind darüber hinaus nicht möglich und erfolgen lediglich im Traum, in Trance, bei Visionen oder Illuminationen, die nicht mehr vom Wachbewusstsein kontrolliert und erst nachträglich von diesem eingeordnet werden können. Über das Ruhebewusstsein kann also lediglich der tiefstmögliche Eigenraum ausgeschöpft werden, ohne jedoch selbst in den Innenraum der Seele bewusst vordringen zu können. Insofern ist auch das Ruhebewusstsein nie ein vollkommenes.

Ichbewusstsein als Teilbewusstsein wird über das Selbstbewusstsein zum „gebrochenen" Allbewußtsein, welches zwar alle Bewusstseinsebenen durchdringt, aber in jeder Bewusstseinsebene in einem anderen Aggregatzustand „eingetrübt" erscheint. Über dieses „eingetrübte Horizontalbewusstsein" identifizieren sich die meisten Menschen fast ausschließlich mit den Bildern dieser Welt, wodurch im Bewusstsein eine Art Mantel oder „Mauer" entsteht, die jedwedes bewusstseinsmäßige „Übersteigen" in eine höhere Dimension blockiert und eine Transparenz verhindert und erschwert. Die „Mauern" errichtet der Mensch während seines Lebens als Autoprotektion und Schutz vor der Wahrheit, vor der er sich fürchtet, wobei diese Schutzmauern in Wirklichkeit zu seinem Gefängnis werden und ihn unfrei machen. Diese Mauern sind individuell dicht und sind jene „Verhüllungen", die das Durchscheinen und Offenbarwerden der wahren Wirklichkeit verhindern, und das Leiden in der „Kloake" des Erdenlebens als conditio sine qua non verursachen, aus der man sich nur durch eine erreichte Transparenz befreien kann.

Ego-Bewusstsein

Die wichtigsten Charakteristika des Ichbewusstsein sind:

1. Intentionalität oder Wille: absichtliches, auf einen bestimmten Zweck ausgerichtetes Objekt, einschließlich Wünsche, Sehnsüchte, Lüste.
2. Selbstbewusstsein – Selbstwahrnehmung
3. Reflexionsvermögen, Bewusstheit
4. Erfahrungen des transpersonalen Selbst – Erkenntnis oder Offenbarung
5. Entscheidungsfreiheit und Verantwortung

Intentionalität ist immer eine selbst-bewusste Erfahrung, die vor allem ziel-bewusst gesteuert ist und auf dem Eigenwillen eines Ich beruht. Es ist zugleich die Erfahrung der Teilung in Ich-Subjekt und Nichtich-Objekt. Dabei handelt es sich primär um rein sekundär-horizontale Bewusstheitsprozesse, deren Folge die Reflexion des Ich ist. Das Ichbewusstsein identifiziert sich dabei als Urheber aller bisher erlernten Reaktionen. Ab und an wird jedoch diese vom Ego definierte Selbst-Identität durch Erfahrungen des transpersonalen Selbst ausgedehnt. In den östlichen Lehren spricht man in diesem Zusammenhang vom Erwachen der geistigen Fähigkeiten, „buddhi", was von der kognitiven westlichen Theorie gern ignoriert wird, weil es dabei um eine „nichtlokale Übertragung" von beeinflussenden Kräften geht. Beispiele einer nichtlokalen Synchronizität (ohne lokale Signale) sind alle paranormalen Erfahrungen. Nach den östlichen Auffassungen agiert das Selbst in zwei Modalitäten: 1. konditioniert als Ego in allen sekundären Bewusstseinsbezogenheiten und 2. als „Quanten-Modalität", die mit primär-bewussten Erfahrungen zusammenhängt, also mit impliziten Erfahrungen des transpersonalen Selbst. Denn unser Ego ist in vielen normalen Alltagserfahrungen gar nicht immer enthalten. Nur in dieser Art transpersonaler Erfahrungen, die ins Bewusstsein hineinspielen, kommt es fast immer wieder zu einer impliziten Teilung der Welt in Subjekt und Objekt, wobei es nur selten für das Ich in der sekundärhorizontalen Bewusstseinsebene einen Nachhall dieser Erfahrungen gibt, eigentlich so gut wie nie. Jedoch gerade mit der Wiedervereinigung von Ich und Selbst im Bewusstsein beginnt eine wahre Transzendierung des „Objektes" in immer höhere „samadhis".[175]

Auf der Ego-Ebene identifiziert sich der Mensch mit dem, was er an psychosozial konditionierten Kontexten erlernt hat. Es ist die Bewusstseinsebene aller horizontal bezogenen Aktivitäten im Leben. In diesem Zusammenhang ergibt sich auch zwingend die Frage nach dem „freien Willen" des Menschen, die bereits Augustinus und Pelagius zu einem Disput über die „Gnade" veranlasste.[176] In allen sekundären Bezügen der realen Existenz hat der Mensch zwar Entscheidungsfreiheit oder die Möglichkeit der Wahl, nicht aber einen wirklich freien Willen. Der Mensch hat lediglich eine einzige freie Willensentscheidung im Bezug auf sein eigenes Sein: *Für Gott oder für die Welt.* Für Gott bedeutet: *„jener freie Wille des Atman, das vor jeder Art von reflektiver Erfahrung des individuellen Selbst existiert."* Denn auf der Ebene der „Primärprozesse" gibt es keine Konditionierung und darum uneingeschränkte Wahlfreiheit. Willensfreiheit auf der sekundären Horizontalebene besteht dagegen lediglich in der Fähigkeit, zu erlernten und konditionierten Reaktionen „Nein" zu sagen. Die dabei zum Vorschein kommende Getrenntheit von Ich und Gott bestätigt jenen scheinbaren freien Willen gegenüber jenem größeren kosmischen „ICH".

---

[175] vgl. Patanjali / 200 vor Christus, der diesen Zustand „samadhi" nannte. Samadhi ist die Erfahrung, die Ego-Ebene der Identität zu transzendieren und das wahre Wesen des Selbst zu erkennen.

[176] „Über die Gnade" – die Frage ist: Gnade als willentliche Bestrebung oder Gnade als ein Geschenk.

Über dieses unendliche „Gewebe" scheinbar freier Willensbekundungen im Leben, das auf der Ichbewusstseinsebene wahrgenommen wird, laufen alle die Wechselwirkungen, welche ein Ich als „Ereignisse" seines Lebens empfindet. Die dahinter wirkenden Bedeutungen und der Sinn bleiben dabei selbst oft unverständlich und ein großes Geheimnis. Die erlebten und erlittenen Veränderungen und Wechselwirkungen dagegen spielen sich im konditionierten Außen ab und sind für einen Menschen zwar als sein Lebensprozess wahrnehmbar, aber in Wahrheit für sich genommen bedeutungslos und reines Kulissengeschiebe. Eine wirklich freie Wahl gibt es auf der horizontalen Bewusstseinsebene gar nicht, denn das, was das Ich dafür hält, ist nur eine Änderung der Selbstbespiegelung, nicht mehr. Die einzig freie Entscheidung, die der Mensch hat, ist die Entscheidung seiner *Bewusstseinsrichtung*: „hin zu Gott oder hin zur Welt."

Jeder Mensch kann sich im Leben bewusst für eine der beiden Richtungen entscheiden, in die er gehen will. Nach einer solchen Entscheidung handelt es sich nur noch um das Handhaben und Umsetzen alles „Eingegebenen" – seiner Talente oder Begabungen - für die ein Mensch insofern die Entscheidungsfreiheit hat, sie anzunehmen, abzulehnen oder umzusetzen. *An ihren Taten sollt ihr sie erkennen!* Es sind die Wirkkräfte oder besser „Bewirkkräfte", deren Ergebnis die „Bilder in der Welt" sind, aus denen man dann wiederum die Motive als Ursache für die „Tat" erkennen kann, denn jedes Leben umfasst nicht nur einen rein linear-horizontalen Wahrnehmungsprozess, sondern auch zugleich ein Weltinnewerden, Reflektieren und die Möglichkeit der Selbsterkenntnis. Erst das Erkennen eines hinter den Handlungen „Erscheinenden" eröffnet eine Art Einsichtsmöglichkeit, die dem Menschen zwar quasi wie eine Bewusstseinserweiterung erscheinen mag, aber eben doch keineswegs schon eine Höherpotenzierung in die nächste Dimension, einen „Samadhi", bedeutet. Ein Übergang in dieses Erkennen eines Erscheinenden ist das Fürwahrnehmen und Weltinnewerden.

Fürwahrnehmen und Weltinnewerden

Mit dem dreidimensionalen, perspektivischen Bewusstsein der mentalen Phase entdeckt der Mensch auch eine Welt hinter der Welt: Er erfährt ein Weltinnewerden. In einem sinnlich realen Vordergrund erscheint ihm ein dahinter irreal Durchscheinendes. Erst diese durchscheinende Welt hinter den Dingen gibt dem Leben Sinn und offenbart den Gesamtzusammenhang des kosmischen Geschehens.

In seiner Ästhetik spricht N. Hartmann vom Aufscheinen mehrerer Hintergrundsschichten in einem Kunstwerk, was überhaupt erst die Bezeichnung „Kunst" ermöglicht. Am Beispiel eines gemalten Portraits wird dieser „Schichtenaufbau" besonders deutlich und zugleich das irreale Fürwahrnehmen über ein bloß reales Wahrnehmen hinaus sehr anschaulich dargestellt:[177]

„Im Vordergrund ist das allein Realgegebene, die Farbflecke auf der Leinwand in durchaus zweidimensionaler Anordnung.

Es erscheint sodann durch diesen Vordergrund hindurch die erste Hintergrundsschicht: die „dreidimensionale Räumlichkeit", ein irreales Licht, sowie eine dingliche Gestalt mit Umgebung.

Man kann als Drittes hier die Schicht der irrealen Bewegung, einer lebendigen Leiblichkeit einschalten – z.B. das Mienenspiel.

Dann erscheint der Mensch mit seiner Innerlichkeit, seinem Charakter – ein Schicksal wird deutlich, eine Persönlichkeit.

Das Wunderbare aber ist, dass auch diese ganz undinglich und unsinnlich erscheinende Schicht noch einmal die Kraft der Transparenz für etwas anderes hat: Es kann im Menschen seine individuelle Idee erscheinen – das ist nicht die Fähigkeit des Menschenkenners, der stets das Typenhafte sieht, hierbei geht es um das Hindurchschauen bis auf das Einmalige, was letztlich die wahre „Ähnlichkeit" ausmacht.

Und dann gibt es noch etwas: ein allgemein Menschliches im Gegensatz zur individuellen Idee, das Aufleuchten eines Seelischen."

An diesem Beispiel sollte deutlich gemacht werden, das wir Men-

---

[177] Nicolai Hartmann: Ästhetik S.166

schen hinter einem real gegebenen Vordergrund immer zugleich auch einen irreal erscheinenden Hintergrund wahrnehmen können. Das ist **Fürwahrnehmen**. Allerdings handelt es sich bei einer ästhetischen Wahrnehmung nicht nur um ein Fürwahrnehmen eines hintergründigen Wesenskerns, sondern auch um eine ganz persönliche ästhetische Wertung einer subjektiven Wahrnehmung. Man muss darum unterscheiden zwischen subjektiven Bewertungen durch Identifikationen und einem Fürwahrnehmen vom Wesen in Dingen und Geschöpfen. Fürwahrnehmen hat nichts mit der Realität einer Bilderebene zu tun, sondern ist eine Identifikation mit der Geistigkeit einer Bewusstseinswelt. Streng genommen geht es also immer nur um das Erfassen eines Wesenkerns über die Transparenz des Vordergründigen.

Von einer solchen Transparenz spricht auch Gebser in Bezug auf das neue supramentale Bewusstsein. Das bedeutet: Alles Erleben geht immer über die reale Wahrnehmung der Bilder dieser Welt, und zwar in einer Art linear-horizontaler Ausrichtung im Prozess der Zeit. Das Weltinnewerden dagegen, das Erfahren des Wesens und das Erkennen der Wahrheit, ist nur über ein Fürwahrnehmen möglich, welches in vertikaler Richtung den raum-und zeitlosen Zugang zur Seele eröffnet und damit zugleich den Aufstieg zu einer höheren Bewusstseinsdimension: *ICH bin der Weg, die Wahrheit und das Leben.*

Im Hinblick auf das Fürwahrnehmen wird der „Verhüllungs-Charakter" unserer Wahrnehmungswelt deutlich: Die Wahrnehmung bietet die Dinge und Einsichtsmöglichkeiten verschlüsselt an und bedarf der darin erscheinenden Hintergrundsschichten zur Offenbarung eines Sinnes. Dieser entschlüsselt sich allein über die „Unschärferelation" verschiedener Wirklichkeitsschichten, die erst in ihrem Zusammenwirken Lebensechtheit und „Wahrheit" vermitteln können. Leider bleiben die meisten Menschen in ihren Wahrnehmungen nur in der Vordergrundsschicht einer für sie greifbaren Realität stecken und die Mannigfaltigkeit der erscheinenden Wahrnehmbarkeiten bleibt ihnen verborgen.

N. Hartmann schreibt über die Dichtkunst: *„Der Dichter spricht sel-*
ten direkt vom Seelischen, um das es ihm geht, vom Inneren der Personen,
die er darstellt. Er hält sich zunächst gerne an das Äußere, an das, was im
Leben sich den Sinnen darbietet, die Geste, die Rede, die Bewegung der
Menschen ... und dies darum, weil das Wort im direkten Sprechen von
Seelischen Dingen abstrakt und unbeholfen ist und nur Allgemeines sagt.
Die Aussage wird begrifflich und unanschaulich. ... Darum sucht es die
Dichtkunst dahin zu bringen, dass wir dem äußeren Gebaren der Perso-
nen ihr Inneres „ansehen", so wie wir im Leben den Mitlebenden ihre Stim-
mung, Gesinnung, Erregung, Leidenschaft ansehen, ohne dass sie davon
sprechen. Denn jeder Mensch offenbart sich unausgesetzt im sichtbaren
Tun und Lassen, sowie in der hörbaren Rede. Er tut es unfreiwillig, er „ver-
rät sich". Das macht sich die Dichtung zunutze: Sie lässt ihre Gestalten
sich selbst offenbaren, sich verraten; sie zeigt sie in wechselnden Situatio-
nen und lässt sie sich selbst in ihrem Verhalten charakterisieren. Was sie
damit erreicht, ist nicht die Plastik dieses ihres Verhaltens, sondern die
ihres seelisch Inneren, ihres Befürchtens und Hoffens, ihrer Ängstlichkeit,
ihres Misstrauens, oder was es sein mag. So entsteht in der Dichtung eine
eigenartige Zwischenschicht, die ... sich nicht an die Sinne selbst wendet,
sondern an die Phantasie. Sie lässt das Bild der Personen konkret in der
Vorstellung erstehen. Sie bildet damit eine Art zweiten Vordergrundes, der
nun für alles weitere die Rolle der sinnlichen Gegebenheit vertritt. ...
Indem nun das Wort unmittelbar von der gegenständlichen Mannigfal-
tigkeit dieser Zwischenschicht spricht, geschieht das Wunder, dass in der
Phantasie eine ganze Welt von Dingen, Personen und Geschehnissen ent-
steht, welche die Konkretheit des Wahrnehmbaren haben, ohne doch
wahrgenommen zu sein. Diese anschaulich gegenständliche Mannigfal-
tigkeit ist das Reich der erscheinenden Wahrnehmbarkeit."[178]

Dem Fürwahrnehmen liegt immer eine bewusste Entscheidung
zugrunde, die eigene vordergründige Wahrnehmung dahingehend
zu ändern, dass alle Möglichkeiten der Wahrnehmung innerhalb der

[178] N. Hartmann: Ästhetik

Ichbewusstseinssphäre ausgeschöpft werden. Der Einstieg für solche „erscheinenden Wahrnehmbarkeiten" erfolgt über die **Selbsterkenntnis**, denn nur wahre Selbsterkenntnis führt in tiefere Schichten der Seele und bedeutet eine Ich-Lösung von allen vordergründigen, naiven unreflektierten Horizontalgebundenheiten, weil Selbsterkenntnis das eigene Ich zum Objekt innerer Ahnungen und Sehnsüchte, zum Gegenstand seines Begreifens und Erkennens macht.

Denn nur über dieses „Weltinnewerden" kann der Mensch letztendlich seine äußeren Welterfahrungen über die Begrenzung seines realen Wahrnehmungshorizontes hinaus und im Verhältnis zu den dahinter wesenden irrealen Wirklichkeiten verstehen und deuten. Erst die Selbsterkenntnis öffnet den Weg zu diesem Verstehen und ist zugleich die „Liebe" zur Transparenz, weil sie den schonungslosen Abbau aller Ich-Haftungen ermöglicht, die durch ständige Identifikationen mit einer konditionierten Außenwelt entstehen und das dahinterliegende Wesentliche verdecken. Denn das Ich ist ein Konglomerat von Gedanken und Vorstellungen, deren Mischung die Individualität ergibt, die sich im Charakter eines Menschen äußert. Nur das Erkennen aller dieser Weltverhaftungen bietet die Möglichkeit, diese auch „aufzulösen". Auflösung bedeutet, frei zu werden von „Mauern", die den wirklichen Zugang zum Wesen der Dinge verstellen. Selbsterkenntnis bewirkt also immer zuerst eine Verwandlung im Menschen - bis hin zur letzten Verwandlung im Leben, von der Paulus sagt: *„Wir werden alle verwandelt werden"*, und das bedeutet: erst nach dieser Verwandlung wird der „Neue Adam" wiedergeboren werden, und die wahre Wirklichkeit wird offenbar.[179]

Darum bedingt eine solche erreichte Transzendenz immer auch zugleich eine neue Fürwahrnehmung , welche die bisherige Grenze einer Bewusstseinswelt überschreitet und die Sicht des Bewusstseins vertieft und intensiviert. Dies bedeutet eine neue, ganz bewusste und ins Supramentale[180] führende Betrachtungs- und Erlebnisweise. Ent-

---

[179] vgl.: 1 Kor 15,45
[180] Aurobindo / Supramentales Bewusstsein

scheidend ist dabei, dass man die Ichbewusstseinsebene nur als eine unter vielen erkennt und sich über dieselbe hinaus einzuordnen versucht. Denn nur in der Fürwahrnehmung der Unendlichkeit der göttlichen Ordnung, deren Gesetz die Liebe ist, liegt die wahre Freiheit.

Darum bedarf es für eine solche Höherpotenzierung des Bewusstseins einer schonungslosen Selbsterkenntnis, deren Praktizierung z.B. im „Enneagramm" so treffend veranschaulicht wird.[181] Jedoch sollte es bei allen solchen Bestrebungen nach einem höheren Bewusstsein nicht allein um das ehrgeizige Erreichen eines vorgestellten höchstmöglichen Bewusstseinslevels gehen, sondern vor allem darum, was von der jeweiligen Bewusstseinsmaßgabe eines Menschen aus gesehen im Leben erreicht wird. Diese Relation wird deutlich, wenn man bedenkt, dass die „neue Population" im zukünftigen Äon („Wassermannzeitalter") bei dem von der Menschheit bisher erreichten höchsten Bewusstseinslevel bereits beginnt, was aber auch nur einen „neuen Start" bedeutet. Denn jede Dimension hat eine zu erreichende maximal mögliche Bewusstseinsgrenze. Entscheidend ist also nur, inwieweit es zur Wahrheit und damit zur Liebe als wirklich erbrachter Ausschöpfung in einer Dimension kommt.

Das Kreuz der Schöpfung

Horizontale und Vertikale sind das „Kreuz der Schöpfung", das in der Liebe und im Leiden das ergibt, was wirkliches Leben ist. Die Menschen sind dabei der Schnittpunkt für die Möglichkeit, über dieses „Bewusstseinskreuz" die Liebe wieder in die Ewigkeit aufzulösen. Denn nur da, wo Vertikaleinstrahlung auf ein Horizontalbewusstsein trifft, nur da ist das ICH eine vollständige Persönlichkeit. Ich ist also immer der Schnittpunkt beider Koordinaten, deren Zusammenspiel die Möglichkeit beinhaltet, äußerlich Wahrgenommenes zu verinnerli-

---

[181] vgl. R. Rohr: Enneagramm - Das Erkennen der eigenen „Wurzelsünde" und deren Auflösung durch einen inneren Weg vom „Stresspunkt weg" hin zum Ziel des „Erlösungspunktes".

chen und aus seiner zeitlichen Endlichkeit in die Raum-und zeitlose Ebene der Ewigkeit zu transponieren. ICH ist also immer horizontal und vertikal zugleich, niemals nur das eine oder das andere, selbst wenn sich ein Ich nur auf der „Horizontalen" bewusst identifiziert und die Vertikaleinstellung als metaphysische Schwärmerei leugnet oder gar nicht um sie weiß. Denn nur über die Vertikale erhält das Ich als Bewusstsein sein wirkliches Sein, dagegen erfährt es alle Illusionen und den „Schein als Bild" auf der Horizontalen.

„Die beiden Energien, die sich im Menschen begegnen, sind die beiden Aspekte der Monade, des Einen in Manifestation; die Monade manifestiert sich ihrem Wesen nach als Dualität. Sie offenbart sich als Wille und Liebe, und wenn diese beiden Energien mit dem Geist, dem dritten Aspekt der Gottnatur, in Verbindung gebracht worden sind, erschaffen sie die Seele und sodann die dinghafte manifestierte Welt. So sind auf unserem Planeten Wille, Liebe und Denken (Intelligenz) in Manifestation. Wenn die Seele sich als Bewusstsein und Leben im Menschen verankert hat, ist damit die Grundlage für die evolutionäre Entwicklung geschaffen. Das Leben differenziert sich in Willen und Liebe, in große antreibende Energien, welche die Grundlage des gesamten Evolutionsprozesses bilden und dessen unabwendbare Vollendung voranbringen und herbeiführen." (Bailey)

In dieser spiegelbildartigen Doppelseitigkeit des Menschen ist die „Ebenbildlichkeit" zum Schöpfer begründet, die als „Verantwortung"[182] für die gesamte Schöpfung zu sehen ist. Es ist jene fundamentale Spannung zwischen „Welle und Teilchen", deren „Unschärferelation" die Liebe ist, ohne die alles absterben würde: *„Wo keine Liebe ist, ist gar nichts. Immer da, wo du liebst, hast du Teil an der Schöpfung, die nie begonnen hat, nie beendet sein wird und unveränderlich immer schon vollkommen ist. Liebe ist Schöpfung, denn in der Liebe gebiert sich Gott selbst, und das ist Transformation durch Entichung. Jedes Ich befindet*

---

[182] Hildegard von Bingen: „Der Mensch in der Verantwortung"

sich als Bewusstseinsschwerpunkt irgendwo auf einer individuellen Geraden zwischen den Polen „Ich und Gott". (Anonymos)

Beide Bewusstseinsbereiche unterliegen ständigen Energieeinstrahlungen, weil eine Veränderung des Bewusstseins immer nur über kreative Impulse erfolgt, die über das *„Quantenselbst aus den nichtlokalisierbaren Bereichen"* in den Menschen einströmen. Natur ist dabei lediglich die Vorgabe des Vitalgrundes als Trägerbasis instinktiver Triebe[183], und Erziehung meint in diesem Entwicklungsprozess Konditionierung und Prägung durch die Umwelt. Allein Kreativität ist die Erschaffung von etwas Neuem in neuen Zusammenhängen, und das erfolgt jeweils durch einen „Quantensprung", den wir in der Natur Mutation nennen, in der Erziehung als „Aha-Erlebnis" erleben und im Bewusstsein als Höherpotenzierung, Transformation oder Erleuchtung bezeichnen. Das Auslösen solcher immanenten schöpferischen Kräfte ermöglicht das Zusammentreffen der Naturbasis und der spirituellen „Quanten-Modalität", wobei zwar das Ego scheinbar agiert, aber das nur unter der Führung des Selbst, was dem Ego fast nie bewusst ist. Darum sollten die Menschen aufhören, den eigentlichen kreativen Prozess auf einfache erlernte Programme[184] zu reduzieren, denn es ist allein der Geist, niemals die Materie, die „Quantensprünge" hervorrufen kann.

Vorderhand wird der Mensch noch zu sehr von den sekundär-horizontalen Prozessen in Beschlag genommen, sodass er vor lauter Aktionismus kaum dazu kommt, sich das „Quanten-Selbst" (Seele) bewusst zu machen und die Quanten-Ebene des Wirkens zu erleben. Zuweilen im kurzen Moment eines „Aha-Erlebnisses" erfährt der Mensch ohne zeitlichen Verzug im Augenblick die Quanten-Modalität unmittelbar als sogenannten Geistesblitz. Dabei tritt an die Stelle persönlicher Motive der Ego-Ebene eine innere Kreativität, die zur Selbsterforschung anleitet und unterschiedliche Stufen der Erkenntnis ver-

---

[183] im Schichtenmodell von Lersch – die Triebkräfte. Vitalgrund
[184] Behaviorismus

deutlicht: So erlebt z.B. ein Mensch auf der psychischen Zwischenebe-
ne erste nichtlokale, parapsychologische und mystische Erfahrungen
und tiefere Einblicke in seine Innenwelt oder auf der transpersonalen
Zwischenebene den Beginn der Fähigkeit, Zeuge innerer Prozesse zu
werden. Auf der spirituellen Ebene erfährt man erste Ansätze zur
Identität mit dem eigenen Selbst, „Samadhi", und auf einer vierten
Ebene: Das Erleben von „Atman"[185]. Das Erreichen der beiden letzteren
Ebenen ist immer mit Schwierigkeiten hinsichtlich äußerer sozialer
Lebenszusammenhänge verbunden: *„Ein solcher Mensch ist der Welt
abhanden gekommen."* (Rückert)

Alle dieser „Verwandlungen" im Leben sind Anzeichen von „Kreativität". Dabei muss man sich jedoch vergegenwärtigen, dass es unterschiedliche Arten von „Kreativität" gibt: eine äußere und eine innere.
Die äußere bezieht sich auf Entdeckungen in der horizontalen Welt
der Phänomene und versetzt den Menschen in die Lage, ein äußeres
Problem in einem neuen Zusammenhang zu sehen. Die innere Kreativität dagegen dient der Transformation der eigenen Lebenszusammenhänge auf die vertikale Bewusstseinsschiene. Diese versetzt den
Menschen durch einen „Quantensprung" in die Lage, aus fest konditionierten Verhaltensmustern auszubrechen und ein Erwachen
herausbilden, das den Menschen in eine höhere Bewusstseinsdimension versetzt. Diese Transformation macht alles „ neu", was neu werden muss in uns. Das ist der „Neue Adam", von dem Paulus spricht.

In der Gegenwart beginnt mit dem neuen, supramentalen
Bewusstsein im Menschen wieder ein neues Streben hin zu Gott,
denn im Menschen ist seine „göttliche Ebenbildlichkeit" erst im Entstehen begriffen. Der Mensch ist dabei, das „Ebenbild Gottes" auszuar-
beiten, und wird es eines Tages vollkommen hervorbringen. Das ist
der „Kosmische Christus".[186] Der Mensch ist das einzige Geschöpf, das
die „göttliche Trinität", das Christusprinzip durch das Medium aller

---

[185] Atman: Begriff aus dem Sanskrit – das höhere kosmische Selbst – das Schöpferische
[186] Teilhard de Chardin

Manifestationen zu demonstrieren sucht. Er ist in diesem ungeheuren Evolutionsprozess, der hinter der Menschheit liegt, der Gewinner und trägt bei seinem Inkarnationsstart alles bisher Gewonnene latent in sich. Diese beiden Orientierungsrichtungen des menschlichen Bewusstseins, das horizontale und vertikale Denken, müssen im Leben aber immer bewusst unterschieden werden. Diese Unterscheidungsgabe im täglichen Leben nannte man im Mittelalter die „discretio", und diese war und ist für alle Entscheidungen die wichtigste Voraussetzung, nämlich aus welcher der beiden Richtungen ein Mensch lebt und sich entscheidet. Und das ist seine ganz persönliche „Unschärferelation" im Leben. Die Suche danach ist der Weg, das Erkennen ist die Wahrheit und die Umsetzung derselben ist die Liebe: ICH bin der Weg, die Wahrheit und das Leben!"[187]

UNTERSCHEIDUNGSGABE – DISCRETIO

„Discretio" ist die „Unterscheidungsgabe", um im Leben zu erkennen, woher die Motive und Ursache für unser Tun und Handeln herrühren: ob aus der horizontalen oder der vertikalen Bewusstseinsebene. Eine vollkommene Unterscheidungsgabe ist immer das Ergebnis einer konsequenten Selbsterkenntnis und einer Transparenz auf die Seele. Darum galt im Osten schon immer die Erziehung des Bewusstseins als eine zweifache: Der Mensch wurde belehrt, dass er sich zuerst durch seine fünf Sinne entwickelt und zum anderen aber auch seiner selbst gewahr werden muss. Dieses Gewahrwerden erfolgt nur auf dem Weg einer wachsenden Unterscheidungsfähigkeit, die mit

---

[187] Die meisten Menschen sind so sehr in die Illusion der Getrenntheit verstrickt, dass sie nicht die Kraft finden, den Weg der Wahrheit für sich selbst zu entdecken und sich dem Transzendenten zuzuwenden, um es zu verstehen.

Leidenschaftslosigkeit und absoluter Gelassenheit gepaart ist. Im Westen wurde dagegen immer die Erziehung und Ausbildung der fünf Sinne betont, die Leistungssteigerungen und dem Erfolg im Leben dienten. Es wurde zwar im christlichen Mittelalter auch die Unterscheidungsfähigkeit gelehrt, die für das Erkennen so wesentlich ist, aber mit dem Beginn der Neuzeit, der Reformation trat die „discretio" mehr und mehr in den Hintergrund und alle Energien flossen in Leistung, Erfolg und Wohlstand. Die Seele erlebte einen permanenten „Ausverkauf" zu Gunsten eines Rationalismus und großen technischen Erfindungsgeistes sowie eines materiellen Fortschrittes. Das macht auch die gegenwärtige Diskrepanz zwischen den unterschiedlichen Religionen auf Erden wie islamischer Fundamentalismus und hochtechnisierte westliche Welt aus. Der Grund dafür liegt in den unterschiedlichen Entwicklungszwängen der Kulturen, deren unabwendbare Trends zeitlich nicht zur „Deckung" gebracht werden können, weil die Balance zwischen „Innen und Außen", also zwischen Religion und Konfession, durch eine zeitliche „Verschiebung der Unschärferelation" inkompatibel geworden sind.

Eine gelungene „Discretio" ist immer das Ergebnis eines sehr langen Reifeprozesses und bestimmt die individuelle Persönlichkeit eines Menschen im Leben. Beobachtet man die Entwicklung eines Kleinkindes, dann bemerkt man, dass es seine fünf Sinne gewöhnlich in geordneter Reihenfolge entwickelt. Zuerst entwickelt sich das Gehör: das Kind bewegt oder wendet bei Geräuschen den Kopf. Als nächstes zeigt sich der Tastsinn: es beginnt mit den Händchen herumzufühlen. Als drittes scheint der Gesichtssinn zu erwachen. Es dauert oft mehrere Wochen, bis das Baby bewusst sieht, und noch sehr lange, bis es erkennend „schaut". Die Sehfähigkeit war zwar schon immer da, nur gab es noch kein Erkennen. Genauso ist es auch mit der gestuften Erweiterung des Bewusstseins bis zur Erkenntnis eines reifen Menschen. In diesen drei Hauptsinnen (Hören, Fühlen, Sehen) besteht eine interessante Analogie und Beziehung zur dreifaltigen Manifestation der Gottheit: dem Selbst, dem Ich und der Beziehung dazwischen. Das

Selbst hört und „antwortet okkult" auf Schwingung (Das Wort kam in die Finsternis...) es erkennt und verwirklicht dadurch sich selbst. Es wird des „Du" durch „Berühren" (Begreifen) gewahr; aber erst, wenn Sehen und bewusstes Erkennen aufleuchten, kommt die Beziehung zwischen beiden, der Seele und dem Ich, zustande. Die zwei weiteren noch fehlenden Sinne Geschmack und Geruch haben sekundäre Bedeutung, spielen zwar im Kontakt mit der Welt auch eine Rolle, haben aber für die Entfaltung eines intelligenten Gewahrseins kaum Bedeutung und sind nicht so wichtig wie die anderen drei; dagegen waren sie in den Vorstufen der Menschheit, im Tierreich, von allergrößter Bedeutung. Beim Menschen dagegen treten sie zu Gunsten der höheren Sinne wieder mehr und mehr in die Latenz zurück.

Nachdem der Mensch durch die Integration seiner fünf Sinne über sein Bewusstsein sich als Ich erfahren hat (Trotzperiode), kommt es im Leben zu einer ersten Krise (Pubertät), weil ein neuer Faktor, das Reflektionsvermögen erwacht, durch das der Mensch eine Vorstufe der „Mündigkeit" erfährt, und das ist die Fähigkeit einer bewussten **Unterscheidungskraft**, die in den christlichen Klöstern im Mittelalter im Erziehungsplan als „Discretio" gelehrt und praktiziert wurde. Die Fähigkeit zur „Discretio" beginnt im Menschen in oder nach der Pubertät, in der sein reflektierendes Denken einsetzt.

Rousseau unterscheidet darum *„die erste Geburt des Kindes und in der Pubertät die Geburt des Menschen."* Ab diesem Alter ist der junge Mensch bedingt strafmündig und trifft bereits bewusste Entscheidungen, die er zu begründen und konsequent anzuwenden gezwungen ist. Es ist in der Entwicklung des Menschen der Punkt, wo er bewusst lernt, zwischen dem Selbst und dem Nicht-Selbst zu unterscheiden, zwischen dem Wirklichen und dem Unwirklichen, dem Leben in der Form und der benutzten Form selbst und zwischen dem Wissenden und dem, was gewusst wird. Nach der Pubertät durchläuft der Mensch eine lange Periode, in der er sich meist nur mit den Formen identifiziert und so sehr damit eins wird, dass er gar keinen

Unterschied mehr erkennt, weil er ganz von den Dingen, deren Vergänglichkeit und Unbeständigkeit erfüllt ist. Diese Identifizierung mit den „Bildern der Welt" ist es, die zu all dem Leid, der Unzufriedenheit und zur Mühsal im Leben führt; und doch darf man dabei nicht vergessen, dass der Mensch allein über die Art seiner Reaktionen auf diese Bilder der Welt erkennen und unvermeidlich lernen kann, sich schließlich vom Unbeständigen, Unwirklichen und seinen Verhaftungen daran loszureißen und zu befreien.

Bei den meisten „Überschneidungen" von Wirklichem und Unwirklichem handelt es sich lediglich um eine Art Einsichtsmöglichkeiten, die quasi wie Bewusstseinserweiterungen erscheinen, aber keineswegs schon eine Höherpotenzierung in die nächste Dimension bedeuten. Denn entscheidend ist dabei nur, inwieweit es im Leben zur Überwindung dieser „Getrenntheit" von Wirklichem und Unwirklichem und zur individuellen Wahrheit führt. Es geht also um den erreichten Level eines Menschen im Hinblick auf die Transparenz seiner Bewusstseinsbreite.

Da jedoch alle Gedanken Eingaben sind und erst von einem Ich-Willen individuell aktualisiert werden, erhebt sich die berechtigte Frage, ob diese empfangenen Eingaben bereits individueller Natur sind oder ob sie nur über einen bestimmten Öffnungswinkel im Bewusstsein eines Menschen Individualität erlangen, und wie es überhaupt funktioniert, dass wir Gedanken empfangen. Dazu ist folgendes zu sagen: Die Empfangsmöglichkeit für gedankliche Eingaben ist immer von der Bereitschaft des Empfängers abhängig, wobei dafür seine stofflichen Basisbedingungen die Voraussetzungen sind, die sich im Laufe der menschlichen Bewusstseinsentwicklung ständig verändert haben. Das gilt auch für die Bereitschaft, sich wieder „transparent" zu machen. Denn das erfolgt über das „Leerwerden" für das Einfließen der Liebe, wobei das „Leeren"[188] die entscheidende Aktivität im Sinne eines passiven Loslassens ist. Eine solche Transparenz ermöglicht dann

---

[188] Meister Eckhard

weitere Einsichten und Ausblicke, wobei allerdings die Tatsache solcher möglichen „Ausblicke" nicht entscheidend ist, sondern nur der dafür gelöste Freiraum. Denn intellektuelle Ausblicke sind auch Menschen möglich, die noch gar nichts gelöst haben und deshalb mit solchen Einsichten auch letztlich nichts anfangen können.

Die Periode der Identifikation mit dem Unwirklichen im Leben eines jeden Menschen läuft mit der Entwicklung seines individuellen Charakters parallel. Der Mensch muss seine eigene „Form" finden und ist gezwungen, sie einem sozialen Gruppenverbund unterzuordnen, wo er seinen Standort innerhalb der sozialen Vernetzung einnimmt und sich so in einem größeren Ganzen erkennt und verstehen muss, indem er seine Verantwortlichkeit innerhalb der Gruppenaktivität übernimmt. Das wird auch die zukünftige Aufgabe der Menschheit sein, sich mit ihrem neuen Bewusstsein und mit der Situation der Globalisierung in der Welt auseinander zusetzen. In der Gegenwart erkennen die Menschen wie nie zuvor den Unterschied zwischen dem Wirklichen und dem Unwirklichen, zwischen Bleibendem und Vergänglichem und einem vordergründig Wahrgenommenen und einem darin Erscheinendem (Psychologie). Durch schmerzliche und leidvolle Erfahrung erwachen viele Menschen zu der Erkenntnis, dass horizontale Ich-Erfahrungen im Leben allein nicht genügen, sondern einer Sinnergänzung im Transzendenten bedürfen. Die Menschen suchen mehr und mehr sich selber zu verstehen und in sich selbst – und nicht mehr in kirchlichen Institutionen – das „Reich Gottes" zu finden. Das sind bereits die ersten Anzeichen für das neue Bewusstsein, wodurch die Menschen beginnen, die Schwingung jenes größeren Lebens zu spüren, was sie jedoch noch nicht richtig verstehen und in einen größeren Sinnzusammenhang einordnen können. Paulus sieht darin das Endziel des menschlichen Bewusstseins und sagt dazu: *„Jetzt erkennt ihr nur stückweise, und dann werdet ihr das Ganze durch und durch erkennen."*[189] Der zukünftige Mensch wird nicht mehr durch seine eigenen „Bewusstseinsmauern" begrenzt sein, sondern wird

[189] Paulus, Kor. 13,12

diese mehr und mehr hinter sich lassen und seinerseits ein bewusster, aktiver Teil eines größeren Ganzen werden.

Bewusstseinserweiterungen haben dabei nichts mit einem Mehr an Wissen oder Erkennen zu tun, sondern mit einem Mehr an Wahrnehmungsrealitäten, die für wahr genommen werden. Und das bedeutet, dass es sich dabei um bewusstseinsüberschreitende Einblicke in bisher dem Wachbewusstsein verschlossene Bereiche handelt. Diese sogenannten „Undichtigkeiten" als Öffnungen in andere Bewusstseinsdimensionen hat es zu allen Zeiten gegeben, und sie dienten der Menschheit zu ihrer Weiterentwicklung. Denn die einzige Wirklichkeit im Universum ist das Bewusstsein, das sich in unendlichen Welten wiederfindet und sich mit den in den jeweiligen Dimensionen vorkommenden Formen und Bildern identifiziert, die aber für sich genommen wiederum als reine Illusionen völlig bedeutungslos sind und nur der Möglichkeit dienen, sich daran *transparent zu reiben und höher zu potenzieren"* oder sich in sie zu verlieben, um darin zu versinken. Denn nur die Transparenz ermöglicht eine Rückspiegelung der Liebe Gottes, durch die die ewige Kreislaufbewegung in Gang gehalten wird.

Zwei Seinszustände: Wachen und Schlafen

Wir unterscheiden bekanntlich im Leben zwei Seinszustände: Wachen und Schlafen. Sein Wachbewusstsein erfährt der Mensch im zeitlich horizontalen Prozess über sehr unterschiedliche Wahrnehmungsaktualitäten, die vom rein sinnlichen Bemerken über erlebendes Wahrnehmen bis hin zum Vorstellen und Reflektieren über Sinnzusammenhänge und Schlussfolgerungen reichen. Bei Letzterem gebraucht der Wahrnehmende zusätzlich noch die Urteilskraft seines Verstandes für alles das, was er nicht direkt sinnlich wahrnehmen kann (Gesetz der Entsprechungen oder Analogien). Darüber hinaus gibt es noch die unmittelbare Wahrnehmung des Mystikers, der im Bewusstsein seines Selbst konzentriert ist, was dadurch erreicht wird, dass das Denkvermögen direkt als Organ der geistigen Schau und Übermittlung benutzt wird. „Der Mystiker ist reines Erkennen." In den Offenbarungen ist die „wahrnehmende Erkenntnis" unmittelbar und man sieht den dargestellten Gedanken durch das Medium der Denkfähigkeit. Dabei überschreitet das Wahrnehmen bereits das rein sinnlich wahrnehmende Wachbewusstsein ins „Traumbewusstsein".

Das Wachbewusstsein wird mit dem „Ichbewusstsein" gleichgesetzt. Dieses war nicht von Anbeginn der Menschheitsentwicklung bereits voll ausgebildet, sondern entwickelte sich erst im Laufe einer 10.000 Jahre langen Epoche bis hin zum mentalen Bewusstsein, um gegenwärtig voll aktualisiert zu werden, und ist das primär zeitlich bestimmte „Horizontalbewusstsein" des Menschen. Damit entwickelte sich das ICH zur zentralen Ausrichtung des Menschen, um über seine dem Ich bewusste Denkfähigkeit Wissen oder Erkenntnisse zu erlangen. Dieser individuelle Eigenraum des Ich ist zwar ein fließender, aber das Ichbewusstsein kann sich nur bis an die in einer Bewusstseinsdimension gesetzten Grenzen hin zum eigenen Innenraum ausdehnen.

Von diesem Ichbewusstsein mit allen seinen unterschiedlichen Aktualisierungen muss die Bewusstheit unterschieden werden. Denn beim Bewusstsein selbst handelt es sich um jene Funktion, die wir als feststellende, bei der Bewusstheit dagegen um eine Funktion, die wir als Stellung nehmende bezeichnen müssen. Dasselbe Ich, das auf der Stufe des Bewusstseins hervortritt, Feststellungen der Sacherfassung trifft und sich in der Rückbesinnung als formaler Einheitsbezugspunkt aller Erlebnisse erweist, wird nun noch in anderer Weise wirksam, nämlich nicht nur als Träger des Überblicks und der Orientierung über seelische Inhalte und Vorgänge, sondern auch als Träger einer Verfügungsgewalt über sie, als Fähigkeit, sie in Gang zu bringen oder ihren Lauf zu steuern. Diese Möglichkeit verdankt der Mensch dem Sich-Erinnern oder Sich-Besinnen. Was wir also Bewusstheit nennen, vollzieht sich als ein Stellungnehmen des Ich zu seinen Erlebnissen. In der seelischen Entwicklung tritt die Bewusstheit darum erst auf den Plan, nachdem schon ein Bewusstsein vorhanden ist, das sich seinerseits wiederum im Zuge der Sprachentwicklung aus dem schlichten Erleben entfaltet hat. Dabei wird in allen Bewusstseinsvollzügen immer auch zugleich die Wachheit des **Ich** erlebt. „Seid wachsam!"[190] So stellen Leben, schlichtes Erleben, Bewusstsein und Bewusstheit eine Art Pyramide dar, deren Basis das Leben und deren Spitze die Bewusstheit ist. Diese vier genannten Aktualitätsstufen, die vom erlebnislosen Leben bis zur Bewusstheit reichen, sind nun nicht durch scharfe Grenzen voneinander getrennt, sondern durch allmähliche Übergänge miteinander verbunden.

Funktionen unseres Ichbewusstseins sind **Denken und Wollen**. Sache des Denkens ist es, die Welt zu erfassen, zu gliedern und zu ordnen. Der Wille entscheidet dann darüber, das Erfasste in die Tat umzusetzen. In den Vollzügen des denkenden Erfassens und des Wollens konstituiert sich das Ich. Denn jeder Wille schließt ein Ich-Erlebnis ein und unterscheidet sich so von den reinen Antriebserlebnissen, die lediglich die Energie für den Willen liefern. Wollen ist also immer eine bewusste Auseinandersetzung mit den Anforderungen der Umwelt, wobei die Zielgerichtetheit zum Wesen des Wollens gehört. So erfährt sich der Mensch im Wollen als bewusstes, einheitliches Ichzentrum, nicht als pathisch getrieben, sondern als aktiv steuernd. Somit sind Denken und Wollen die Grundvoraussetzungen für die Identifikationsmöglichkeit des Menschen mit seinem Ich. Durch sie wird das Ich in seiner Identifikation mit seiner lediglich körperlichen Erscheinungsform zur individuellen Person gesteigert. *Ken Wilber schreibt zu diesem Thema: „Im Traum werden Ich und Bewusstsein wieder aufgelöst. Der Traumzustand ist weder verbal noch ichhaft, und im Traum löst sich das normale Ich auf."*

Überschreitungen darüber hinaus zum „seelischen Innenraum" sind bewusst und über den Willen nicht möglich. So hält sich zwar

---

[190] Wachsam sein ist immer eine bewusste Rückbezogenheit auf Gott. „Seid wachsam"

unsere Seele während des Schlafens in einer höheren Bewusstseins-ebene auf, in der mit den unterschiedlichen Schlafphasen – Träumen, Tiefschlaf – auch zugleich der Bewusstseinsgrad wechselt.[191] Wenn wir träumen oder unter Hypnose sind, wird das Selbst[192] in erster Linie zu einem Zeugen und gerät in einen Zustand, in dem so gut wie keine sekundär-bewussten Ereignisse vorkommen, denn die normalen Behinderungen durch das Wachbewusstsein des Ich sind neutralisiert. Das ist auch bei Nahtoderfahrungen der Fall. Durch die Unmittelbar-keit des Todes wird die Wirksamkeit der sekundären Konditionierun-gen aufgehoben und man fühlt sich plötzlich frei.

Zwar können wir uns im Wachzustand teilweise wieder an Träume erinnern, aber eine Identifizierung mit diesen wie im erlebnishaften Wachbewusstsein ist nur schwer möglich, weil sich unser Ich für seine Träume persönlich nie verantwortlich fühlt. Darum bleiben auch alle Versuche, Träume zu deuten – seien sie auch „wissenschaftlich gesi-chert" – letztlich immer unverbindlich, weil das Ichbewusstsein sich in einer nachträglichen Deutung immer nur selbst bespiegelt und damit wieder nur auf sich zurückfällt. Es ist zwar möglich, über gehabte Träu-me zu reflektieren, aber unmöglich, darüber eine verbindliche Aussa-ge zu machen, weil das Ich im Wachbewusstsein alle Traumbilder mit seinen subjektiven Vorstellungen einfärbt.

Im Gegensatz zum Wachbewusstsein ist der Traum fast immer nonverbal und damit allein ein bildhaftes Verstehen ohne sprachliche Begrifflichkeit. Es ist ein ganzheitliches Kommunizieren in Bildern ähnlich der Telepathie. Was sich dagegen im Wachbewusstsein als denkendes Erfassen durch Begriffe vollzieht, ist immer bereits eine Art gedanklicher Fixierung. Diese ist notwendig innerhalb der Fülle von Eindrücken, jenem ständigen Wechsel im Wahrnehmen und sinnli-chen Bemerken, sowie für eine wieder vorgestellte Vergegenwärti-

---

[191] E. Meckelburg: „Transwelt" siehe Anhang S. 130: Tabelle der Frequenzarten im Schlaf
[192] Nur sekundäre Bewusstseinszustände werden vom Ich bewusst kontrolliert und mitgestaltet. Dagegen widerfahren primäre Bewusstseinzustände dem Menschen und sind Quanten-Modali-täten.

gung, wobei die Vorstellungen zwar die Voraussetzungen für sprachliche Begriffe, nicht aber mit diesen wesensgleich sind. Im Wachzustand sind darum Vorstellungskraft und Erinnerung unumgänglich notwendig, weil der Mensch nur darüber einen Prozess in der Zeit begreifen und mitgestalten kann. In den höheren Bewusstseinsdimensionen dagegen gibt es genau wie im Traum weder Prozess noch Zeit als Träger für Handeln und Gestalten, sondern nur die Phantasie, die in spontaner Gestaltung pur ins Erscheinen eines immanenten „nichtlokalen" Zustandes tritt, der sich zwar auch ständig ändern und verwandeln kann, aber nicht als Folge von Vorstellungen, sondern in einer Art „spontaner Schöpfung", die sich als Gedanken in Bildern zeitlos verwirklicht.

In diesem quasi „virtuellen" Traumleben vergessen die Menschen, dass sie jede Nacht während des Schlafes für die physisch horizontale Bewusstseinsebene „sterben" und woanders „lebendig und tätig" sind. Es ist ihnen nicht bewusst, dass sie dabei bereits eine selbstverständliche Perfektion im „Verlassen des physischen Körpers" erreicht haben. Niemand besitzt eine verlässliche Rückerinnerung an dieses Heraustreten aus der leiblichen Ebene und ist in der Lage, das „tätige Traumleben" in das wache Ichbewusstsein mitzubringen. Der Schlaf ist gemessen an den wachen Aktivitäten die kürzere „Zwischenzeit" und hat für den Menschen nicht die gleiche Bedeutung wie der Wachzustand. Man ist nur vorübergehend in eine andere „Wirklichkeit" „verreist". Somnambule Zustände im Wachzustand empfinden wir irritierend und störend, während wir den Schlafzustand als ein willentlich nicht beeinflussbares Körperverhalten als völlig normal akzeptieren. Im Schlaf erfolgt eine Lockerung der im Wachbewusstsein festen Verbindung der beiden „Körper" durch unterschiedliche Energien und eine Verminderung der Gehirnströme im Tiefschlaf. Das Gehirn arbeitet langsamer, wobei die unbewussten Energien[193] völlig

---

[193] „Das Unbewusste ist das, wofür zwar Bewusstsein als Grundlage allen Seins da ist, aber ohne dass dabei Bewusstsein und Subjekt vorhanden sind. Unbewusste Wahrnehmungen sind Aktivitäten, die als Reize aufgenommen werden, ohne zu wissen, dass man sie wahrnimmt." Goswami S.145

aktiv bleiben, und der Mensch scheint von diesen geheimen Energiequellen zu profitieren. *„Hierbei werden offenbar noch geistige Entwicklungsprogramme von einer Matrix (Schablone) abgerufen, die in einer höheren Dimensionalität, unserer vorgeburtlichen „Heimat", eingebettet sind".*

Im Schlaf durchläuft der Mensch unterschiedliche Frequenzbereiche, in denen er unterschiedliche Traumzustände erfährt. Es ist wie eine Art Umschalten auf andere Frequenzen, eine Wechselwirkung zwischen körperlichen und bewusstseinsmäßigen Aktivitäten. Der Körper ermüdet und dadurch ändert sich die Empfangsbereitschaft für Alphawellen, die den Ruhezustand verstärken. Beides geschieht gleichzeitig: Müdigkeit ist eine Folge von Alphawellen, die den Körper veranlassen, sich selbst auf den Schlaf umzustellen. Danach treten andere Frequenzen in Aktion, vor allem Thetawellen, die für eine „Verschiebung" der Frequenzbereiche zuständig sind. Das ermöglicht jenes „Oszillieren der Unschärfe-Relation" zwischen den beiden Seinszuständen von Wachen und Schlafen.

Natürlich sind Relationen keine Zustände, sondern immer eine Form des Wechselns zwischen zwei Zuständen wie Wachen und Schlafen, Mutationen oder Transformationen. Es ist der „Kipp" von einem Zustand in einen anderen, wobei immer eine Verwandlung erfolgt, die beim Menschen zuweilen ein Evidenzerlebnis hervorruft, bei anderen Wesen immer eine Befreiung aus einem Zustand in einen meist höheren neuen Zustand, der jeweils nach der Bewusstseinsdimension anders erlebt wird. Dieser „Kipp"[194] ist nie willentlich herbeizuführen, sondern immer ein Widerfahren, was dem Menschen erst im Nachhinein bewusst wird und erfolgt immer dann, wenn alle Bedingungen von einem Menschen dafür erfüllt sind, wobei sofort danach das „Spiel" bis zum nächsten Kipp von Neuem beginnt. Jeder

---

[194] Therese von Avila: „Die wahre Freude, dass sich der eigene Wille mit Gottes Willen vereint, erlangt man nur über die Gnade, die man nie verdient hat. Man erlangt sie nur über die Demut und das Leiden und bekommt diese Gnade meist dann, wenn man am wenigsten daran denkt.

Kipp ist eine „Gnade", die einem widerfährt, von der alle Heiligen berichten. Den Weg bis dahin muss der Mensch selbst gehen und eine Bereitschaft für das Empfangen signalisieren. Denn Energiewellen werden nicht erzeugt, sondern immer nur empfangen. „Wellen" stehen immer in Wechselwirkungen mit dem menschlichen Bewusstsein, von dem sie als bewirkende Frequenzen permanent empfangen werden, um so bestimmte Zustände auszulösen. Je nach körperlicher Verfassung treten Frequenzen zurück und andere übernehmen die Aktivitäten, denn für die Aktivierung verschiedener Zustände wie Ruhezustände, Entwicklungsmaßgaben, Wachstumszustände oder Sterbezustände sind unterschiedliche Frequenzen zuständig. So werden z. B. im Schlaf Betawellen nicht mehr empfangen, und es geschieht eine Art „Umschalten" auf einen anderen Frequenzbereich ähnlich wie beim Tod. Darum wird auch der „Schlaf als kleiner Bruder des Todes" bezeichnet.[195]

Es handelt sich im Schlaf um eine Höherpotenzierung der Frequenzen, über die man auch eine totale Veränderung des Zeitempfindens erfährt. Schon im Traum deckt sich die Fülle der Vorgänge nicht mit den Zeitvorstellungen unseres wachbewussten Zeitempfindens, was alle Sinnzusammenhänge stark beeinflusst und verändert, denn wenn die Theta- bis Deltawellen des Traumzustandes aktiviert sind, öffnen sich die *"interdimensionalen Portale des Geistes"*. Dieser Frequenzprozess setzt allerdings im Menschen völlige Unbewusstheit voraus, denn nur so können die normalen Funktionen des Gehirns die skalaren[196] Frequenzen nicht stören, und das ist beim Menschen nur im Schlaf der Fall oder nach seinem Ableben. Insofern ist der Vorgang des täglichen Schlafens als „begrenztes Sterben" mit dem „Leben nach dem Tod" identisch. Der wesentliche Unterschied besteht darin, dass

---

[195] „So oft trat der Mensch im Schlaf, im „kleinen Tod", aus seinem Körper aus, blieb aber durch die „silberne Schnur" (Lebensfaden) mit seinem Leib verbunden und kehrte nach den „Ausflügen" in jenseitige Sphären erfrischt und mit Kraft aufgeladen und regeneriert wieder zurück."(Koh.12/5-8)Prediger Salomo

[196] Eine skalare Welle ist keine Hertz-Frequenz, sondern die Basis der verschiedenen Schöpfungsenergien als zeitlose Lichtträger.

im Schlaf der „magnetische Faden" oder Energiestrom, an dem die Lebenskräfte entlang laufen, unversehrt bleibt und die Rückkehr in den Körper sichert. Im Tod ist dieser „Lebensfaden", die „silberne Schnur" unterbrochen oder abgerissen. Wenn das geschehen ist, kann die Seele nicht mehr in den grob physischen Körper zurückkehren, weil nun das integrierende Zusammenhalteprinzip fehlt, und der Körper zerfällt und sich auflöst.

Somit ist der Traum oder Tiefschlaf eine „Zustandsveränderung", die wir zwar vorstellungsgemäß quasi mit einem Ortswechsel verbinden, die aber in Wirklichkeit ein Dimensionswechsel ist, sodass sich die Frage erübrigt, an welchem „Ort" man sich im Schlaf befinde. Denn im Tiefschlaf ist der Mensch in einer „nichtlokalen Dimension" und hat die Schwelle überschritten, die ihn von der Wirklichkeit des Wachbewusstseins trennt. Im Traum erlebt er die wahre Wirklichkeit und holt sich die Kraft für seine Bemühungen im Leben, um das Licht seiner Seele transparent werden zu lassen. In unseren Träumen sind wir in der Welt der reinen Formen, die auch an der Mitgestaltung im Leben beteiligt ist, denn auch der Schlaf gehört mit zu den Aufgaben im Leben, weil auch Träume Karma abtragen helfen.

Die Seele hält sich während des Tiefschlafes in höheren Bewusstseinsebenen auf. Dadurch erfolgt eine verstärkte Ankoppelung des Ich an höherdimensionierte Strukturen, wobei sich der „feinstoffliche" Körper vom niederdimensionalen grobstofflichen Leib abhebt, um die unerschöpfliche Fülle vorhandener feinstofflicher Energien über den Traumkörper aufzuladen, die im Tagesbewusstsein oft vom Intellekt als Sperrfilter für schöpferische Ideen blockiert werden, während des Schlafens aber den Menschen frei zur Verfügung stehen. Keine noch so kostbare Medizin kann diesen Aufladungsprozess mit feinstofflicher Lebensenergie ersetzen. Denn das ist das Leben schlechthin! Man kann den Schlaf darum als einen über die Seele induzierten para-bioenergetischen Aufladungs- und Regenerationsprozess zur Stützung unserer leiblichen Existenz bezeichnen.

Wir werden also im Schlaf nicht nur geistig ernährt, sondern tanken auch Lebensenergien auf. So wäre eine oft behauptete monatelange Schlaflosigkeit absolut tödlich, denn ohne Schlaf müsste ein Mensch sterben, weil damit der Draht zur nächsthöheren Dimension lahmgelegt wäre, denn nur von dort erhalten die Menschen ihre Lebensenergien schlechthin.[197] Bei Schlaflosigkeit handelt es sich zwar immer um einen Defekt im Modul, aber selbst dann erfolgen dennoch - dem Betroffenen völlig unbewusst - immer wieder kurze Schlafphasen, die er zwar kaum wahrnimmt, die aber durchaus wirksam sind. Dieses Modul liegt in der Hypophyse, die dann auf den Hypothalamus wirkt und eine Verbindung herstellt, damit die feinstofflichen Energien, die sehr gefiltert aus dem Zentrum kommen, in den Menschen einfließen können. Bekanntlich ist der Körper der Träger der Seele – darum sind natürlich alle Vorgänge und Prozesse auch in ihm lokalisiert, aber ein eigentliches Schlafzentrum im Hirn gibt es natürlich nicht. Es gibt einen Bereich, der als Verbindungsmodul zur nächsthöheren Dimension dient. Darüber sind dann auch Zustände wie Schlaf, Hypnose, Traum und Narkose möglich, und zwar durch Ausschaltung aller anderen Bewusstseinsmöglichkeiten im Wachzustand.

Weil wir im Traum an der permanenten Ausschüttung der Urenergie angeschlossen sind, entfallen sämtliche Raum- und Zeitvorstellungen. Denn im Traum sind wir selbst in der Urform dieser Energie, die keines äußeren dreidimensionalen Raumes mehr bedarf. Es handelt sich im Traum um Bewusstseinszustände und „Dauer" als Ewigkeit,

---

[197] Das gleiche gilt auch für Nahrungsenthaltsamkeit über Jahre. Auch hier erfolgt eine Ernährung über die höhere Dimension. Es soll daran deutlich werden, dass das Leben nicht von der Nahrungsaufnahme für den Körper allein abhängig ist. Die Nahrungsaufnahme betrifft nur den Lebensträger, nicht das Leben selbst. Ihr werdet als Lebende durch die Seele ernährt, die ganz allein mit den höheren Dimensionen bis hin zum Zentrum verbunden ist. Und die Seele hat immer die Möglichkeit, selbst alles abzurufen. Die Chakren sind dabei nur die geistigen Organe, über die diese Energien empfangen werden. Wenn diese nicht mehr funktionieren, erkrankt der Mensch bis hin zu seiner Seele. Die Chakren werden dann defekt, wenn das Bewusstsein die Harmonie eines Menschen stört. Nur so sind auch alle psycho-somatischen Zusammenhänge zu verstehen. Insofern ist letztlich das Bewusstsein eines Menschen für seine Gesundheit verantwortlich: „Ein gesunder Geist schafft einen gesunden Körper."

und das ist permanente Gegenwart. Um die Urenergie nun ganz bewusst zu erleben, müssen die Bewusstseinsmöglichkeiten im Traum in das Wachbewusstsein gebracht werden, was in der Meditation schon annähernd möglich ist. Denn im Schlaf werden gewisse paranormale Fähigkeiten gefördert, von denen einige im Wachzustand nur sehr selten auftreten. Erst wenn das Unbewusste mit Hilfe unseres feinstofflichen Körpers höherdimensionale Ebenen erreicht hat, können paranormale Wahrnehmungskanäle angezapft werden. So werden im Traum mittels psychischer Energie für uns nicht vorstellbare „Felder" erzeugt, die im Sinne einer erweiterten Physik durchaus einen Realitätsanspruch haben können. In solchen Feldern herrscht „Nullzeit"! Um diese Energie in unser Wachbewusstsein zu bringen, müssen wir wie in der Meditation in Richtung der Traumwelt denken, indem wir unser Ich als Kontrollorgan ganz eliminieren. Denn nur über diese Schiene ist das Erkennen und Erfahren dieser Urenergie möglich. Ziel wäre es, *die Traumwelt wieder ganz in unser Oberbewusstsein zu bringen, um auch wieder vollbewusst an die Urenergie angeschlossen zu werden.*

Vorerst ist es notwendig, auch die Traumwelt überhaupt als eine reale zu begreifen, weil das mit dem realen Leben nach dem Tod gleichbedeutend ist. Diese gleiche Bedeutsamkeit von Diesseits und Jenseits muss darum noch viel mehr ins Bewusstsein aller Menschen gebracht werden. Denn es gibt nicht zwei Welten: eine Traumwelt und eine Wachwelt! Es ist alles nur eine Welt mit allerdings zwei sehr verschiedenen Bewusstseinszuständen. Ansätze für diese Auffassung sind gegeben, aber noch fühlt sich die Naturwissenschaft von einer solchen hypothetischen Vorstellung eher abgestoßen. Dieses fatale Vorurteil muss überwunden werden, weil erst dann ein zweiter Schritt erfolgen kann: Das Geheimnis aller parapsychologischen Erscheinungen wie z.B. Hypnose, Medien oder Hellsichtigkeiten zu lüften. Diese Phänomene werden dann als erste die darin vorhandenen Energien sichtbar machen können, aber nicht mehr nur im Sinne unterhaltsamer Demonstrationen im Variete, sondern als Öffnungen in eine andere Bewusstseinsdimension. So ist bereits unser alltägliches Wach-bewusstsein zu einem Erleben fähig, das von den physischen Sinnen völlig unabhängig ist und sich allein über innere Vorgänge vollzieht, also nicht über physische Organe übermittelt wird. Unser Bewusst-sein öffnet sich dabei vielmehr Wirksamkeiten von Kräften, für die unsere äußeren Sinne gar keine Beweise erbringen, was ja wiederum in unseren Träumen sehr eindringlich deutlich wird.

Als Vorbereitung darauf sollten die Wissenschaften sich von den alten Fesseln ihrer bisherigen Vorstellungen befreien und diese neuen Dimensionen zumindest als Hypothesen zulassen. Leider haben die Menschen noch große Schwierigkeiten, sich über die dreidimensiona-le Vorstellungswelt hinaus zu begeben. Aber alle diese Vorstellungen sind nur reine Illusionen, wodurch auch für den Kosmos so unermess-liche Raum- und Zeitvorstellungen von rein illusorischen Bewegun-gen entstehen in einer sich außer der Zeit letztlich ganz gleich blei-benden Räumlichkeit. Denn Räumlichkeit ist durchaus auch ohne Zeit zu verstehen, und zwar Raum als Zustandsform und nicht vom Fluss einer kontinuierlichen Zeitabfolge abgeleitet. Diese Raumzustands-welt erleben die Menschen permanent im Traum, in dem man nie eine Zeitfolge erlebt, sondern allein nur Zustandsveränderungen, und zwar ohne Vergangenheit und Zukunft, nur in permanenter Gegen-wart. Und da das im Traum bereits sehr wohl der Fall ist, ist es auch möglich, diese Vorstellungen einer Zustandswelt als Denkmodell für Überlegungen in der realen Wachwelt zu akzeptieren. Die Integration der Traumwelt wäre so ein möglicher bewusster Zugang zur nächst-höheren Dimension.

Es geht also bei der „Öffnung" darum, auf alle Kontrollfunktionen durch das Wachbewusstsein zu verzichten, weil dann der Empfang höherer Frequenzen ganz automatisch erfolgt, wobei wiederum der Mensch die Voraussetzungen für den Empfang dieser Frequenzen schaffen muss. Leider sucht die heutige Wissenschaft stets nach rein physikalisch-medizinisch-biologischen Erklärungen im Gehirn, gelangt aber damit stets in eine Sackgasse. Ohne der weiteren Entwicklung vorzugreifen – und sie wird sicher noch lange Zeit in diesem einseitigen Denken weitergeführt werden – lässt sich heute schon sagen, dass man in unserem materiellen Kosmos bei ausschließlicher Beschränkung auf rein physiologische Aspekte keine Antwort finden wird. Allein eine ganz konsequente Bewusstseinsumstellung wird einen wirklichen Zugang zu höheren Schwingungsbereichen ermöglichen. Denn alles besteht aus Schwingungen, die zusammen gehören. Nur der irdische Schwingungsbereich ist bisher begrenzt, wobei dennoch auch aus höheren Dimensionen ständig Schwingungen durchdringen und nur bewusster empfangen werden müssen. Latent sind dafür im menschlichen Bewusstsein sogenannte „Chips" vorhanden, auf deren Eingabe ein Auswurf an Bildern und Erinnerungen erfolgt, so wie im Traum oder im Zustand nach dem Erdenleben im Jenseits. Diese müssen in Zukunft aktualisiert werden.

Um diesen Bereich wieder ins Tagesbewusstsein zu integrieren, ist die erste Voraussetzung, sich überhaupt dafür bewusst zu öffnen und eine Bereitschaft zu signalisieren. Die wird allerdings nur über eine konsequente Selbsterkenntnis wirksam, die erst eine immer stärkere Entichung möglich macht. Denn eine totale Bereitschaft dafür bedingt das Loslassen aller Ich-Haftungen, weil nur durch das Ausschalten dieser störenden Einflüsse des Bewusstseins paranormale Zustände ermöglicht werden, deren Zugang zu zeitneutralen höheren Bewusstseinsebenen über das Unbewusste erfolgt. Im Schlaf geht das Unbewusste quasi auf Horchposten und stellt die Verbindung zum Hyperraum her. Das bedeutet, dass wir im Schlaf andere Frequenzbereiche erfahren. Es sind vor allem die Langwellenbereiche, die zwar wiederum über die gleichen Gehirnsynapsen gehen wie die kurzen Wellen, aber für das Tagesbewusstsein erst noch bewusst erkannt werden müssen, was einen Prozess der Umwandlung der Frequenzbewegungen bedingt und erst noch erlernt werden muss. Die Menschheit hat seit Anbeginn eine gewaltige Bewusstseinserweiterung erfahren. Jetzt müssen auch jene Wellenlängen im Tiefschlaf und in der Meditation ins Oberbewusstsein geholt werden. Dass dies möglich und latent im Menschen vorhanden ist, genügt nicht mehr. Es muss verfügbar gemacht werden. Dafür ist eine völlige Öffnung durch „Entichung" erforderlich, was ein absolutes Vertrauen auf die Führung durch die Kräfte der Urenergie bedingt, indem das Ich nicht mehr die Bestimmung selbst will, sondern sich völlig der Führung unterwirft.

Der zyklische Wechsel zwischen Wachen und Schlafen ist ein zum zyklischen Gesetz von Leben und Tod analoger Prozess. Das müssen sich die Menschen wieder ganz bewusst machen; denn der Tod scheint oft so sinnlos zu sein, und das nur deshalb, weil die dahinter bestimmende Absicht der Seele nicht bekannt ist. Ähnlich wie im gehabten Traum bleibt auch in der Inkarnation die vor der Geburt liegende vergangene Entwicklung verborgen. Von uralten Vererbungen und Umweltbedingungen weiß man nichts mehr, weil das Wahrnehmungsvermögen für die innere Stimme der Seele noch nicht allgemein entwickelt ist.

Die im Traum wirksamen Frequenzen und Energien müssen auch deshalb zunehmend ins Wachbewusstsein integriert werden, weil über den Traum als „Einfallstor höherer Bewusstseinsbereiche" auch die Durchlässigkeiten und Kommunikationsmöglichkeiten mit der spirituellen Hierarchie eröffnet und weiter entwickelt werden können. Und das steht jetzt an, um den Menschen (das „vierte Reich") zu einem bewussten „Bindeglied" zwischen der kosmischen und der spirituellen Hierarchie zu machen.

DURCHLÄSSIGKEITEN - INTUITION

Zeitlich begrenzte „Durchlässigkeiten" widerfahren den Menschen in der Ich-Losigkeit von Träumen, spontanen Eingebungen oder Intuitionen. Immer kommt es dabei zu einer Verbindung von All- und Ichbewusstsein. Über diese Aktionen vollzieht sich auch die Verbindung mit dem spirituellen Zentrum und die Verschmelzung zu einer Einheit des Horizontalbewusstseins in der Gesamtheit aller anderen Bewusstseinsebenen. Dabei steht das Ichbewusstsein zwischen einem weiten Unterbewussten, das der Mensch als eine dunkle Unbewusstheit empfindet, und einem umfassenden „Überbewussten", das er leicht mit einem „erleuchteten Zustand" verwechseln kann. Es ist jedoch der Beginn, darüber einen Zugang zum Supramentalen zu finden. Dieses Supramentale ist nun jene universale Macht des Geistes, die alle Manifestationen des Seins organisiert und den Menschen ihr inneres Wirken im Kosmos erst erkennbar macht. Diese supramentalen Aktionen erfahren wir über eine intuitive innere Schau, die aus einer geheimen Identität mit dem Objekt des Erkennens selbst entsteht.

Denn bei allen „Durchlässigkeiten" handelt es sich immer darum, sich in seinen Handlungen auf die Liebe hin transparent zu machen.[198] *„Während die Menschen jetzt noch einen groben oder dichten Körper haben, werden sie dann einen halbätherischen, weniger dichten Körper erhalten."* Ziel der weiteren Entwicklung im nächsten Äon ist es deshalb, wieder einen halbätherischen Körper über eine Art Transformation zu erlangen. Diese liegt jedoch noch in weiter Ferne und steht erst am Ende des neuen Äons fest. Sie wird die ursprüngliche Form der Zellstruktur des halbätherischen Körpers wieder herstellen, so dass alle Körperzellen mit den interdimensionalen Geistkörpern interagieren können, weil die Anlage dafür bereits latent im Menschen enthalten ist. Dabei handelt es sich nicht um eine Veränderung der DNS, sondern es werden nur in der DNS bereits angelegte bisher latente Gene wieder aktualisiert werden, andere dagegen degenerieren. Die wieder aktivierten DNS-Stränge werden dann in jeder Zelle eine multidimensionale skalare (unbekannte Größe) Wellenantenne besitzen, die jede wichtige Botschaft der Seele aufnehmen und sofort verarbeiten kann. Diese Transformation erfolgt über den Ätherkörper,

---

[198] Aus „Nachrichten vom Sirius" S.93 Folgendes zum Thema Transparenz des Körpers:"

dessen Module die 7 Chakren sind, über welche die Urenergie empfangen und weitergeleitet wird.

Im Gegensatz dazu ist das bisherige Bewusstsein fast nur ein auf
das Außen gerichtetes Suchen und Tasten, wobei das geheime Selbst
im Innern allen diesen tastenden Aktionen erst Sicherheit und
Gewissheit gibt. Darum muss es das oberste Ziel sein, sich mit diesem
innersten Selbst zu identifizieren, um dann nur aus ihm heraus zu
handeln. Dafür haben die Menschen zwar die Vernunft, deren Funktion darin besteht, das vorläufige Teilwissen in eine folgerichtige Ordnung zu bringen, jedoch wird eine wahre endgültige integrale Ordnung erst dann begründet sein, wenn das spirituelle Supramental
greift. Vorerst können wir nur über Intuitionen einen ersten Schritt in
die richtige Richtung tun, denn ein wachsendes intuitives Mental
besitzt die besten Aussichten, das zu entdecken, was die verborgenen
inneren Kräfte beabsichtigen. Anfänglich wird jedoch das Bewusstsein die intuitiven Eingaben noch durch gedankliche Überlagerungen
und Zweifel „ verunreinigen", aber es ist nun einmal die einzige Möglichkeit, über die Intuition als Mittel des Übergangs das verborgene
Supramental selbst bewusst in den Vordergrund zu bringen. Denn
das Supramental ist für den Menschen heute noch keine ursprünglich
erkennbare Macht, sondern verborgen und muss erst entdeckt werden, um wirksam werden zu können.

Das Erwachen des kosmischen Bewusstseins wird im Menschen
eine direkte Verwendung eines „sechsten Sinnes" freisetzen[199], der zu
etwas völlig Normalen werden wird. Das hat dann wiederum zur
Folge, dass man auch alle Bewusstseinsaktivitäten anderer Menschen
gewahren und mit ihnen kommunizieren kann, und zwar ganz gleich,
ob physisch nahe oder fern. Denn eine grundlegende Auswirkung des
neuen Bewusstseins wird das Universalwerden des individuellen
Bewusstseins sein. Von da an werden alle im Außen wahrgenommenen Phänomene ihre Unvollständigkeit und Abgetrenntheit vom

---

[199] Aurobindo bezeichnet diese Wahrnehmungsfähigkeit als sechsten Sinn."

inneren Zusammenhang verlieren, und man wird erkennen, dass alles unter einem universalen Gesetz steht und das Ganze eine ungestörte harmonische Manifestation des Geistes ist.

Darum bezeichnet Aurobindo diese intuitive Wahrnehmungsfähigkeit auch als „sechsten Sinn", der das einzige wahre Sinnesorgan sei. *„Alle anderen Sinne seien nichts als „äußere Behelfe, die aber unser Bewusstsein von sich abhängig gemacht haben, indem sie für unser Bewusstsein zu einem ausschließlichen Übertragungsorgan wurden und es so beschränkten.*

Dieser Sechste Sinn ist in Wirklichkeit das wichtigste Instrument, um unser Bewusstsein über das Mental hinaus ins Supramentale zu führen. Denn dieses neue Bewusstsein gehört genau wie unser jetziges Bewusstsein auch ins Sein und ist Manifestation des unendlichen Geistes, der ein innerstes Wissen seiner selbst besitzt und in seiner transzendenten Schau universell und total ist. Unser Bewusstsein kann zwar dieses Unendliche widerspiegeln, kann aber nicht selbst unmittelbar das vollkommene Instrument des unendlichen Geistes sein. Denn alles, was es wahrnimmt, sind mentale Abbilder unseres Seins und nicht dessen innerstes Wesen, weil alle mentale Wahrnehmung eine abgeleitete, oberflächliche und begrenzte ist. Darum kann das Absolute nicht begriffen werden, sondern man kann davon nur eine gewisse Vorstellung erlangen und erfährt das Universum nur als äußeres Schema oder Abbild und erlangt so nur eine Ahnung von der wesenhaften innersten Wahrheit."[200]

Auch die gegenwärtigen Intuitionen wirken leider meist noch sehr verdeckt wie etwas Partielles, Zufälliges, Fragmentarisches oder Momentanes, weil unser bisheriges gewohntes Denken ein Hindernis für einen ungestörten Fluss solcher Eingaben ist und die Intuitionen immer wieder unterbricht. So bleibt die Intuition fast nur Anregung, Inspiration, zuweilen vielleicht Offenbarung, deren sich aber dann unsere Vernunft bemächtigt und dabei meist die Wahrheit verändert und die potentielle Kraft einer möglichen „Erleuchtung" durch Ergän-

[200] Aurobindo, „Synthese des Yoga"

zungen einschränkt, um sie den Bedürfnissen des Vermittlers zu unterwerfen. Darum sollten alle Intuitionen bewusst angenommen werden, damit sie genauso selbstverständlich wie die Denkprozesse werden. Das kann jedoch nur erreicht werden, wenn die Übermacht des Denkens mehr und mehr eingeschränkt und zum Schweigen gebracht wird. Meditation ist eine solche Möglichkeit, Denken, Wollen und Fühlen umzuwandeln, und sollte daher als erster Ansatz einer Umwandlung in dieser Übergangszeit ganz bewusst erlebt und begriffen werden, bis das Supramentale endlich greift und die Führung übernimmt.

Bekanntlich gehen alle gedanklichen Aktivitäten primär von einem bewusst gesteuerten Willen aus. Das gilt nicht für das Unbewusste, für den Traum und schon gar nicht für den Tele-Bereich. Aktivitäten gehen da nie über den Willen und von gesteuerten Nerven aus, sondern allein über das „Anzapfen der Urenergie", die nicht dem Willen unterliegt, sondern bisher ganz allein der Liebe als allein öffnender Instanz für den Strom der Urenergie. Dieses „Öffnen" wieder bewusst zu machen, wird die Aufgabe der Menschheit im „Neuen Äon" sein. Doch das wird nicht geschehen, solange die Menschen nicht beginnen, sich dieser inneren Erkenntnis bewusst zu öffnen, um endlich ihr alles blockierendes, beschränktes, mechanistisches und technologisches Denken aufzugeben. Dann wird sich für alle in Zukunft das Bewusstsein leichter umwandeln, und wenn das geschafft ist, geht alles nur noch über Telepathie, denn das ist die „Sprache des Lichtes", worüber auch das Potential der gegenwärtigen „Traumdimension" wieder aus der Latenz ins „Wachbewusstsein" gehoben werden wird.

Der höchste menschliche Intellekt kann sich zwar bis zu Abstraktionen und intellektuellen Konstruktionen versteigen, bleibt aber immer im Phänomenalen irdischer Gesetze stecken. Das Supramentale hingegen ist durch kein irdisches System mehr gebunden. Es sieht darum Form und Wirken nicht mehr als alleinige Schlussfolgerung intellektueller Überlegungen, sondern unmittelbar auch als Wesen eines Wahrgenommenen. Und das ist ein Offenbarwerden als Erkenntnisform, und darum etwas ganz anderes als die Prozesse der mentalen Intelligenz und logischer Schlussfolgerungen. Es ist nämlich die Vereinigung der wesenhaften Ideen mit dem konditionierten Denken im supramentalen Bewusstsein. Der so Erkennende wird selbst zum wahrnehmenden Zeugen, der das Erkannte als etwas erlebt, das er immer schon in sich trug, und ihm wird im Augenblick offenbar, dass die gesamte Schöpfung eine determinierte Darstellung der ewigen Wahrheit ist. Erst von diesem Moment an beginnt eine Art Wechselspiel zwischen intuitivem Erfassen und rein mentalem Denken. Denn das darüber bereits wirkende Supramentale erhebt quasi die Wirksamkeit unseres Bewusstseins in eine höhere Ebene, die dann direkt ins Spirituelle überleitet. Unsere Sprache reicht nur dafür nicht mehr aus, weil wir in unserer Begrifflichkeit dafür noch keine Entsprechungen gefunden haben. In supramentalen Aktivitäten erfolgt eine Identität eines Erkennenden mit dem Erkannten, quasi ein „Quantensprung", denn alle Aktivitäten des Supramentalen sind immer auch spirituelle „Quanten-Modalitäten". Meditationen sind eine Art Vorstufe für dieses Bewusstsein.

Nach den Upanishaden[201] sind Meditationen das Ausrichten der „Intelligenz auf das Göttliche", auf das „Quanten-Selbst". „Durch Meditation wird höheres Wissen erlangt, und zusammen mit Kraft, Ausdauer, Stärke und Tapferkeit erfährt der Mensch eine Umwandlung." Diese Phase der Umwandlung nannten die christlichen Heiligen die „Dunkle Nacht",[202] weil man sich in dieser Zeit zwischen Finsternis und Dämmerlicht, zwischen Ungewissheit und halber Gewissheit befindet, die sich allmählich erst aufhellt, um die Wahrheit zu offenbaren, die den Menschen in die Erleuchtung führt. Es ist der Beginn jener Transparenz des Bewusstseins auf das Wirken des Supramentalen hin, das im

---

[201] Upanishaden
[202] Johannes vom Kreuz

Gegensatz zum Intellekt nicht mehr „Denkwissen", sondern ein spirituelles Gewahren ist, und ein Einswerden mit der Wahrheit selbst herbeiführt.

Heutige Situation

Erst wenn die supramentale Bewusstseinsebene wieder erreicht sein wird, erfolgt automatisch auch eine Transformation aller darunter existierenden Wesensschichten. Das bisherige Bewusstsein wird nicht nur zum passiven Kanal für das Wirken des Supramentalen, sondern wird selbst „supramentalisiert". Im Einklang damit erfolgt dann eine völlige Umwandlung[203] auch aller physischen Sinne, was zu einer andersartigen Anschauung des Lebens und seiner Bedeutung führen wird. Zugleich erfährt der Mensch die Möglichkeit zu einer Art Schauens der vierten Dimension und erreicht damit über den „sechsten Sinn" eine Ausdehnung zu ungeahnten Fähigkeiten. Denn die physischen Organe werden fähig, dem psychischen Erleben als Kanäle zu dienen. Mit wachem Auge wird der Mensch dann Dinge schauen, die bisher nur in psychischen Ausnahmezuständen zu erleben waren. Schon jetzt erfahren die Menschen derartige Einwirkungen bruchstückhaft in bestimmten Anrührungen, die einen Hinweis auf die zukünftige Bewusstseinsentwicklung der Menschheit geben.

In der Gegenwart ist ein Trend zu beobachten, längst verschüttete Quellen des Religiösen wieder zum Leben zu erwecken, um so eine Verbindung zur Transzendenz zu schaffen. Das aber lässt sich aus abgestorbenen konfessionellen Riten nicht mehr beleben, sondern geht allein über neue intuitive Wahrnehmungsmöglichkeiten. Denn alle bereits erkannten und theoretisch verstandenen Abstraktionen wie mathematische Formeln sind als „tote" Endergebnisse lediglich

---

[203] Dem entspricht z.B. auch die Umwandlung der Kohlenstoffbasis unserer Physis in Silizium – ihr habt viele Kohlenstoffelemente in euch, die aber bald zu Silizium kristallisieren werden, um euch die telepathischen Empfangsmöglichkeiten zu öffnen. (Anonymos)

zum Verstehen der sich wandelnden horizontalen Prozesse in der Materie notwendig, bleiben jedoch fragmentarisch und ordnen als bloßes Wissen spirituelle Erkenntnisse nicht in den größeren Zusammenhang einer multidimensionalen Welt ein. Darum muss über das bisher erreichte theoretische Wissen hinaus das Potential des dahinter wirkenden „Quanten-Selbst"[204] aus seiner Latenz gehoben werden. Denn nur so können auch die sichtbaren und messbaren materiellen Prozesse in ihrer kosmischen Endgültigkeit im universalen Zusammenhang wieder richtig verstanden werden.

Zwar wurde bereits die frühe Menschheit über spirituelle Eingaben in der magischen Bewusstseinsphase in ihrer Bewusstseinsentwicklung beeinflusst und weitergeführt, hatte aber noch nicht die Möglichkeiten, diese Eingaben realistisch umzusetzen. Damals erlebten die Menschen auf Erden das Leben so wie die heutige Menschheit im Traum und es fehlten ihnen im Gegensatz zum gegenwärtigem mentalen Bewusstsein die Integrationsmöglichkeiten alles medial Eingegebenen in die intelligible Sphäre der realen materiellen Welt. Es widerfuhren diese Eingaben der damaligen Menschheit ohne die Möglichkeit einer bewussten Bewältigung. Die Folge war, dass die medial empfangenen Durchsagen nicht zum realen Nutzen und zur Bewältigung in der materiellen Welt umgesetzt werden konnten. Das kann man heute noch immer bei den im magischen Bewusstsein lebenden Entwicklungsvölkern beobachten. Dieses magische Denken ist darum am Ende dieses Äons in die Sackgasse skurriler und völlig überholter Verhaltensmuster geraten (Indianerspiele; vgl. Wilber). In der einstigen magischen Phase dagegen erlebten die Menschen das Leben noch wirklich so, wie wir heute im Traumgeschehen.

Die frühe Menschheit wurde auf diese Weise mehr über sogenannte Gesamtbilder (Holistische Eingaben) informiert,[205] oder wie die ers-

---

[204] Das Quanten-Selbst ist die primäre Modalität des Geistes, die als eine über das Ego hinausreichende Kreativität der menschlichen Erfahrung innewohnt.
[205] Ägyptische Schriftzeichen geben davon ein letztes Zeugnis ab.

ten Adamiten mehr durch sichtbare und hörbare Instruktionen (Visionen, spirituelle Ansprachen vgl. Bibel). Im Lauf der weiteren Bewusstseinsentwicklung erfolgten diese Einflüsse von tradierten mündlichen Weitergaben in Mythen, Legenden und Märchen, und zwar dann abgelöst vom mystischen Erleben und letztendlich im mentalen Bewusstsein zu gedanklichen Abstraktionen in Begriffen reduziert und in Schriften fixiert. Dadurch wurde zwar über das Mental ein großes Potential für technisch-naturwissenschaftliche Entdeckungen freigesetzt, aber die spirituellen Eingaben blieben dabei auf der Strecke, sensitive Wahrnehmungen verloren an Tiefe und die Menschheit verstieg sich in ungeahnte Dimensionen rein theoretischer Abstraktionen im Denken. Daher verfiel auch das religiöse Bewusstsein, und der Glaube wurde zu platter inhaltsloser ritueller Oberflächlichkeit. Die Diskrepanz zwischen hoher Intellektualität und einem äußerst fundamentalistischen primitiven Denken, das sich lediglich auf sehr materielle Überlebensstrategien beschränkte, klafften immer weiter auseinander und das Wertesystem verschob sich in Verkürzung der Wahrnehmung von einem gottgegebenen Wesenhaften weg auf rein utilitaristische Belange hin, in denen sich der Mensch als Beherrscher seiner Welt erleben kann. Heute aber können diese „spirituellen Eingaben" bewusst nur über unser intelligibles Denken integriert und umgesetzt werden. Das wird in der Zukunft über das supramentale Bewusstsein erfolgen, und zwar ähnlich wie die Menschheit in der einstigen „magischen Bewusstseinsphase",[206] allerdings dann auf einer „höheren Oktave" des Bewusstseins.

Halbleiter Silizium

Die heutige Wissenschaft ist an ihren systemimmanenten Grenzen angelangt und die Physik im Kosmos ist erforscht. Darum muss jetzt der notwendige Schritt in die spirituellen Bereiche gestartet werden, der über diese Grenzen hinausweist. Dieser Übergang wird in der

---

[206] Gebser: „Ursprung und Gegenwart"

Zukunft nahtlos von der materiellen physikalischen Ausgangsbasis in geistige Bereiche führen. Denn zwischen spirituellen Energien und physischen Trägern bestehen ständige Wechselwirkungen, wobei zwischen beiden auch Ursache und Wirkung wechseln können; denn einerseits ändern sich die physischen Voraussetzungen, andererseits treten spirituelle Intentionen aus ihrer bisherigen Latenz. Und das ist über das Silizium zu schaffen, weil dieses Element dafür die besten Möglichkeiten bietet. Es werden dann vom Silizium über dessen Molekularsubstanzen Gedanken direkt erfasst werden können, weil über diesen Halbleiter Frequenzgleichheit mit Gedanken besteht. Denn auch Gedanken sind nichts anderes als Schwingungen und darum auch mit allen Schwingungen der gesamten Materie kompatibel. Das gilt ebenfalls für die Substanz aller Kristalle, die damit ein unendliches Kraftreservoir darstellen. Sie alle sind Energieleiter und bringen die Gedanken der Menschen mit den „Funken göttlicher Inspiration" und deren Frequenzen in vollständige Übereinstimmung, worüber man sich dann auch in höhere Bewusstseinsdimensionen einklinken kann.

Diese Entwicklung wird allerdings durch die immer noch rückwärts gewandte und materialistische Einstellung der Naturwissenschaften blockiert. Das gegenwärtige Problem der Naturwissenschaften ist der gravierende Mangel an ganzheitlichem Denken. Es wird immer nur systemimmanent und speziell gedacht und niemals das gesamte Universum mit einbezogen. In den Vorläuferkulturen bestand die Weisheit dagegen immer in einem ganzheitlichen Denken: „Kein Aspekt des altägyptischen Wissens ist vom Ganzen getrennt".[207] Dieses gegenwärtige systemimmanente Denken war zwar bis heute notwendig, um zuerst den Kosmos als reale Welt zu erforschen und zu verstehen. Jetzt aber ist es notwendig, diesen viel zu engen Rahmen zu übersteigen und das Wissen zur Erkenntnis einer Gesamtschau der Schöpfung zu erweitern. Denn nur so können die kosmischen Gesetze richtig verstanden und in ihren universellen Zusammenhang eingeordnet werden.

[207] J.A.West: „Die Schlange am Firmament"

So hatten z.B. vor Jahrtausenden die voradamitischen und halbätherischen Populationen (Atlantis, Lemurien) als Grundsubstanz Silizium, das sich mit dem Beginn der Menschheit in Kohlenstoff als neuen Basisstoff verwandelte, um in ferner Zukunft das **Silizium** wieder zum Grundstoff der Menschheit werden zu lassen. Denn die Voraussetzungen dafür sind latent noch alle im menschlichen Zellgedächtnis aus der vorherigen Dimension gespeichert, was nun wieder aktiviert werden wird; denn ab jetzt kehrt sich dieser Prozess wieder um, um zur Reinheit der Energie des Siliziums zurückzukehren. Dieser Schlüssel zum Tor in höhere Ebenen ist zwar bereits in der Sehnsucht nach Gott angelegt, doch die Umkehrung wird nicht eher erfolgen, als bis die Menschheit endlich beginnt, sich dem Göttlichen auch wieder zu öffnen. Und das bedeutet, zu begreifen, dass die "Reinheit des Herzens" die Fähigkeit ist, einander bedingungslos zu lieben, und dass die Liebe die einzige Kraft ist, den Menschen in die nächst höhere Dimension zu führen.[208] Aus einem Bericht der Arkturianer: *„Wir haben es verstanden, das Licht des inne wohnenden göttlichen Wesens anzuzünden, innerhalb unserer zellulären Gestalt wachsen zu lassen, um eine neue Energiematrix zu schaffen und die Molekularstruktur der festen Form in Licht aufzulösen. – Das alles ist auch in eurem Zellgedächtnis aus der vorherigen Dimension, aus der ihr gekommen seid, noch gespeichert. Denn da wart ihr Wesen, die sich vom Äther aus der universellen Kraft ernährten. Erst in eurer jetzigen Dimension hat sich eure Grundsubstanz geändert, und zwar von dem, was ihr Silizium nennt, in Kohlenstoff."*[209]

In der Tat verwandelt sich in der Hypophyse bereits heute schon in sehr tiefen Meditationen Kohlenstoff in Silizium, allerdings nur in minimalen Dosen. Diese Umwandlung ist aber wichtig für die

[208] Jasmuheen, „Lichtnahrung" (KoHa-Verlag)
[209] Mer-Ka-Ba ist Ägyptisch und bedeutet Licht – Geist – Seele: Es ist eine alles umgebende Licht-Struktur – siehe Ätherleib. Nur über die Macht der Gedanken - Merkaba – erfolgt eine Umwandlung. Doch das wird nicht eher passieren, bis die Wissenschaft beginnt, sich auch dem Spirituellen wieder zu öffnen. Und das bedeutet, zu begreifen, dass allein die Reinheit des Herzens die Fähigkeit ist, einander bedingungslos zu lieben, und das Einzige ist, was den Menschen antreibt, sich in höhere Dimensionen einzulinken."

Bewusstseinserweiterung als Grundstoff für die nächste Population. Silizium künstlich dem Körper zuführen zu wollen, ist zwar möglich, aber völlig uneffektiv. Es muss als Produkt der Umwandlung in den Körper eindringen, und zwar in einer Art Stoffwechsel. Noch haben die Menschen zu viel Kohlenstoff in sich, was sich aber bald ändern wird, und der Kohlenstoff wird zu Silizium kristallisieren. Dieser Prozess läuft über die Energiefelder der Chakren ab, wobei allerdings die Energieankurbelung nicht durch die Chakren erfolgt, sondern umgekehrt die Chakren über die Liebe mobilisiert werden. Und nur das allein ermöglicht dann auch den Einstieg in die nächst höhere Dimension. Dabei ist es notwendig, dass sich dieser Einstieg nahtlos von der materiellen Basis in die geistigen Bereiche ergibt. Es wird in Zukunft so sein, dass man Gedanken auf die Frequenz des Silizium parallel schalten kann, wobei vor allem die Telepathie die gleiche Wellenlänge besitzt. In diesen paranormalen Bereich gehören auch die zeitlich „verschobenen" Prophetien – Informationen aus der Zukunft, Präkognition oder visionäre „Einbrüche", wobei es sich um die gleichen Kommunikationsmöglichkeiten wie in höheren Bewusstseinsdimensionen handelt: Man stellt sich etwas vor, es entsteht im Moment der Vorstellung und ist sogleich lebendig und real vorhanden, so wie wenn man heute bereits eine „virtuelle Welt" in Sekunden am Computer entstehen lässt. Genauso wird es in ferner Zukunft auch auf der Erde sein. Man muss sich dann die imaginäre Welt der Vorstellungen nicht mehr wie heute durch mühevolle Arbeit „untertan" machen.[210]

Der gegenwärtige Bewusstseinswandel hin zum Supramentalen geht auch mit Veränderungen in der Grundsubstanz der Physis einher, so dass die berechtigte Hoffnung besteht, dass sehr bald auch das Wachbewusstsein vom Traumbewusstsein abgelöst wird, und der Mensch wieder ein Öffnungsorgan für die „Nachrichten" der Seele

---

[210] In diesem Zusammenhang sei auch auf den neuen medizinischen Zweig der Neuromedizin hingewiesen: Man spricht von Neuro-Imagination, wobei gedankliche Steuerbefehle über das Gehirn erzeugt werden. Richtig dabei ist, dass alle willensmäßigen Steuerungen über das Gehirn gehen, was jedoch nicht für das Unbewusste, den Traum oder den telepathischen Bereich Geltung besitzt. Telepathische Aktivitäten gehen allein über die Urenergie.

entwickeln kann. Eine solche „Öffnung" erfolgte bei hoch sensiblen, hellsichtigen und telepathischen Menschen schon immer. Es ist eine Art Umpolung der Frequenzen, oder anders ausgedrückt: die körperlichen Frequenzen verlieren im Wachzustand mehr und mehr ihre „verdeckende" Bedeutung, so dass die Frequenzen des Ätherleibes genauso wie im Traum pur durchstrahlen können. Denn im Traum sind ja auch die Frequenzen des Wachbewusstseins ausgeschaltet und der Mensch ist im „Quantenzustand" des Selbst. In der Zukunft werden Menschen selbst die Wachfrequenzen zu Gunsten der heute noch als paranormal geltenden Frequenzen herunter regeln können.[211] Wachfrequenzen sind elektrische Gravitationsfelder und stellen nur Sekundärerscheinungen von höherdimensionalen, feinstofflichen Quantenmodalitäten dar, sind aber an die Primärfelder „angekoppelt" - durchaus als „Manipulationsfelder" denkbar. Vorerst widerfährt das nur bestimmten Menschen, die dafür vorgesehen sind, wobei solche Aktualisierungen von Hellsichtigkeiten oder Visionen sehr viele Energien absorbieren, was oft leicht zu Irritationen in der Realwelt führen kann.

Neben Intuitionen gehören auch Telepathie und die Gabe des „Inneren Sehens" in diesen Bereich höherer Frequenzübertragungen als Kommunikationsmöglichkeiten der Menschen in Zukunft. Die Liebe ist auch hierbei über den Funktionsträger „Ätherleib" die allein bestimmende Größe, denn das Eindringen ins Bewusstsein anderer darf niemals von Ego-Intentionen begleitet sein, weil dies dann sofort wie ein „Raumverschluss" wirkt. Eine entschlüsselnde Verbindung erfolgt immer nur, wenn die Liebe dabei die führende Kraft ist und niemals Machtmotivationen des Ich. Inneres Sehen und telepathische Kommunikation öffnen sich nur in einer Art Fürwahrnehmung und „bewusster Verantwortung". Denn beide paranormalen Formen sind

---

[211] Meckelburg S.211 Alles Sein ist Feldverdichtung. Das zeigen paranormalen Phänomene, dass es zwischen Materie/Energie und höherdimensionalen Feldern Wechselbeziehungen gibt, denn dabei handelt es sich um ganz reale Berührungspunkte zwischen der feinstofflichen psychischen Steuerung und dem Materiellen.

Bestandteil dieser Verantwortung als Antwort auf die Sehnsucht nach Liebe, weil ohne diese Art der Verantwortung gar nicht der Liebe entsprochen werden könnte. Andererseits werden beide nur durch die Liebe aktiviert, um überhaupt bis in kosmische Bewusstseinsstrukturen vordringen zu können. Solange diese paranormalen Fähigkeiten jedoch von einem kontrollierenden Ich erreicht und eingesetzt werden wollen, ist das zum Scheitern verurteilt. Denn das wäre der Versuch, über bewusste Methoden der Erkenntnis die Liebe zu erzwingen. Dieser Versuch muss scheitern. Es ist darum nicht möglich, Transzendenz über Training oder in Form angestrengter methodischer Bemühungen erreichen zu wollen. Man kann sich lediglich dafür öffnen und eine innere Bereitschaft signalisieren. In höheren Dimensionen spielt ohnehin ein kontrollierendes und blockierendes Ichbewusstsein keine Rolle mehr. Das Ich ist nur in dieser Dimension bestimmend. In den höheren Dimensionen löst es sich als allein bestimmender Faktor auf, und es gibt keine Ichabgrenzungen mehr, sondern nur noch ein Verschmelzen der Seele in Liebe, was für die Menschen zwar noch schwer vorstellbar ist, aber durchaus auch zu Lebzeiten erreicht werden kann. Die Ekstasen der Heiligen waren solche Zustände.

Telepathie

Heute sprechen wir zwar weniger von Telepathie, sondern eher von Gedankenübertragung. Beides muss aber unterschieden werden: Gedanken sind immer ein Ausdruck abstrakter Vorentwürfe, die erst verifiziert werden müssen, um dann reale Wirklichkeit zu werden. Gedanken allein sind quasi nur Formblätter, die gelesen und umgesetzt werden müssen. Darum besteht häufig die Gefahr, sich mit Gedanklichem allein schon zu begnügen. Jeder Gedanke muss aber durch eine persönliche Entscheidung erst zum wirklichen Leben erweckt werden, ohne diese bleiben Gedanken abstrakte tote Hirngespinste. Das ist bei der Telepathie niemals der Fall: Telepathische Übertragungen oder Empfänge sind selbst bereits lebendige „Gestaltungen" und müssen nicht erst durch Verifizierung zum Leben erweckt werden. Sie sind eine Ganzheit von aktualisierten Sinnzusammenhängen individueller persönlicher Aktivitäten und werden als ein komplexes Geschehen erfasst und gesendet, und haben darum immer „offenbarenden Charakter". Es ist ähnlich wie bei Visionen oder im Traum, nur viel stärker, denn das Leben selbst spielt sich in diesen telepathischen Bildübertragungen ab. Dabei handelt es sich immer um Aktivitäten des Ätherleibes, der bisher nur eine abbildhafte Funktion der Physis hatte und als Aktivposten bisher nur sehr selten bei Heiligen und telepathisch Begabten in Erscheinung trat. Dieser Zugang wird in Zukunft für viele Menschen wieder geöffnet werden, wobei allerdings eine Öffnung nie aktiv über den Willen zu erreichen ist, sondern im Gegenteil nur im *Loslassen aller Ich-Willensimpulse,* die jede telepathische Übertragung verhindern und zunichte machen. Die Liebe ist im Loslassen der alleinige Zugang für eine Öffnung, die Hand in Hand damit das neue Bewusstsein zum Einsatz bringt. Denn die Öffnung kann niemals eine determinierte oder automatische sein – auch sie muss „erliebt" werden.

Das telepathische Wirken wie alle paranormalen Aktualitäten beruht auf den drei Basisstrahlen der Urenergie, die sich als Kräfte manifestieren. Die drei an der Telepathie beteiligten Energiearten sind die Urstrahlen von *Liebe, Geist und Wille* und entsprechen der Mer-Ka-Ba, der altägyptischen Lehre von Licht – Geist – Seele, die alle Geschöpfe als ein strukturelles Lichtfeld umgeben: Das ist der ÄTHER-LEIB. In Fantasy-Filmen wird ständig darauf hingewiesen, dass nur der den „Gral" oder den Zugang zu magischen Welten findet, der *reinen Herzens und guten Willens ist* (Merlin etc.). Die Voraussetzungen dafür sind „Liebe, Hingabe und Erkennen" als Wirkmechanismen der drei Urenergiestrahlen, die sich auf Sender und Empfänger verteilen. Denn beim telepathischen Wirken unterscheidet man zwischen: (1.) dem Initianten als Sender von Gedanken und (2.) dem Empfänger dessen, was auf den „Schwingungen des Gedankens" übermittelt wird. Und das bedeutet, die nötigen Energien zu senden und an sich zu ziehen, in welche die zur Übermittlung bestimmte Idee, der Gedanke oder die Vorstellung eingekleidet werden soll. Im Übermittler wie im Empfänger wirken also dieselben Energien. Der Übermittler benutzt aber die Liebesenergie des größeren Ganzen, während der Empfänger die Liebesenergie seines eigenen Wesens auf den Übermittler konzentriert, die jene Qualität der Verbundenheit herstellt, die Übermittler und Empfänger aneinander bindet, und außerdem den Zusammenhalt dessen bewirkt, was übermittelt wird.

1. In den drei Urenergien ist der Energiestrahl „die Kraft der Liebe". Diese wirkt auf Grund ihrer „passiven Qualität" im Kosmos auf dreierlei Weise: Gedanken in Liebe aufzugreifen, sie mit dem der Liebe innewohnenden Vermögen einzukleiden und auf einem Strom der Liebe auszusenden, damit sie der Empfänger in Liebe wachsam an sich ziehen kann.

2. Der zweite „Strahl des Geistes" in der Urenergie wirkt im Kosmos als „Die Kraft des Denkens": Es ist die lichtbringende Energie, die den „Weg erleuchtet" für eine Idee oder Form, die übermittelt und aufgenommen werden soll. Auch Licht ist feinstoffliche Substanz, und darum kann sich die Energie des Denkens auch in einem Lichtstrahl verkörpern. Denn der Erfolg hängt davon ab, inwieweit die Körper des Übermittlers und des Empfängers aufeinander geistig abgestimmt sind, denn nur so entsteht eine doppelte Kontaktlinie aus mentaler und elektrischer Energie. In der Telepathie, die das neue Zeitalter auszeichnen wird, ist darum nicht nur die magnetische Kraft der Liebe notwendig, um die gegenseitige harmonische Verbindung herbeizuführen und ein verstehendes Wahrnehmen hervorzurufen, sondern es muss auch eine gemeinsame mentale Entwicklung und Übereinstimmung bestehen. Diese telepathische Verbundenheit und Resonanz ist ein Hauptmerkmal der menschlichen Seele, die über den Ätherleib von Bewusstsein zu Bewusstsein wirkt. Es ist tatsächlich ein Bewusstseinszustand, der ganz vom integrierten, mental entwickelten Men-

schen bestimmt wird, so dass dieser den mentalen Zustand und die gedanklichen Vorgänge eines anderen Menschen wahrnehmen und in sich aufnehmen kann.

3. Der dritte Strahl der Urenergie ist „der Wille", der sich im Bewusstseinsbereich als die Energie des Prana[212], d.h. als die ätherische Kraft des Vitalkörpers auswirkt, denn diese Kraft ist die Lebensenergie schlechthin und reagiert durch einen Willensakt unter dem Druck der beiden oben erwähnten Energien als empfängliche magnetischen Kraft. Die Prana-Energie ist ihrem Wesen nach von einer so subtilen und feinen Substanz und Mächtigkeit, dass sie durch ihre Pranaströmungen auf die Substanz des Ätherkörpers wirksam werden und dessen Energieströmungen aktualisieren kann. Sie bewirkt über die Chakren eine Anhebung der ätherischen Kraft, indem beim Empfang die Energie des ätherischen Scheitelchakras, bei der Übermittlung dagegen die Energie des Kehlzentrums bewusst und planvoll benutzt werden. Dadurch wird ätherische Kraft beim telepathischen Wirken zur Tätigkeit angeregt, muss sich aber der Macht der beiden anderen Energien, der Liebe und des Geistes unterordnen. Die Ideen, Gedankenformen oder mentalen Impressionen, die im Bewusstsein des Empfängers registriert werden, bahnen sich einen Weg über die Pranaströmungen und bestimmen deren Aktivität so, dass das Gehirn auf zweierlei Art beeindruckbar wird: Es wird durch die Macht der drei Energiearten, die zu einem einzigen Kräftestrom verschmolzen sind, passiv gemacht und zugleich aktiv empfänglich für die Ideen, Vorstellungen und Bedeutungen von Gedankenformen, die gerade in den Bereich einer bewussten Tätigkeit hereinfluten.

---

[212] In der Tat ist Prana die Lebenskraft schlechthin, wobei natürlich die Luft als Atem notwendig für den Körper ist, so wie Essen und Trinken. Nur das Leben selbst wird nur durch Prana erhalten. Es fließt in der Tat über die Fontanelle, und zwar auch heute noch. Nur hat das nicht mehr die Wirkung wie in voradamitischen Zeit auf die Sinnesorgane, weil die Chakren sich dafür nicht genügend drehen. Das liegt auch an der Zirbeldrüse, die auch nicht mehr so aktiv ist. Durch die Verdichtung der Körper kann sie sich nicht mehr so behaupten. Sie wird aber wieder in der neuen Population aktiviert werden. (Bailey)

Telepathische Verbindungen

Telepathische Wechselbeziehungen[213] zwischen den Menschen lassen sich in der Gegenwart mehr und mehr beobachten. Der wahrhaft telepathisch befähigte Mensch ist derjenige, der auf Eindrücke reagieren kann, die ihm von allen Lebensformen zukommen und ebenso auf Eindrücke, die aus der Welt der jenseitigen Seelen und der Intuition zu ihm gelangen. Durch ein Zurückziehen der realen Sinne und Wahrnehmungen kann die Telepathie als zukünftiger Keim einer menschlichen Wirkkraft entwickelt und verstanden werden. Denn alles wahre telepathische Wirken wird dahin führen, dass das innere Licht sich verstärkt, der Astralkörper von Illusionen freier und der physische Körper transparenter und reiner wird. Denn alle Gedanken sind Energie, die nach Verwirklichung und Umsetzung drängt. Das Wesen dieser Kräfte, Emanationen, Strahlungen und Energieströme wird man bald besser verstehen, und die Arbeit der telepathischen Übermittler wird im kommenden Neuen Zeitalter eine der wichtigsten sein. Eingebungen des universalen Denkens wurden allezeit von starken Persönlichkeiten (Buddha, Henoch, Christus) empfangen, die sie den Menschen weiterleiteten, was zu einem eigenen spirituellen Wirkungsbereich führte, in der mentalen Substanz wirkte und im Hervortreten der göttlichen Absicht auch im Außen wahrnehmbar wurde. Durch Sendboten wurden diese Energien verbreitet, wobei es sich um einen Vorgang handelt, bei dem die hohen Schwingungen reduziert (oder herabgedämpft) werden, bis sie „schwer" genug sind, um auf die Materie der physischen Ebene einzuwirken, um dadurch sinnvolle Ergebnisse auf der physischen Ebene zu ermöglichen. Meistens haben die verteilenden „Evangelisten" als Sendboten ganz allein gewirkt und ihre telepathische Verbindung war weniger auf „Mitstrei-

---

[213] Anonymos in „Telepathie ,Kommunikation der Zukunft": Es gibt unterschiedliche Arten telepathischer Verbindungen und Übermittlungen: 1. Instinktive Telepathie zwischen Solarplexus und Solarplexus, also rein emotionell 2. Mentale Telepathie zwischen Denkvermögen und Denkvermögen 3. Intuitive Telepathie zwischen Seele und Denkvermögen oder zwischen Seele und Seele.

ter", sondern überwiegend auf die spirituelle Hierarchie beschränkt. Die Jünger Jesu erlangten diese Fähigkeiten erst durch das „Pfingstwunder" nach dem endgültigen „Abtreten" von Jesus. Es wird sich in Zukunft ein solcher Zustand zwischen allen Menschen entwickeln und eine telepathische Beziehung auch auf der physischen Ebene herstellen. Ganz gleich, wo sich die telepathisch Sendenden und Empfangenden befinden mögen, werden die Menschen schließlich merken, dass es möglich ist, sich miteinander in Verbindung zu setzen. Es ist so ähnlich wie in der gegenwärtigen „PC-Welt": In einer e-Mail wird etwas notiert, das über elektrische Ströme[214] gesendet wird und ebenso bei einem Empfänger wieder erscheint und abgerufen werden kann. Dabei dient der Server quasi als Daten-Pool, aus welchem jeder Empfänger das entnimmt, was er aufgrund seiner Zugangsberechtigung abrufen kann.

Auf diese Art und Weise sind alle mystischen Grundgedanken oder eine Offenbarung der Wahrheit plötzlich von vielen erkannt worden und sie „erscheint" gleichzeitig an vielen Orten in der Welt. Dieses gleichzeitige universale Denken wird von Mitgliedern der planetarischen Hierarchie „angezapft" und gesendet, um dann auf telepathischem Wege vielen Empfangsbereiten übermittelt zu werden. Das empfangene Gedankengut beeinflusst dann durch Verstehen und die Kraft klar formulierter Gedanken morphogenetisch das Denken anderer Menschen, nur leider mit großen Zeitverzögerungen. Die anderen Menschen greifen diese Ideen oder Vorstellungen als die ihrigen auf, bemächtigen sich ihrer und bringen sie nach Maßgabe ihres subjektiven Verstehens zur Verwirklichung. Jeder einzelne betrachtet dies als sein spezielles Vorrecht, und infolge dieser Fähigkeit zur Spezialisierung und der automatisch von ihnen übernommenen Verantwortlich-

---

[214] Es sind elektrische Wellen, die sich allerdings auch sehr unterschiedlich darstellen. Noch kennt ihr nur einen Bruchteil aller Energieformen. Aber in allernächster Zeit werden neue Energiekanäle eröffnet werden, und dann lassen sich diese Ziele der Transmission schon viel leichter verstehen und auch umsetzen. Allerdings sind die Erfolge solcher Praktiken immer an das neue Bewusstsein gebunden, und dieses wiederum an die Liebe.

keiten stellen sie ihre ganze Energie hinter dieses Vorhaben und kämpfen für die subjektive Umsetzung ihrer Gedanken. Das Ergebnis sind unendlich viele Meinungen, Vorstellungen, Ideologien und Konfessionen.

Wenn die Menschheit durch die sich weiterentwickelnde Anziehungskraft des mentalen Prinzips immer mehr zu einer mentalen Ausrichtung kommt, dann wird die rein verbale Kommunikation über Sprache für die Gedankenübermittlung zwischen Wesen auf gleicher Stufe oder im Verkehr mit höheren Wesen ihre Vorrangstellung mehr und mehr verlieren und ungebräuchlich werden. Natürlich wird sie für alle alltäglichen Informationen ihre Bedeutung behalten und auch weiterhin angewendet werden, um auch alle diejenigen zu erreichen, die nicht auf der Mentalebene wirken. Lautloses Gebet, geistiges Streben und Verehrung werden schon jetzt für wertvoller gehalten als die gesprochenen Bitten und Erklärungen. Mentales Begreifen und mentale Sympathie werden ein wahres Wechselwirken ermöglichen; das wird eine Brücke schlagen zwischen der alten Art, einen Gedanken mit Hilfe des gesprochenen oder geschriebenen Wortes zu verstehen, und dem Zukunftsstadium, wo eine unmittelbare Empfänglichkeit für einen Gedanken möglich sein und nicht beeinträchtigt sein wird durch die Sprache oder irgendein anderes Ausdrucksmittel. Es wird etwa noch fünfhundert Jahre dauern, bis die Menschheit normalerweise telepathisch korrespondieren wird. Die Zunahme des telepathischen Gedankenaustausches wird ein Zeitalter der Universalität und Synthese mit den Qualitäten erkannter Beziehungen und Reaktionsfähigkeiten einleiten und ein Höhepunkt des „Wassermannzeitalters" sein.

Erst mit diesem neuen Bewusstsein werden dann die heute mehr passiven telepathischen Halbbewusstheiten ganz bewusst in der Kommunikation zum Einsatz kommen. Die heutige Menschheit ist darum noch auf technische Hilfsmittel wie Telephon, Fernsehen, Radio oder PC angewiesen. Die Aktualisierung dieser Möglichkeiten direkt im Bewusstsein erfolgt über eine erhöhte Empfangsbereitschaft für Frequenzeinstrahlungen, die jedoch bisher nicht aktualisiert werden konnten. Das wiederum hängt mit den Strahlungen im Kosmos und besonders mit den Wechselwirkungen im Sonnensystem zusammen. So machte z.b. erst die bewusste Entdeckung aller Planeten im Sonnensystem parallel auch in den Menschen einen Entwicklungsschub möglich, und zwar erst nachdem die dafür entsprechenden Einstrahlungen von diesen Planeten bewusst wahrgenommen wurden. Vorhanden waren diese dagegen schon immer. Eine solche Aktualisierung erfolgte z.b. mit der Entdeckung des Uranus[215], dessen Einfluss und Wirkmöglichkeiten jetzt für alle Menschen bestimmend sind, weil der dafür notwendige Frequenzempfang den Menschen geöffnet wurde. Diese Öffnung erfolgt seit über 200 Jahren, betraf jedoch bisher nur einzelne Menschen: große technische Erfinder und Psychologen. Diese waren die Vorläufer für das neue Bewusstsein, das jetzt mehr und mehr Formen für die Allgemeinheit annimmt. Der Mensch tritt so in die Welt der Ideen ein und nimmt sie über seinen Verstand wahr. Dabei werden zwei Gesetze der Universalität des mentalen Prinzips wirksam:

1. Es liegt im eigentlichen Wesen der geistigen Substanz selbst, dass gedankliche Energien immer miteinander in Verbindung treten können. Der Keim dafür liegt im Äther, der ein Fluidum für den Austausch zwischen Ideen und Gedanken bereitstellt.

2. Die gegenseitige gedankliche Beeinflussung der Menschen führt zu einer Einheitlichkeit des Denkens auf Erden.

Das Verstehen des ersten Gesetzes zeitigt Ergebnisse im Denkvermögen oder Mentalkörper. Das Verstehen des zweiten Gesetzes führt dazu, dass sich jene Menschen finden, die auf dieselbe Art von Ideen und auf denselben mentalen Impuls gleichzeitig reagieren. Wir sprechen dann von „gleicher Wellenlänge", und das erfolgt immer dann, wenn die eigene mentale Reaktion eines Menschen durch die Reaktion anderer verstärkt wird, die in gleicher Weise empfänglich sind. Die

[215] Uranus steht als Prinzip für den geistigen Fortschritt im Kosmos.

gedankenlenkende Energie kommt von einem „Denker", der in das göttliche Denken „eintreten" kann, da er die menschlichen Begrenzungen überschritten hat. Das ist der erste Schritt in Richtung einer „schöpferischen Kreativität", wobei dieser verstärkt über Meditation den Empfang und eine Höherpotenzierung der spirituellen Frequenzen initiiert.

Meditation und Transformation

Zu den Methoden, jene innere „Kreativität" zu wecken, gehört vornehmlich die Meditation. Sie ist der praktische Versuch, eine Selbstidentität jenseits des Ego zu finden. Es ist zwar ein Paradoxon, das Ego selbst einzusetzen, um über das Ego hinauszukommen, aber unser Ego ist nicht das Selbst, sondern nur eine vom Menschen eingesetzte temporäre Identität des Selbst. Daher ist es durchaus berechtigt, wenn wir in der Meditation versuchen, unser Sein mehr zur „Quanten-Modalität"[216] hin zu gewichten. Allerdings werden wir dabei erkennen müssen, dass wir Quantensprünge nicht durch konditionierte Manöver erzwingen können. Immerhin sind diese Methoden erste löbliche Versuche, *einen schmalen Zwischenraum zwischen unserer Ego-Identifikation und der Quanten-Modalität entstehen zu lassen, nämlich jenes „Dazwischen" der „Unschärferelation" zu schaffen, das eine Verschiebung von unserer persönlichen Ego-Ebene zur buddhi-Ebene hin ermöglicht. Das ist dann jene Transformation, die wir als Befreiung erleben.*[217]

Jedoch wegen unserer überwiegenden Beschäftigung mit sekundären Horizontalprozessen fällt es sehr schwer, sich bewusst in den Zustand unseres „Quantenselbst" zu begeben und vor allem sich in diesem Zustand zu halten. Viele Meditationstechniken dienen in der Tat dazu, diese alltägliche „Verzugszeit" zwischen primären und sekundären Prozessen zu eliminieren und sich in direkte Verbindung

---

[216] Quanten-Modalität ist die primäre Seinsweise des Selbst als ein über das Ego hinausreichendes Subjekt, dem wirkliche Freiheit, Kreativität und Nichtlokalität innewohnt.
[217] Goswami a.a.O.

mit dem Selbst und den geistigen Zuständen zu bringen, denn offenkundig verringert[218] die Meditation diese Verzugszeit. Die Quantentheorie sieht in der Meditation eine von vielen Möglichkeiten, in denen der Quanten-Zustand nicht sofort zusammenbricht, sondern sich mit der Zeit entsprechend der Situationsdynamik weiterentwickelt. Es ist darum wichtig, sich von der Konditionierung des Ego, unserer angenommenen Persönlichkeit allein nicht mehr beherrschen zu lassen. Je höher wir uns entwickeln, desto freier werden wir vom Ego, bis es auf dem höchsten Niveau überhaupt keine unterscheidbare Identität des Ego gibt. Jenseits vom Ego zu sein, es hinter sich gelassen zu haben, sind Ebenen, deren Kennzeichen eine tiefe Demut ist. Diese Bewusstseinsebene ist dadurch gekennzeichnet, dass an die Stelle persönlicher Ego-Motive jetzt innere Kreativität, Selbst-Erforschung und Selbst-Verwirklichung getreten sind. Auf dieser Ebene reiner Primärprozesse werden wir zu Zeugen von rein mentalen Phänomenen, und es gibt keine störenden sekundären Einflüsse, die auf Grund konditionierter Reaktionsmuster von Gedanken und Gefühlen im Bewusstsein auftauchen. Denn die Meditation sorgt für eine Unterbrechung zwischen den aufkommenden mentalen Reaktionen und dem Drang, auf diese Phänomene hin psychisch zu reagieren. Auf diese Weise erweitert sie unsere Fähigkeiten, aus freiem Willen heraus zu konditioniertem Handeln und sekundären Bestrebungen „Nein" sagen zu können. Solche Zustände ermöglichen einem Ich nachträglich, seine eigenen Reflexionen im Spiegel des Gedächtnisses zu sehen – allerdings stets nur wieder mit zeitlicher Verzögerung.

Meditation erfordert intensivste Bewusstseinskonzentration, strengste Gedankenkontrolle und eine innere Einstellung, die weder

---

[218] Goswami S.245: „Verzugszeit ist offenkundig die Zeitverzögerung, die mit der sekundären Selbstbeobachtung auftritt, die alle unsere Ego-Erfahrungen von Bewusstsein kontinuierlich erscheinen lässt. Erst mit dem Kollaps der Quanten-Wellenfunktion teilt sich das normalen Bewusstsein in Subjekt und Objekt und lässt uns die Diskontinuität von Raum und Zeit erkennen". S 246" Das ist das Erkennen von Maya: alles ist Illusion."

negativ noch positiv, sondern das genaue Gleichgewicht zwischen beiden ist. In den östlichen Schriften wird ein Mensch, der meditiert, wie folgt, beschrieben: *„Im Maha Yogi, dem großen Asketen, konzentrieren sich höchste Vollkommenheit, strengste Buße und abstrakte Meditation, durch welche die grenzenlosesten Kräfte erlangt, Wunder bewirkt, höchstes geistiges Wissen und schließlich die Vereinigung mit dem großen Geist des Universums erreicht wird."* Allerdings wird wahre Meditation für verschiedene Völker und Menschentypen immer auch unterschiedlich sein und sollte ferner der persönlichen Mentalität eines Menschen entsprechen. Denn eine spirituelle Entwicklung kann nur schrittweise über verschiedene Yoga-Formen gehen: Karma-Yoga (Handeln) – Bhakti-Yoga (Liebe) – Jnana-Yoga (Weisheit)[219]. Allerdings hängt jeder dieser Wege immer davon ab, inwieweit sich ein Mensch des Weges auch bewusst ist. In diesem Zusammenhang vermerkt Bailey, dass gewisse Yoga-Praktiken, die Atemübungen mit Meditation koppeln und verschiedene Körperhaltungen lehren, auch große Risiken und Gefahren beinhalten, weil solche Schulen und Methoden ihren Schülern beibringen, ihre Aufmerksamkeit allein auf physische Organe oder Zentren (Kundalini) zu richten, denn abgesehen von den damit verbundenen körperlichen Schädigungen und dem Risiko von Nervenzerrüttung beschäftigt man sich zu sehr mit der Perfektion der Form, die immer Begrenzung bedeutet und nichts mit dem Geist, der allein Leben ist, zu tun hat.[220] Das Ziel wird auf diese Weise nicht erreicht.

Die einzige Realität ist das Bewusstsein, und Meditation bedeutet die Bewusstheit dessen, um zur Realität zu erwachen. Das Problem ist dabei, diese Realität zu begreifen, weil es schwierig ist, diese nicht-relative Realität mit relativen Begriffe zu beschreiben. Denn das ist

---

[219] Die traditionellen Wege der Meditationspraktiken

[220] Dafür ist der Lebensbericht des Yogi Theo Bernhard ein klassisches Beispiel, der alle Asanas des Hatha-Yoga in Vollendung beherrschte und doch schließlich feststellen musste: „Wie man durch Erlernen des Alphabetes und durch Übung alle Wissenschaften meistern kann, so erlangt man aber nicht die Erkenntnis der Wahrheit, die ein ewiges Geheimnis bleibt. Theos Bernhard „Hatha Yoga / Ein Erfahrungsbericht

jene „Unschärferelation", die uns nur über Evidenz widerfährt und als höchstes Ziel des Jnana-Yoga gilt.[221] Um aus der Ego-Ebene auszubrechen, muss man zuerst seine Verhaftungen erkennen. Jnana-Yoga geht über das Erkennen, wobei es zum einen um die höchste Konzentrationsfähigkeit und zum anderen um die Stärkung der Bewusstheit selbst geht. Der Unterschied zwischen den beiden Aspekten in der Jnana-Meditation (Konzentration und Bewusstheit) wird verständlich, wenn wir die Unschärferelation auf das Denken selbst anwenden. Denn beim Denken[222] über das Denken als Konzentration und Bewusstmachung wird entweder der einzelne Gedanke oder der Gedankenfluss verwischt, oder die Unschärfe in den gedanklichen Assoziationen wird nach und nach geringer. Denn ist erst der Inhalt eines Gedankens weg, verschwindet auch die Verhaftung daran, und man wird in diesem Zustand zum neutralen Beobachter reiner Gedankenmuster. Dieser Jnana-Weg über die Erkenntnis birgt zweierlei in sich: Die Gefahr höchster Bewusstseinsverstiegenheit, weil in der Abgetrenntheit von der Liebe die Versuchung der Macht am größten ist – oder: Das höchste Gut der geschaffenen Welt, die alles durchdringende Erkenntnis wird der Liebe geopfert! Erst wenn sich die Erkenntnis vor der Liebe verneigt, gibt sich die Endlichkeit der Unendlichkeit hin und wird von ihr aufgenommen.

Solche Meditationstechniken können das Bewusstsein verändern, wobei ein besonderer physiologischer Zustand vorauszusetzen ist, der dem meditativen Bewusstseinszustand entspricht, weil die Meditation selbst dabei immer auch ein eigener Bewusstseinszustand bleibt.[223] Darum sollte einer echten Meditation immer eine wirklich spirituelle Konzentration vorausgehen. Es geht dabei um Gedankenbeherrschung, die den Meditierenden befähigt, nicht nur klar zu denken, sondern auch nur das zu denken, was er denken will. Nur eine

---

[221] F. Merrell-Wolff: „Das Wesen eines Stoffes ist umgekehrt proportional zu seiner Fassbarkeit."
[222] Goswami a.a.O.
[223] Dass Meditation ein bewusster Zustand für sich ist, ergibt sich u.a. aus den Untersuchungen der EEG-Messungen von Gehirnwellen.

solche Meditation wird eine definitive Veränderung der Ausrichtung im Denken eines Menschen bewirken. Ein wichtiges Indiz für den Zustand einer solchen Meditation ist eine Alpha-Dominanz im meditativen Bewusstsein. Die Alphawellen erzeugen einen Zustand der Entspannung, der körperliche und geistige Verkrampfungen löst. Als weiterer Aspekt der Meditation ist das Erscheinen von Thetawellen auffällig. Thetawellen sind ein Indikator für die Verschiebung des Bewusstseins hin zu den primären Prozessen des Quantenmodus. So haben z.B. Kinder einen erhöhten Anteil an Thetawellen, die sich beim Älterwerden zu Gunsten einer Alpha-Dominanz im normalen Wachzustand zurückentwickeln. Beim Kind dominiert deshalb noch die *Quantenmodalität*, weil kaum Prozesse sekundärer Bewusstheit ablaufen. Etwas ganz ähnliches erfolgt auch in Mantram-Meditationen. Sie erzeugen eine Konzentration auf das Mantram und lenken dabei die Aufmerksamkeit von abschweifenden Gedanken ab. Denn unser Bewusstsein kann sich buchstäblich nicht auf zwei Dinge gleichzeitig konzentrieren. Dabei wird schließlich ein Zustand erreicht, in dem der denkende Geist sich selbst das gedankliche Umherschweifen[224] abzugewöhnen scheint. Die größten Anfechtungen entstehen durch Hirngespinste; denn diese hängen nicht von unserem freien Willen ab, sondern tauchen unwillkürlich in unserem Bewusstsein als Vorstellungen, Wünsche oder Erinnerungen auf. Zumeist sind wir Sklaven solcher Vorstellungen. Sie drängen sich gewaltsam in unser Bewusstsein und stören unsere innere Sammlung. Und das bedeutet: sekundär bewusste Ereignisse sind zwar unterschwellig noch vorhanden, aber der primäre Prozess dominiert. Die störenden und verunreinigenden „schlammigen Bewusstseinsinhalte" bleiben zwar erhalten, aber als eine Art Bodensatz, der nur noch Gedankenmuster ist. Diese Bewusstseinsinhalte bleiben dem Meditierenden zwar unterschwellig bewusst, finden aber keine störende Beachtung mehr.

---

[224] „Das immerwährende Herzensgebet" nach Theophanos dem Eremiten: „Anfechtungen durch Hirngespinste" „von der Stufenleiter der Versuchung"

Hier wird das Sosein zur Erfahrung, das uns einen Einblick in das primäre Bewusstsein gibt, welches jenseits des sekundären Ego-Denkens liegt. Denn Bewusstsein gibt es sehr wohl auch über das Denken des Ego hinaus. Sowohl in der Konzentrations- als auch in der Bewusstheitsmeditation geht es um das Sosein, weil dieses uns einen Einblick in das primäre Bewusstsein gibt, das sich jenseits des getrübten sekundären Ego-Denkens abspielt.

Die Meditation kann dem Menschen Erfahrungsbereiche öffnen, von denen er bisher nicht einmal träumte. Sie wird ihm Kontakte offenbaren, von denen er bisher noch gar nichts weiß, und ihn befähigen, seinen eigentlichen Platz innerhalb einer integrierenden Gruppe zu finden. Ein solcher Mensch wird nicht mehr von den Begrenzungen seines persönlichen Lebens eingeengt sein, sondern anfangen, dieses Leben mit dem größeren Ganzen zu verschmelzen. Er wird seine Zeit nicht mehr der Kultivierung seiner kleinen Identität widmen, sondern versuchen, jene übergeordnete Identität zu verstehen, von der er ein Teil ist. Dabei ist jede Bewusstseinserweiterung eine Art „Einweihung" auf der Stufenleiter der transmutierenden Unschärferelationen einer immer höheren Integration. Das erklärt auch alle übersinnlichen transzendenten oder parapsychologischen Phänomene.[225] Am Ende wird auf Erden alles durch einen bewussten Willensakt möglich sein, wobei das Bewusstsein das Steuerelement ist, denn dass zwischen Bewusstseinsreaktionen und energetischen biologischen Feldern Zusammenhänge bestehen, kann heute nicht mehr bestritten werden.[226] Es handelt sich bei jedem parapsychologischen Transferpotential um eine Kommunikation mittels eines „nichtlokalen

---

[225] Meckelburg „Fred Wolff führt parapsychologische Phänomene auf den bewusstseinsgesteuerten Einfluss sogenannter Biogravitationsfelder zurück. Durch mentale Einwirkung vermischen sich in solchen Feldern Elementarteilchen. David Bohm sieht den Zusammenhang zwischen Biogravitationsfeldern und quantenmechanischen Kräften über die Denksubstanz. Gedanken sind weder räumlichen Ausdehnungen noch zeitlichen Abfolgen unterworfen, was bedeutet: Gedanken sind in einer dimensional übergeordneten Realität angesiedelt. Aus der gleichen Dimension werden die parapsychologischen Phänomene bewirkt."

Bewusstseins", wobei sich permanente Bewusstseinsumwandlung ereignet, die auf eine Höherpotenzierung abzielt.

Transformation und der Wiederaufstieg des Bewusstseins als Rückspiegelung der Liebe

Umwandlungsprozesse oder Transformationen sind immer eine Form der „Entmaterialisierung": Ein Element wird in ein höheres Element umgewandelt. Auf Erden kennt man ca. 120 Elemente, die bereits isoliert werden können. Davon sind die letzten die höchsten, die vorerst in ihrer isolierten Form den Menschen noch schaden würden, z.B.: Plutonium. Aber je höher die Schwingungen im Bewusstsein der Menschen selbst werden, desto verfeinerter werden auch ihre Körperschwingungen, und dann haben die Menschen von solchen Elementen nichts mehr zu befürchten. Ganz im Gegenteil werden diese Elemente dann alle Bewusstseinserfahrungen der Menschen erweitern, weil sie offenbarend wirken.[227]

„Transformationen" erfolgen immer über den Ätherkörper, der das Integral und die Wesensäußerung aller Substanzformen ist und jede Form im Leben beseelt. Durch dieses Medium des Energiekörpers ist daher jeder Mensch grundsätzlich mit jeder anderen Ausdrucksform des göttlichen Lebens verbunden. Die Funktion des Ätherkörpers besteht darin, Energieimpulse aufzunehmen und durch diese Impulse oder Kraftströme, die aus verschiedenen Energiequellen entspringen, den Antrieb zur umsetzenden Tätigkeit zu erhalten. Denn der Ätherkörper ist in Wirklichkeit nichts anderes als Energie und besteht aus

---

[226] C. G. Jung prägte dafür den Begriff der Synchronizität. Es handelt sich dabei um simultane psychische und materielle Vorgänge ohne kausale Verbindung.

[227] *„Du selbst brauchst keine Befürchtungen zu haben vor Uran oder vor Atomenergie, weil sie dir nichts mehr anhaben können. Du nimmst sogar schon solche Elemente in dich auf, die dir zu deinen erweiterten Sinneswahrnehmungen verhelfen. Das gilt auch für Röntgenstrahlen".* (Anonymos)

Myriaden von Kraftfäden oder winzigen Energieströmen, die mit dem emotionellen und mentalen Körper sowie mit der Seele durch deren koordinierende Wirkung in Verbindung gehalten werden. Alles erfolgt über diese Energieeinstrahlungen, wobei sich das Geheimnis in dem Wort **„Umformung"** verbirgt, denn im Kosmos sind der zweite, vierte und sechste Strahl die großen Umformer. Umformung bedeutet für den Menschen zugleich auch die Öffnung des „Geheimnisses der Unschärferelation" zwischen den Bewusstseinsdimensionen.

Diese Weiterentwicklung besteht in einer allmählichen „Entschlüsselung" des immanenten „Geheimnis des Vorrückens", insofern als ein Mensch beginnt, dieses Geheimnis als einen systematischen Prozess einer bewusstseinsmäßigen Höherpotenzierung zu verstehen. Denn dieser Prozess lenkt jede Evolution und ist die „Methode" schlechthin, wodurch die „Materie" über den Aspekt der „Unschärferelation" mit dem „Himmel in Berührung" kommt. Denn es geht dabei um eine neue Art der Energieumsetzung in Gedanken- und Vorstellungsbilder, die nicht mehr materiell erscheinen und doch genauso wirklich sind, wie dem Menschen die reale Bilderwelt erscheint. Diese Vorstellungswelt ermöglicht dann auch eine gedankenschnelle Fortbewegung, die ebenfalls bereits im Menschen voll angelegt ist und nur noch der Abrufung in den anderen Frequenzbereich bedarf. Das wird die Aufgabe und das Ziel der neuen Population sein. Diese zukünftigen Umwandlungen zeitigen ferner:

1. Eine Reizsteigerung aller Frequenzen in den zwei Körpern Physis und Ätherleib im Sinne einer Öffnung und Empfangsbereitschaft für höhere Energieeingaben.

2. Parallel zu dieser Reizsteigerung erfolgt eine Neutralisierung aller jener Schwingungen, die den Menschen „an die Erde fesseln", und zwar im Sinne einer Reduzierung aller auf Lust und Genuss bezogenen Frequenzeinstellungen.

3. Ferner eine Zunahme der magnetischen Anziehungskraft aller höheren Energien. Diese ziehen Frequenzen mit hoher Vibration an, die dann an die Stelle niederer Schwingungen treten. Energien mit hoher Vibration werden durch die geballte Anziehungskraft der schon vorhandenen Kräfte in die beiden Körper eines Menschen hineingezogen, weil dieser Wille der Seele auf jene hochgradigen Energien einwirkt, die bereits in Funktion sind und reagieren. Der Schlüssel zu diesem „Übergang" oder jener geheimnisvollen „Umpolung" der Frequenzen ist in der Tatsache zu finden, dass ein solcher Akt niemals einen „Körper" allein betrifft und in einem anderen Bewusstseinszustand stattfindet, sondern nur in einer Gleichschaltung und Koordinierung beider „Körper" zustande kommt; nämlich zwischen dem physischen Körper und dem Ätherleib.

Dieser Vorgang der „Rückführung" ist für alle materiegewordenen „Ideen" ein sehr schmerzlicher, weil allen Gestalten im „Sterben" ihrer Materieverhaftungen quasi das „Leben" als Licht wieder entnommen wird. Besonders für das „Licht" in der weitesten „Entfernung" vom Zentrum der Lichtausgießung auf der Erde[228] ist es oft besonders schwer, diese Verhärtungen wieder zur Transparenz hin aufzulösen. *„Alle Materie war einst ein Reingeistiges, das freiwillig aus der Ordnung trat und zu einem Gerichteten, aus sich selbst verhärteten Geistigen wurde. Diese Materiewelt ist zu zwei Dritteln Seele und zu einem Drittel seelenlose Hülse. Dieser auf der Erde so gefestigte Wille Gottes als Naturgesetz ist eine Erlösungsanstalt für die darin eingeschlossenen Seelenanteile. Darum muss die Seelensubstanz viele Lebensstufen durchlaufen und sich stets aufs Neue wieder mit einem materiellen Leib bekleiden, bis sie wieder reingeistig ist"*[229]. Das ist der Grund, warum das „Licht" nur sehr schwer zurückfindet und dies oft nur mit Hilfe von Engeln möglich ist. Engel sind Lichtenergien aus dem Zentrum, um das so tief in die Materie versunkene Licht, das sich nicht mehr selbst befreien kann,

---

[228] Das ist jedoch nicht räumlich vorzustellen; denn es handelt sich dabei lediglich um Zustände härtester Materialisierung und Trennung von der Liebe.
[229] Jakob Lorber

wieder zu Gott zurückzubringen. Denn Gott selbst geht ja mit den Seelen den Weg und nimmt an dieser so harten Materialisierung teil. Es ist die Rückspiegelung des Allgeistes als Aufstieg der Allseele wieder ins Zentrum.

Dieser Aufstieg erfolgt als Aufstieg der Seele über das Bewusstsein der Menschen, denn der Wendepunkt der universellen Bewegung liegt im Kosmos und ist die „Halbzeit" der gesamten Evolution[230]. Der Mensch ist die Durchdringung von Geist und Materie, denn im Schnittpunkt „Mensch" treffen beide Entwicklungsstränge zusammen. Nur über sein Bewusstsein erfolgt die dafür notwendige „Entmaterialisierung" oder Transparenz, die eine Umkehr der Richtung hin zum Wiederaufstieg zur Folge hat. Im Aufstieg aus dem materiellen Kosmos kehrt das „Licht" als Seele wieder zu Gott zurück. Die kosmische Durchdringung von „Licht und Finsternis" erfolgt in einer Art gegenläufiger Bewegung von Geist und Materie, wodurch der Mensch genau im Schnittpunkt dieser Bewegung steht, um über seine Seele die Materie durch den Geist wieder transparent werden zu lassen und um über sein Bewusstsein wieder den Aufstieg zu beginnen, den Ken Wilber in seiner Schrift „Halbzeit der Evolution" so treffend untertitelt *„Der Mensch auf dem Weg vom animalischen zum kosmischen Bewusstsein"*.

Von nun an erfolgt der Wiederaufstieg des Geistes aus der Materie. Geistmorphologie kehrt zurück zur eigenen Quelle, und die Materiemorphologie löst sich auf, um als pure Energie von der Quelle für die Schaffung neuer Universen wieder eingesaugt zu werden. An der Schnittstelle „Mensch" erfolgte eine Verschmelzung von „Natur und Bewusstsein", die mit der Inkarnation des Menschen in die bisher „bewusstlosen Naturgeschöpfe" auf Erden über eine Initialzündung eine Bewusstseinsmutation auslöste und in der weiteren menschlichen Bewusstseinsentwicklung in einer Art Spiegelbildlichkeit eine Umkehr der universellen Bewegung initiierte. Dabei traf der tiefste Bewusstseinslevel der letzten im Abstieg befindlichen immateriellen

[230] K. Wilber a.a.O.

Dimension aus der spirituellen Hierarchie auf das höchste Angebot eines naturgegebenen Trägers, des Hominiden. Denn nur über den Menschen als geistbegabtes Wesen kann die Rückführung des Geistes erfolgen. Dieser Wiederaufstieg der Seele erfolgt spiegelbildlich zum Abstieg: So wie in diesem die Erkenntnis jeweils auf die stufenweise absteigende Liebe folgte, so steht beim Aufstieg die Erkenntnis am Anfang, und erst deren Umsetzung in Liebe erbringt dann die Erlösung. *„Ich bin der Weg, die Wahrheit und das Leben".* Das bedeutet, dass der Aufstieg erst über das Bewusstsein der Menschen in freiwilliger Umsetzung und Ausgestaltung der Liebe erfolgt. Sinn und Aufgabe des Wiederaufstiegs ist es, in einer freiwilligen „Läuterung" aller seelischen Verdichtungen den Energiefluss der Liebe wieder zu ermöglichen. War der Abstieg so gesehen eine Art Verfestigung des Geistes, so kann diese „Erkrankung" im Aufstieg der Seelen durch die Umkehr nur über die Liebe „geheilt" und wieder gelöst werden[231]. Darum wird auch Jesus Christus als HEILAND bezeichnet.

In diesem Bewusstseinsaufstieg werden sich am Ende Lichtkörper und physischer Körper wieder vereinen, um einen Weg des Lichtes zu schaffen, der dem materiellen Kosmos gestattet, sich zu seinem vollen Potential zu entwickeln, und zugleich dem spirituellen Universum erlaubt, auch im physischem Bereich zu leben und sich zu dem zu entwickeln, was es im vollsten Sinne sein kann. Im jetzigen Bewusstsein empfindet der Mensch Körper und Seele noch zu sehr als getrennte Teile, während beide in anderen Dimensionen immer vereint sind. Dieses Getrenntheitsgefühl ist das Einzigartige an der kosmischen Dimension und dient als Aufgabe und Opfer, die Vereinigung aus Liebe wieder zu erbringen. Die Entwicklung selbst geht dabei immer weiter, wobei allerdings die Bilder nur von geringer Bedeutung sind und nur der „Reibung" dienen, um im Leben darüber die Liebe

---

[231] Ken Wilber: Was die Rückkehr zu Gott „verhindert", ist nicht Gottes Schöpfung als solche, sondern das Nichtwissen der Menschen darum, dass es nur Gott gibt. Die Schöpfung prädisponiert alle Ebenen, die Quelle zu vergessen. Rückkehr zur Quelle bedeutet also nicht zwangsläufig die Zerstörung der unteren Ebenen – man muss sie nur transzendieren, d.h. aufhören, sich ausschließlich mit ihnen zu identifizieren.

erbringen zu können. Wenn auch der Mensch als Bild selbst verdirbt, seine Seele wird nie verderben. Sie wird immer wieder das Ziel suchen, und das ist die LIEBE! Die Liebe ist die Vision. Nur ist sie auf Erden den hässlichen Bildern innewohnend ausgeliefert, was sich jedoch in Zukunft ändern wird. Das bedeutet jedoch nicht, dass darin auch zugleich die Liebe stärker sichtbar wird. Es werden dann zwar die Bilder nicht mehr so hässlich erscheinen, aber für die neuen Populationen auf Erden besteht dann die Gefahr, in Schönheit und der Kälte der Köpfe, also in ihrem eiskalten Intellekt zu erstarren. Die Aufgabe wird dann darin bestehen, die Welt mit der Wärme lebendiger Empfindungen und einer liebevollen brüderlichen Hingabe neu zu beleben. Allein das wird alle Beziehungen der Menschen untereinander in eine höhere Bewusstseinsebene bringen.

In der Gegenwart ist wieder eine große Veränderung des Bewusstseins angesagt, die durch verstärkte Einstrahlungen aus höheren Ebenen als eine Art Gesamtangebot für die gesamte Menschheit eingeleitet wird. Danach erst ist eine differenziertere Energieeingabe an jeden einzelnen Menschen nach seiner Maßgabe möglich. Diese Umwandlung erfolgt unter der Leitung der zweiten Triade der spirituellen Hierarchie, wodurch die Energieeinstrahlungen im Kosmos eine neue Intention und Ausrichtung erhalten. Einerseits entwickelt sich durch diese Energien das Bewusstsein, andererseits erfahren die Energien über das sich wandelnde Bewusstsein immer wieder eine neue Bedeutung. Die Menschheit steht jetzt in einem solchen Bewusstseinsschub, durch den sie wieder mit der Urenergie näher in Berührung kommt und wechselseitige Beziehungen ausgelöst und intensiviert werden. Es ist ein permanenter Vorgang einer „Entmaterialisierung", ein „virtuelles" symbolisches Geschehen, das sich im Bewusstsein abspielen wird.

Verwandlung

Das menschliche Bewusstsein hat in seiner zwölftausend Jahre langen Entwicklung viele Wandlungen durchgemacht, und das bedeutet einen immer wieder neuen Umgang mit den Energieeinstrahlungen.[232] Diese neuen Kräfte und Fähigkeiten werden nach ihrer Erweckung als Erweiterungen unserer derzeitigen Sinne in Erscheinung treten und dem Menschen ein Tor in jene Welt öffnen, die hinter dem Schleier liegt, den Unwissenheit und materielle Bande gespannt haben. Der gegenwärtige Bewusstseinswandel bedeutet das Ende des „adamitischen Äons" und den Beginn der bewussten „Wiederspiegelung" der geistigen Hierarchie als Rückweg ins geistige Zentrum. In der Gegenwart beginnt mit dem neuen, supramentalen Bewusstsein im Menschen ein neues Streben hin zu Gott, denn im Menschen ist jene „göttliche Ebenbildlichkeit" erst im Entstehen, um sie am Ende dieses Äons als „Kosmischen Christus" hervorzubringen.[233] Der Mensch ist das einzige Geschöpf, das die „göttliche Trinität", das Christusprinzip durch das Medium aller Manifestationen auszugestalten sucht, denn in diesem ungeheuren Evolutionsprozess trägt er bei seiner Inkarnation alles bereits latent in sich. Diese Verwandlung, die schon Paulus mit den Worten erwähnt: *„Wir werden alle verwandelt werden"* (1 Kor 15, 52), wird von drei Faktoren bestimmt:

1. Die Energieeinstrahlungen aus der spirituellen Hierarchie werden intensiviert.
2. Die Menschheit tritt in das „Wassermann-Zeitalter" ein.
3. „Christi Wiederkunft" steht bevor.

Diese drei Faktoren sind der Grund für das gegenwärtig so revolutionäre und chaotische Weltgeschehen. Sie sind die Ursache dafür, dass gegenwärtig die Menschen überall nach geistigen Wahrheiten

---

[232] Die Energien des dritten und fünften Strahls werden für die Erweiterung des menschlichen Bewusstseins genutzt, um die verborgenen Wunder des Universums ans Licht und die latenten Kräfte im Menschen schneller zur Entfaltung zu bringen.

[233] Teilhard de Chardin

suchen, die gegenseitiges Verstehen ermöglichen, worüber das Streben nach Gemeinsamkeit, Zusammenarbeit und religiöser Einheit ständig zunimmt. Das Ergebnis ist eine weltweite „Globalisierung" aller menschlichen Beziehungen. Energiearten, die bisher schlummerten, wachsen nun zu mächtigen Kraftströmen an. Dabei macht sich die Weltreaktion in den Anfangsstadien zunächst auf materielle Art bemerkbar; in den Endstadien werden dagegen immer mehr die spirituellen Bezüge zum Vorschein kommen und das gesamte Zeitgeschehen spirituell positiv verändern. Unter diesem Einfluss „kosmischer Energien" wird auch das Interesse der astrophysikalischen Wissenschaft wachsen und der Forschung Impulse geben, die bisherigen engen Grenzen einer nur kosmisch immanenten Schulphysik endlich zu überschreiten.

Immer wenn eine Epoche an einem Bewusstseinswendepunkt steht, zerbröckelt die alte Ordnung, um einer neuen Platz zu machen. Das sind meist Perioden der Verwirrung, Desorientierung und krankhafter Verirrungen.[234] Der Grund dafür ist der, dass die neuen Energieimpulse und Kräfte, die auf die alten treffen, sich aber nicht mischen, auf die Menschheit eine solche geistige Stoßwirkung ausüben, dass große Turbulenzen ausgelöst werden, die das Verlangen erwecken, den alten Zwängen zu entkommen und neue Wege auszuprobieren. Diese neuen Energien bringen auf der einen Seite einen ganz klaren Fortschritt und führen in neue und noch nicht erprobte spirituelle Gebiete; auf der anderen Seite verleiten sie dazu, an den bisherigen überholten materiellen und physischen Bedingungen zu verhaften und unsinnig herumzuexperimentieren, was für die Weiterentwicklung der Menschheit immer zu fatalen Fehlentscheidungen und in eine Sackgasse führt (alternative Energien, Windräder etc.).

In diesem Zusammenhang vermerkt Ken Wilber in „Halbzeit der Evolution" dazu: „Während der Umwandlung von einer Periode zur anderen verändert die Menschheit ihre innerliche und äußerliche Welt

---

[234] vgl. das Ende Roms; Beginn des Christentums und des Mittelalters

gemäß den größeren erkenntnismäßigen Strukturen der erreichten Ebenen." Für Wilber besteht dabei ein gravierender Unterschied zwischen rein äußeren Veränderungen, die er als Translationen bezeichnet, und inneren Umwandlungen, die für ihn Transformationen sind. Translationen (Veränderungen) beziehen sich dabei auf den horizontal-zeitlichen Prozess des Lebens, während Transformationen eine Art „vertikaler Verlagerung" oder „Mutationen" von Bewusstseinsstrukturen sind. Genauso könnte man sagen, Veränderungen betreffen alle Oberflächenstrukturen, Transformationen eine Wandlung von Tiefenstrukturen. Beim Bewusstseinswandel hin zum Supramental handelt es sich in der Tat um eine Transformation von gedanklichen Strukturmustern über dem spirituellen Hintergrund oder besser Seinsgrund, der einerseits abgerufen wird, um an anderer Stelle wieder aufgebaut zu werden. Ganz ähnlich vermag ein Mensch aus den Einstrahlungen, die aus höheren Ebenen als eine Art Gesamtangebot der ganzen Menschheit zur Verfügung gestellt werden, die Impulse aufzunehmen, die er zu fassen und umzusetzen vermag. Für diese Übertragungen sind beim Menschen die Chakren seines Ätherleibes als Module zuständig, weil sie die empfangenen Urenergien dem Menschen anverwandeln.

Die 7 Chakren

Die Aufnahme und Umsetzung der „Energie-Strahlen" erfolgt beim Menschen allein über die Chakren des Ätherleibes, die dem Menschen seine Lebensenergie zuführen, ohne die kein Mensch leben könnte, denn die Chakren sind Lebensenergiezentren. Entscheidend dabei ist, welche der Chakren bei einem Menschen aktiviert sind und welche erst noch aktiviert werden müssen.[235] Das Gehirn selbst erzeugt keine Bewusstseinsvorgänge, sondern diese werden nur vom

---

[235] Kundalini-Yoga - Lehre von den Chakren; Lit.: Avalohn „Die Schlangenkraft" – Ätherleib ist Seelenkörper und Bewusstsein – die 7.Chakren sind die Mittler der Seele und zugleich Träger der Energie. Die Meridiane (Akupunktur) entsprechen im Körper dem Nervensystem.

Gehirn empfangen und über Nerven weitergeleitet, um dann von einem Ich als „eigene Gedanken" identifiziert zu werden. Empfänger der Energien ist allein der Ätherleib, Träger der physische Körper, und daher verursacht dieser Prozess, der sich in verschiedenen Bewusstseinsbereichen abspielt, auch psychische Umwandlungen und entsprechende Änderungen in der physischen Körperstruktur (Krankheiten, Entwicklungsschübe). Dabei ist der Wandel im Bewusstsein der prädisponierende Faktor für eine wachsende Erkenntnis, wodurch ein inneres Verlangen nach einem besseren geistigen Rüstzeug entsteht. Diese permanente „Verbesserung", die infolge des immanenten Verlangens entsteht, ist seit jeher das Geheimnis des evolutionären Impulses in der Menschheit. Wahrscheinlich erweckt dieses innere Verlangen die Zentren (CHAKREN), und diese erwachenden Zentren wiederum beeinflussen ihrerseits die Funktionen des endokrinen Systems und das Nervensystem sowie den Blutstrom.

Die Chakren sind Übertragungsmodule für die unterschiedlichen Energien, die über den Ätherleib in den physischen Körper fließen und quasi als Relais für die Aufnahme und Verteilung von Energien im menschlichen Körper dienen. Diese Energien spornen mittels der Kraftzentren im ätherischen Körper den physischen Körper des Menschen zur Tätigkeit an. Der Ätherkörper besteht aus ineinander greifenden und umlaufenden Kraftlinien, einem eng verwobenen System von Kraftströmen, mit denen die sieben Chakren eng verbunden sind. Jedes dieser Kraftzentren hat zu einer bestimmten Frequenzart von einströmenden Energien eine Beziehung. Wenn eine Energie, die den Ätherkörper erreicht, keine Beziehung zu einem Zentrum hat, dann bleibt dieses Zentrum in Ruhe und unerweckt. Wenn aber eine Energie verwandter Art ein Zentrum für ihre Einwirkung empfänglich macht, dann kommt dieses Zentrum in Schwingungen und wird aufnahmefähig. Das kann sich z.B. dann zu einem beherrschenden Faktor im Leben eines Menschen auf der physischen Ebene entwickeln. Alle Energieformen, die dem kosmischen Sonnensystem[236] innerhalb ihres

[236] Astrologie

spezifischen Wirkungsbereiches zugrunde liegen, werden durch die vorherrschende solare oder planetarische Energie mitbestimmt und gelenkt. So werden unaufhörlich und ohne zeitliche Unterbrechung alle Gestalten und Formen durchpulst, verändert und mit Kraft erfüllt. Daher ist die äußere Form, das körperliche „Instrument", stets ein sichtbares Anzeichen für die Entwicklungsstufe und Energieeinstrahlung, die ein Mensch äußerlich und in seiner inneren und spirituellen Welt erreicht hat. Alles das ist bereits im Menschen latent im Keim angelegt und bedarf nur noch der Aktualisierung durch entsprechende verwandte Frequenzen.

Die sieben Strahlen und die Hauptzentren und ihre organischen Entsprechungen zu den Drüsen

Die sieben Urstrahlen stellen quasi in ihrer Summe „Gottes Bewusstsein", das universale Denkvermögen dar; man könnte sie als sieben denkbegabte Wesenheiten ansehen, die den Weltplan Gottes zur Ausführung bringen. Sie verkörpern göttliche Absicht, bringen die erforderlichen Eigenschaften zur Verwirklichung dieser Absicht zum Ausdruck, erschaffen die Formen und sind selbst die Ausdrucksformen, durch die Gottes Weltidee zur Vollendung heranreift. In symbolischer Sprache könnte man sie als das „Gehirn des himmlischen Menschen bezeichnen"[237]. Im menschlichen Körper entsprechen die Energien den sieben Kraftzentren (Chakren) und diese wiederum den sieben Hauptdrüsen (des endokrinen Systems), welche die Qualität des physischen Körpers bestimmen, weil der Mensch selbst (als Ebenbild Gottes) ein siebenfaches Wesen ist. Der Mensch als Funktionseinheit ist von den Naturwissenschaften weitgehend hinsichtlich der Wechselwirkungen zwischen Nervensystem und endokrinem Drüsensystem erforscht. Weniger bekannt sind jedoch die Wirkungen der sieben Strahlen, die als Entfaltung der Urenergie den Chakren die Impulse geben.

[237] Bailey

Sieben Drüsen, die mit den Chakren korrespondieren:

Chakren	Drüsen
Kopfzentrum	Zirbeldrüse
Zentrum zwischen den Augenbrauen	Hypophyse
Kehlzentrum	Schilddrüse
Herzzentrum	Thymusdrüse
Solarplexus	Pankreas (Bauchspeicheldrüse)
Sakralzentrum	Keimdrüsen
Zentrum an der Basis der Wirbelsäule	Nebennieren

Zuständigkeiten und Funktionen der einzelnen Drüsen:

Zirbeldrüse (Kopf): Berührung von Geist und Körper
Hypophyse (Stirn, Nasenwurzel): Schlaf und Mental, Hintere Hypophyse: soziale und schöpferische Instinkte – mütterliche Gefühle; Vordere Hypophyse: Bedeutung unbekannt (Intellekt, Denken, Ideen)
Schilddrüse (Hals): Sekretion: Thyroxin (Geschlechtsdrüse, Eierstock), Grundlage für das endokrine System, Kontrolle des Energiestoffwechsels, Katalysator von Energie; ohne diese Drüse ist abstraktes Denken nicht möglich, zuständig wie die Hypophyse für das Gedächtnis.
Thymusdrüse (Brust): Sekretion unbekannt.
Pankreas (Sonnengeflecht, Bauch): Insulin, Mobilisierung von Energie; Nervenerkrankungen haben mit dem Sonnengeflecht zu tun; „Gehirn des sympathischen Systems"
Nebennieren (Sekrete: Adrenalin, Cortison): Wachstum, Reife, Kampf, Ärger, Furcht und Mut;
Geschlechtsdrüsen.

Chakren und Drüsen werden durch die sieben Strahlen angeregt und mit Urlebensenergie versorgt. Dabei findet ein jeder Strahl seinen Zugang hauptsächlich durch eines der Zentren, die sich in den ätherischen Körpern von Tieren und Menschen befinden. Man muss allerdings dabei wissen, dass im Tierkörper lediglich vier Zentren aktiv sind, drei weitere zwar vorhanden, aber noch latent und außer Gebrauch sind. Auch darin kann man einen Hinweis auf die teleologische Bestimmung der gesamten Schöpfung erkennen. Jeder Strahl belebt auf spezifische Weise über eines dieser Zentren jedes einzelne Geschöpf und bringt so seine individuelle Ausprägung in Gestalt und Wesen hervor. Das trifft für alle Formen in allen Naturreichen zu.

Zwischen den Strahlen und den Chakren bestehen folgende Beziehungen:

Kopfzentrum: Strahl des Willens oder der Macht, Erster Strahl.
Stirnzentrum: Strahl des konkreten Wissens, Fünfter Strahl.
Kehlzentrum: Strahl der aktiven Intelligenz, Dritter Strahl.
Herzzentrum: Strahl der Liebe-Weisheit, Zweiter Strahl.
Sonnengeflecht: Strahl der Devotion, Sechster Strahl.
Sakrales Zentrum: Strahl der Magie, Siebter Strahl.
Zentrum am Ende der Wirbelsäule: Strahl der Harmonie, Vierter Strahl.

Die Entwicklung und Erweckung der Chakren

Die Zweiteilung der Chakren im Menschen:

I. Unterhalb des Zwerchfelles:
a. Das Zentrum am unteren Ende der Wirbelsäule.
b. Das sakrale Zentrum.
c. Das Sonnengeflecht.

II. Oberhalb des Zwerchfelles:

a. Das Herzzentrum.

b. Das Kehlzentrum.

c. Das Zentrum zwischen den Augenbrauen.

d. Das Kopfzentrum.

Beim durchschnittlichen und bewusstseinsmäßig eher unentwickelten Menschen konzentrieren sich die einströmenden Energien und Kräfte vorwiegend entweder im Solarplexus oder im Sakralzentrum, weil sich dessen Leben überwiegend unterhalb des Zwerchfells abspielt.

Bei Menschen, die sich bereits im Übergangsstadium zu einem höheren Bewusstsein befinden, konzentrieren sich zwar deren Energien und Kräfte auch noch hauptsächlich in den unteren Chakren, vor allem im Solarplexus, erfahren aber häufig auch schon Vibrationen im Kehlzentrum, die bereits eine schwache Reaktion im Herz- und Stirnzentrum hervorrufen.

Bei Menschen auf den Endstufen des inneren Bewusstseinspfades verlagert sich das Schwergewicht rasch von den unteren Zentren in die höhere „Triade" des Kopfzentrums, und der Mensch beginnt zu erwachen. Diese Menschen bilden zwei Hauptgruppen:

1. Diejenigen, die das Sonnengeflecht (Solar-Plexus) als eine umfassende Sammel- und Transferstelle für die einströmenden Energien verwenden und durch das Kehl- und Herzzentrum zu wirken beginnen.

2. Diejenigen, die alle diese Zentren benutzen, bei denen aber das Herzzentrum schon voll erweckt ist.

Es geht im Leben immer um eine Harmonisierung dieser Energien. Sind z.B. bei einem Menschen die oberen Chakren stärker ausgebildet, fehlt zuweilen die Kraft der unteren, und umgekehrt. Alle sind von Gott gegebene Kräfte, werden aber von den Menschen unterschiedlich aktualisiert. Zuweilen werden die unteren Chakren durch eine zu starke Kontrolle des Verstandes abgewürgt und blockiert, was häufig im christlichen Abendland der Fall war. Ursache war und ist eine übertriebene asketische Einstellung gegenüber dem Vitalbereich. Dieser wurde häufig verabscheut, weil man sich vor dem animalischen Teil im Menschen fürchtete. Doch auch dieser gehört im Leben dazu und ist aus Liebe geschaffen worden. Man soll darum darin nicht nur eine animalische Triebkraft sehen, die besser verdeckt oder ignoriert werden sollte, sondern auch den stärksten Impuls zur Hingabe an andere Menschen, vor allem auch die Aktivierung jeglicher schöpferischer Tätigkeit. Heute scheint sich eine heftige Gegenbewegung zur Jahrhunderte langen christlichen Askese und moralischen Verklemmung zu entfalten, indem man den Energien des Vitalbereiches völlig unkontrolliert und hemmungslos freien Lauf lässt und damit eine Harmonisierung ebenfalls verfehlt. Durch dieses Ungleichgewicht verkümmert im Gegenzug jegliche Belebung der oberen Chakren, wodurch ein geradezu höllisches Gefühlschaos entsteht.

Das Ziel ist, alle Chakren zu entwickeln und im Gleichgewicht zu halten und die Energien unterhalb des Zwerchfelles „hinaufzuheben", um sie mit denen oberhalb des Zwerchfelles zu vereinen. Dafür bieten Meditationsmethoden viele praktische Hinweise an. Es handelt sich dabei um das Höherleiten der sakralen Energie[238] (unterstes Chakra / Sexualität) zum Kehlzentrum (Kehlkopf, das Organ des „Wortes"), also die Umwandlung physischer Fortpflanzungsenergien in spirituelle schöpferische Kraft, wie sie z.B. ein Künstler zum Ausdruck bringt. Auf Grund der gegenwärtigen Höherleitung kosmischer Energieimpulse rückt die Menschheit jetzt verstärkt in das Stadium solcher schöpferischen Fähigkeiten vor. Dieser Prozess wird im kommenden „Wassermannzeitalter" noch sehr wesentlich gefördert werden. Gegenwärtig lenken jedoch die meisten Menschen ihre Energien unterhalb des Zwerchfelles in die Außenwelt und entwürdigen sie für rein materielle Zwecke. In den kommenden Jahrhunderten wird dies anders werden; die Menschen werden ihre Energien umwandeln und verfeinern, und anfangen, oberhalb des Zwerchfelles zu leben. Sie werden dann ihre

[238] Kundalini-Yoga

spirituellen Energien und Wirkungskräfte viel mehr zum Ausdruck bringen. Über dieses spirituelle Geschehen vollzieht sich dann auch jener Endakt einer mystischen Vereinigung von Gott und Mensch und von Seele und Ich.

Diese Art einer Verschmelzung von Energien der Chakren ist ein „virtuelles" symbolisches Geschehen, das sich im Kopf – im Bewusstsein – abspielt, denn der Mensch stellt zwischen seiner inneren und äußeren Natur eine Synthese dar, deren Spannung jene „Unschärferelation" ist, die das Leben ausmacht. Es ist eine Verschmelzung von Leben und Energie, von körperlichen Absichten und geistigen Impulsen. Alle Impulse dafür kommen dabei im Menschen aus seiner Seele oder von seinem „inneren Engel", werden jedoch von seinem Ego ständig überformt und mitbestimmt. „An ihren Motiven werdet ihr sie erkennen". Das ist die Entfaltung eines spirituellen Rhythmus im Menschen und dessen leibliches Ansprechen auf Energievibrationen, das der Mensch in Harmonie bringen und dazu führen soll, dass der Einzelne im übergeordneten Ganzen aufgeht und jenes „Verstehen" entwickelt, das ihn befähigt, alle Hindernisse in seinem bisherigen Bewusstseinsbereich wegzuräumen. Wenn eine vollkommene Vereinigung der höheren mit den niederen Energien stattfindet, dann findet ein bestimmter Wahrheitsaspekt seinen entsprechenden äußeren Ausdruck. Aus diesen Energieeinstrahlungen wird das Leben gespeist und zugleich das Bewusstsein beeinflusst.

Am Ende des nächsten Äons wird sich diese mystische Vereinigung von Seele und Mensch vollzogen haben. Philosophen des Ostens sprechen von zwei großen Energiezentren im menschlichen Kopf. Das eine, das „Ajnazentrum" zwischen den Augenbrauen bündelt fünf Energiearten und vereinigt sich mit ihnen; es sind dies die Energien der drei Zentren unterhalb des Zwerchfelles, und die des Kehl- und Herzzentrums. Das andere Zentrum im Kopf wird durch Meditation, Dienen und geistiges Streben erweckt, und durch dieses Zentrum kommt die Seele mit der Persönlichkeit in Kontakt. Dieses Kopfzentrum ist das Symbol des geistigen oder positiven, männlichen Prinzips, wogegen das Ajnazentrum das Symbol der Materie oder des negativen, weiblichen Prinzips ist. Mit diesen beiden Kraftwirbeln stehen zwei Gehirndrüsen in Zusammenhang, die Hypophyse und Epiphyse. Die Hypophyse (Hirnanhang) ist das negative, die Epiphyse (Zirbeldrüse) das positive Organ. Diese beiden Organe entsprechen in einem höheren Sinne den männlichen und weiblichen Zeugungsorganen. Je stärker die spirituellen Energien der Seele werden, umso mehr strömen diese mit immer größerer Macht in das Kopfzentrum. Je mehr sich der Mensch selbst erkennt und läutert und in den Dienst des geistigen Willens stellt, um so mehr werden die Energien der Körperzentren automatisch in das Ajnazentrum emporgehoben. Mit der Zeit nimmt die Einflussstärke der beiden Zentren zu, die Wirkungsbereiche werden immer größer, bis sie sich mit ihren magnetischen Schwingungsfeldern berühren: Vater-Geist und Mutter-Materie vereinigen sich und werden eins, und so wird der „Kosmische Christus"[239] geboren. „Wer nicht wiedergeboren wird, kann das Reich Gottes nicht schauen", sagte Christus. Das ist die „zweite Geburt", und von da an nimmt die Kraft der Vision dauernd zu. Es ist das esoterische Ziel, das der Menschheit gesetzt ist und das wundersame Ereignis, das Jesus-Christus in seinem eigenen Körper der Menschheit sichtbar machte.

DER NEUE MENSCH

Bei den meisten Menschen sind gegenwärtig von den sieben Chakren fast nur die unteren Chakren aktiv, was zur Folge hat, dass der mehr animalische Bereich in der gesamten Menschheit noch immer sehr ausgeprägt ist und im Leben eine dominante Bedeutung hat.

[239] Teilhard de Chardin

Diese Gewichtung wird sich allerdings in der Zukunft verändern, weil die Menschen ihre noch immer stärker vitalitätsorientierte Verhaftetheit zu Gunsten einer mehr spirituellen Ausrichtung verlieren werden. Natürlich bleiben auch dann immer noch die unteren Chakren als Basis beim Wechselspiel zwischen Vitalität und Bewusstsein aktiv. Letztlich jedoch bestimmt immer das Bewusstsein die Art des Zusammenspiels der Chakren. Es gibt dazu verschiedene Theorien:

„Wie die Drüsen und das Nervensystem sind, so ist ein Mensch". Diese Auffassung ist eine typisch westliche, denn sie berücksichtigt nur die Sekretionen der Drüsen. In der östlichen Auffassung dagegen sieht man es so: „Wie die Chakren sich drehen, so ist ein Mensch". Gemeinsam ist allerdings beiden Auffassungen, dass sowohl Drüsen, wie auch Chakren durch die Seele kontrolliert und bestimmt werden.

Im Menschenreich rufen die sieben Strahlen immer bewusste Wahrnehmungen hervor, die auf das Endziel hin gesehen eine harmonische und alles umfassende Synthese erreichen müssen, die Teilhard de Chardin als den *„Kosmischen Christus"* anspricht. Alle menschlichen Monaden sind Teil eines universalen Manifestationskörpers, dessen Eigenschaften sie nach ihren Anlagen zum Ausdruck bringen. Diese Eigenschaften treten in Anpassung an den jeweils erreichten Grad der Weltentwicklung in die Außenwelt. *„Denn die gesamte Schöpfung hofft auf das Offenbarwerden der Söhne Gottes"* (Röm 8, 19). Doch das ist noch nicht erreicht, sondern eine Möglichkeit, denn das Ziel der Entwicklung besteht darin, das Mögliche zur Wirklichkeit zu machen und das Schlummernde wachzurufen: die verborgene Qualität aus dem embryonalen Ruhezustand hervorzuholen. Das heißt, den Kosmischen Christus auszugestalten, denn *„Wie ER ist, so sind auch wir in dieser Welt"*.

Ideen und Gedanken (Geist) stehen in diesem Wechselspiel zwar immer an erster Stelle, müssen aber empfangen werden, und erst danach erfolgt die Umsetzung in Manifestationen, denn jeder Gedanke drängt beständig nach Realisierung in der Welt. Die Urideen sind die gedanklichen Grundvoraussetzungen in der Schöpfung, die Liebe ist deren Umsetzung. Die totale gedankliche „Aufschlüsselung" der Ideen erfolgt in der dritten Triade der spirituellen Hierarchie und findet im Kosmos in Myriaden von Gestalten ihre sichtbare Manifestation. Alle daran beteiligten Energien erfahren dabei ständig Einfärbungen[240] oder Eintrübungen der sieben Urgeister, wobei sich die Skala der Frequenzen verändert – zuweilen bis zum Gegenteil einer ursprünglichen Energieintention.[241] Denn nach dem Empfang erfolgt als eigener Beitrag des Empfängers die jeweilige Ausgestaltung, die eine Idee bis in ihr Gegenteil überformen kann, weil bereits in der dritten Triade sich in den Wesen ein Eigenwille bemerkbar macht.

In dieser groß angelegten Entwicklung muss man bestrebt sein, in umfassenderen Begriffen zu denken, und nicht vom Standpunkt des einzelnen Menschen aus. Wir müssen auch die Menschheit als ein geschlossenes Ganzes, als eine große Existenz ansehen, die in einer Bewusstseinsform lebt. In dieser vereinheitlichten großen Lebensform ist jeder Einzelmensch nur eine Zelle, und die Zyklen stellen im Entwicklungsfluss Perioden dar, deren Bewusstseinsschwerpunkte sich in den jeweils nächsthöheren verlagern, während die bisherigen mehr und mehr abklingen und ihre Schwingungen einstellen, bis am Ende des Zeitalters alle im höchsten Bewusstsein integriert sind.

Man kann dies am besten verstehen, wenn man sich klar macht, dass jedes menschliche Wesen seinerseits eine Ansammlung von Atomen und Zellen ist, die in eine Form gegossen sind und dass in dieser Form Organe und Zentren für differenzierte Lebenskräfte eingebaut

---

[240] Der Durchschnittsmensch schneidert sich die Wahrheit zurecht und kann so die scheinbare Getrenntheit nicht überwinden – persönlicher Gott

[241] (Als Beispiel: Wenn man etwas Freundliches denkt, dann ist die Frequenz eine harmonische Schwingung wie bei einem musikalischen Ton .– Wird sie dagegen gestört, kommt ein Geräusch, ein „Wellensalat" dabei heraus. Erinnere dich, als du einst nach deinem Ton fragtest – was wurde dir geantwortet? Du klingst wie geschabtes Eisen – so verändert sich eine gleichmäßige Schwingung in Geräusche. Anonymus – siehe auch „Das Märchen von der Königin", die sich je nach Stimmung verfärbte)

sind, die durch Rhythmus und Wechselbeziehungen ihre Funktionen erfüllen. Diese Zentren unterliegen wechselnden Einflüssen und erfüllen verschiedene Zwecke. Diese sinnvoll gebildeten und belebten Formen stellen dennoch ein einheitliches System, ein zentralisiertes Leben von eigener Qualität dar, das sich in Anpassung an den jeweiligen Evolutionsgrad betätigt und durch seine Strahlung und Lebenskraft jedes Atom und jede Zelle des Wesensganzen beeindruckt und prägt. Genauso wie nun Atome und Zellen des Menschen als Teile in der ganzheitlicheren Lebensform Mensch aufgehen, so werden auch die einzelnen Menschen als Teile im universalen *Kosmischen Christus* aufgehen, wenn sie einst ins Ziel ihrer Entwicklung gefunden haben werden.

Der Mensch ist ein seelisches Wesen, ein Geschöpf, das durch den Einfluss von Strahlen seine Form mit seelischen Qualitäten imprägniert, die ihn für seine Umwelt zu einer charakteristischen Erscheinung machen. Die Aufgabe des Menschen besteht nun darin, das „Tote" oder Schlummernde zum Leben zu erwecken, in der äußeren Welt als Liebe zum Ausdruck zu bringen und die empfangenen göttlichen Energien der harrenden Formenwelt zu übermitteln. So wie die Strahlen das ihrige tun, um den Menschen in eine Form zu bringen, die seine wesentliche und wirkliche ist, ebenso kann auch der Mensch sein „Hilfswerk für den Kosmos" stetig fortsetzen. Hildegard von Bingen spricht in diesem Zusammenhang von der „Verantwortung" des Menschen für die Schöpfung. So wenig auch die Menschheit heute davon weiß, das Schöpfungswerk geht voran, und der Plan wird erfüllt werden, denn der Mensch hat die Aufgabe, das Bindeglied zwischen Himmel und Erde, zwischen Geist und Materie zu sein.

Sobald die Menschheit einmal überzeugt ist, dass Gott und Unsterblichkeit existieren, und wenn sie über das Wesen der Seele und das Reich ihres Wirkens wirklich etwas wissen wird, dann wird sich ihre Einstellung zum täglichen Leben und seinem wechselvollen Geschehen so fundamental verändern, dass wir wirklich und wahrhaftig einen neuen Himmel und eine neue Erde zu gewärtigen haben. Das Neue Testament sagt, dass wir versuchen sollen, jene Denkart, die Christus besaß, auch in uns zu entwickeln, um das Gesetz Christi, das Liebe ist, immer mehr zu verwirklichen. Das wird im Wassermannzeitalter zur Reife kommen. Nach den Grundsätzen Christi sollen alle grundlegenden spirituellen Gesetze die Oberhand haben.

Das Geheimnis der großen Zeitepochen steht vor seiner Enthüllung. Die Schriften der Welt haben stets prophezeit, dass wir am Ende der Zeiten die Enthüllung des Geheimnisvollen erleben werden und dass alles, was uns bisher verborgen war, ans helle Tageslicht kommen wird. Wir wissen, dass unsere jetzige Epoche das Ende des Fischezeitalters bedeutet. Im Lauf der nächsten zweihundert Jahre werden wir die Idee des Todes abtun oder vielmehr: wir werden unsere bisherigen Auffassungen über den Tod gänzlich aufgeben, denn die Existenz der Seele wird als unumstößliche Tatsache erwiesen sein. Man wird erkennen und wissen, dass die Seele eine Wesenheit ist, die mit ihren treibenden Impulsen und ihrer geistigen Kraft hinter allen Erscheinungsformen wirkt. Wie Christus sagte, kam er nicht, um Frieden zu bringen, sondern das Schwert. Im esoterischen Sinne war Er der „kosmische Entzweier" – Warum? Weil Christus die „discretio" von Körper und Seele immer im Blick gehabt hat und weil das Ziel der Einheit nur über die Scheidung der Geister zu finden ist. Paulus spricht vom „Schwert der Unterscheidung, das durchdringt bis zur Scheidung von Seele und Geist."

SCHLUSSTEIL

Alice Bailey / Therese von Avila / Jean Gebser

Der Weg der „discretio" ist ein permanenter Anpassungsprozess im Sinne von Bewusstseinsstufen und ihren spirituellen und körperlichen Ausprägungen. Dazu bieten Therese von Avila, Jean Gebser und Alice Bailey einander ergänzende Darstellungen an, die hier in einer Synopse vorgestellt werden sollen. Geht es bei Gebser ganz allgemein um die Bewusstseinsentwicklung der Menschheit, so bei Bailey im Besonderen um Verbindungen von Bewusstseinsvorgängen im Ätherleib mit körperlichen Empfangsmechanismen. Therese unterscheidet in ihren Werken vor allem die beiden Bewusstseinsrichtungen von Denken (Horizontalgeschehen) und Glauben (Vertikalgeschehen).

Dieser Versuch einer Synopse folgt der siebenfachen Struktur dieser Entwicklungsmodelle, wobei man bedenken muss, das es dabei unterschiedliche Aktualisierungsphasen gibt, die sich in dieser Synopse überlagern und überschneiden können. So überlagern sich beispielsweise die gesamte Menschheitsentwicklung (Phylogenese) und der Reifungsprozess des einzelnen Menschen (Ontogenese). Dieser Reifungsprozess zeigt deutlich auch die Spannungen durch Überlagerungen unterschiedlicher Entwicklungsstadien in allen historischen Epochen und Kulturen hinsichtlich der historischen Divergenz der beiden Bewusstseinsausrichtungen Glauben und Denken.

1. Die unterste Stufe ist die unbewusste Umweltanpassung jenes primitiven Menschentypus, der noch weitgehend ohne Intelligenz ist. Primitive Wilde gehören zu dieser Kategorie und Menschen, die mit der sie umgebenden Natur eins sind und noch keine intelligible

Erziehung haben. Der Mensch dieses Stadiums steht dem Tier näher, da er primär vom Instinkt geleitet wird. (Archaische Bewusstseinsstufe; Gebser)

2. Die nächste unbewusste Anpassung an die Umgebung betrifft bereits den Menschen, der einen schwachen Schimmer gedanklichen Erfassens zu zeigen beginnt. Das erfolgt zum Teil instinktiv und beruht auf zunehmender Selbstsucht. Hierbei handelt es sich nicht um ein „Ich"-Bewusstsein, sondern um ein instinktives „Wir-Bewusstsein" (Gruppenbewusstsein). Man findet dieses „keimende Selbstgefühl" z.B. auch heute noch bei Naturvölkern, ferner in den Armenvierteln von Millionenstädten. Solche Menschen sind genügend instinktbegabt und helle, um sich durchs Leben zu schlagen, schnell zu reagieren und ihre manuellen Geschicklichkeiten zu nutzen. Dies ist das Stadium der „Tierschläue" und des Übergangs vom archaischen Bewusstsein zu ersten intelligenten Überlebensstrategien.[242]

3. Es folgt dann das Stadium des bewussten „Ich" und eines völlig egoistischen Anpassens des Einzelnen an seine Umgebung. In dieser Phase unterscheidet der Mensch zwischen Ich und Nichtich, erprobt seine „Macht" und wird sich mehr und mehr seiner Motive bewusst und versucht aus Selbsterhaltungstrieb das Beste aus einer Situation herauszuholen. Darum bemüht er sich, möglichst harmonisch mit seiner Umgebung auszukommen, aber sein Verlangen nach Genussbefriedigung und Bequemlichkeit beherrscht sein Leben, sodass trotz seiner Bemühungen sich anzupassen und mit jedermann auszukommen, die ersten Zusammenstöße mit der Umwelt nicht zu vermeiden sind. Dieses Stadium entspricht dem ersten Haus der Therese und der Kleinkindstufe bei Gebser.[243]

4. Von diesem Stadium an werden die Differenzierungen im Lebensverhalten so zahlreich, dass es schwer fällt, sie alle aufzulisten.

---

[242] Bailey: 3.Naturreich, Mensch/Tier
[243] Therese: 7 Häuser (siehe Anhang)

In den gemischten Gesellschaften findet man puren Egoismus neben einem zunehmenden Verständnis für die Gemeinschaft, ferner die dämmernde Erkenntnis, dass andere Menschen dasselbe Anrecht auf Freude und Harmonie haben wie man selbst, sowie das ständige Bestreben, den Charakter und die eigene Lebensführung so anzupassen, dass die rein selbstischen Interessen bei anderen Leuten keinen fühlbaren Schaden anrichten. Es ist der Übergang zum zweiten Haus (Therese). Diese Phase entspricht der Kindheit bis zur Pubertät und beinhaltet das magisch-mythologische Bewusstsein sowie die Ausprägung des Gefühlsbereiches, der Entwicklung der Astral-Ebene.

5. Damit kommen wir zum wirklich „guten Durchschnittsmenschen", der ernstlich bemüht ist, sich seiner Umgebung und seinen Gruppenbeziehungen und den damit verbundenen Verpflichtungen so weit anzupassen, dass man einen Anflug von „Liebe" feststellen könnte. Dabei handelt es sich weniger um die instinktgeleitete „Liebe" zu Familie, Kindern und Anverwandten, jener „Liebe", die der Mensch mit den Tieren gemein hat und die oft zerbricht, wenn die nächsten Mitmenschen auf ihrem Recht bestehen; denn diese Basis ist nicht stark genug, um wirkliche Belastungen auszuhalten, weil die Motive dieser „Liebe" viel zu selbstsüchtig sind, um Versuchungen zu widerstehen. Es ist vielmehr an die „Vorstufe jener Art von Liebe zu denken, welche die Rechte anderer anerkennt und bewusst danach strebt, sich diesen anerkannten Rechten anzupassen, dabei aber selbst zäh an den Rechten der eigenen Persönlichkeit festhält. Es ist der Übergang vom zweiten Haus zum dritten bei Therese, umfasst die Phase der Jugend nach der Pubertät, die Weiterentwicklung der Gefühlsebene und bewusstseinsmäßig das Ende der mythologischen Phase und erste Ansätze zur mentalen Ebene durch Reflexion und Vernunft.

6. Erst danach entwickelt sich ein echtes Vertikalbewusstsein, das mit ersten Ansätzen einer Gläubigkeit sowie einem moralischen Gewissen einhergeht. Bisher wurden mit dem Begriff Glauben keine rein religiösen, sondern fast ausschließlich konfessionelle Vorstellun-

gen verbunden. Mit dem rapiden Niedergang aller Konfessionen verliert jedoch automatisch auch der Glaube seine bisherige religiöse Bedeutung, verschwindet im Wort- oder Aberglauben, wird als Aussage kaum noch verstanden und von wissenschaftlicher Seite regelrecht desavouiert oder endgültig aus dem wissenschaftlichen Vokabular gestrichen. Da jedoch die Wissenschaft heute selbst an die Grenze ihrer Aussagefähigkeit angelangt ist und sie ähnlich wie der Glaube in überholten Denkmustern verharrt, kann man allerorts „Ausbruchsversuche" beobachten, die sich selbst auferlegten starren Grenzen zu überschreiten, was jedoch nur mit Mut und dem Risiko geht, sich vor der Welt lächerlich zu machen. Man ist zwar ab jetzt theoretisch von sozialen Gruppenbeziehungen und deren überragender Bedeutung überzeugt; Man weiß darum, dass jedes Individuum seine Talente zur vollen Blüte bringen muss, um der Allgemeinheit wirklichen Nutzen zu bringen und den Bedürfnissen der Gruppe in angemessener Weise Genüge zu tun. Aber es gibt noch nicht die Vorstellung, sein Ego für ein höheres Ziel „abzutöten" oder sich im Glauben für eine jenseitige Welt zu „opfern". Das wahre Motiv im Leben besteht eher darin, die „niedere Natur des Ich" in die „Persönlichkeit" integrierend „einzupassen" und die noch schlummernden Talente und Fähigkeiten zur optimalen und erfolgreichen Entfaltung im Leben zu bringen. Das Ergebnis nennt man dann ein „erfülltes Leben". Und das wäre der Stand im dritten Haus (Therese v. Avila), was gegenwärtig für fast alle Menschen auch der höchste Bewusstseinslevel im Leben ist (mentale Phase; volle Entwicklung des Mentalleibes).

7. In diesem Stadium passen sich die Menschen völlig den Erfordernissen und Absichten der Gesellschaft und herrschenden Ideologie an. Diejenigen, die in ihrer persönlichen Entwicklung diese Stufe erreicht haben, beginnen zuweilen gegen Ende ihres Lebens nach bitteren Erfahrungen die Flamme ihrer persönlichen Wünsche zu löschen und versuchen bereits erschöpft, ihr schwaches geistiges Interessen auf das „Reich" ihrer Seele und so auf den Rest des Religiösen zu konzentrieren. Ihr Augenmerk gilt dann nicht mehr allein der

eigenen Persönlichkeit, sondern in Anbetracht der Absehbarkeit ihres zeitlichen Lebensendes auch transzendenten Bereichen. Solchen Menschen dämmert bereits, dass es außer der Bewältigung äußerer Dinge noch einen tieferen inneren Plan gibt, den es zu entdecken gilt. Diesen wenigen obliegt es, die bereits erlöschende Flamme des Religiösen am Leuchten zu erhalten. Sie stehen am Übergang zum vierten Haus (Therese). Das ist der Beginn des Supramentalen Bewusstseins, und es besteht die Hoffnung, dass diese Gruppe dieser Menschen in Zukunft an Bedeutung zunimmt. Denn der Mensch wird seine Bewusstseinsbegrenzungen letztendlich nur über den „Glauben" überschreiten, was vorerst bedeutet: über die Einbeziehung von Hypothesen in Denkmodelle. Der Begriff **Supramental** fasst alle über das rein Mentale hinausgehenden Bewusstseinszustände zusammen, da sich von dem jetzigen mentalen Bewusstsein aus ein das Mentale übersteigendes Bewusstsein nicht weiter aufschlüsseln lässt.

Die drei weiteren Häusern V-VII der Therese repräsentieren den hohen Bewusstseinslevel von Eingeweihten, Erleuchteten und Heiligen. Denn diese haben sich ihres Ich und ihrer Persönlichkeit entledigt und haben die „Welt" in sich integriert. - Mit dem Eintritt ins Vierte Haus beginnt der Wiederaufstieg des Bewusstseins zurück ins Zentrum.

Exzerpt der sieben Häuser der Therese von Avila
(Die Seele ist das wahre Abbild Gottes)

I. Haus – Motto: Selbsterkenntnis, Gebet, Nächstenliebe
Im ersten Haus wissen die Menschen wenig von ihrer Seele. Alle ihre Bemühungen sind auf die rohe Einfassung, auf die „Mauern" unserer Burg gerichtet.

II. Haus – Motto: Höchste Tugend ist hier die Beharrlichkeit (Ausdauer).
Jetzt glauben die Menschen bereits an Gott, fallen aber oft noch den Ver-

suchen der Welt zum Opfer und frönen ihren Leidenschaften. Ausdauer ist notwendig, weil der Glaube von diesen Menschen noch sehr leblos ist.

III. Haus – Motto: Äußeres Gewissen, Moral, Kontrolle durch den Verstand. Auf der dritten Stufe belehrt man gern andere, weil man die eigene Tüchtigkeit zum Maßstab setzt und sie als eigenes Verdienst empfindet. Man will weiter voran, das jedoch ohne eigenes Risiko. Darum sucht man todsichere Methoden (Yoga, Meditation, Rosenkranzbeten etc.) Diese alle führen nicht zum Ziel, sondern einzig und allein: Betrachtung der eigenen Fehler und der absoluten Nichtigkeit aller eigenen Leistungen.

IV. Haus - Motto: Gebet der Vereinigung
Weniger denken, mehr lieben – dieses Haus stellt eine Art „Verlobung" dar, bei der sich Seele und Gott noch kennen lernen müssen, denn die Seele ist jetzt bei Gott, aber das Bewusstsein noch nicht.
Geduld, Herzensgebet und Meditationen sind angesagt. Die Seele geht in sich und die äußeren Dinge verlieren mehr und mehr an Bedeutung, weil man Gott jetzt im Inneren sucht. Das aber geht weder über den Verstand, noch über die Einbildungskraft. Es handelt sich dabei um ein sanftes Zurückweichen ohne bewusstes Wollen.

V. Haus - Motto: Gehorsam
Ab jetzt sind Zweifel nicht mehr möglich.

VI. Haus – Motto: Je größer die Gnade, um so größer sind die Leiden.
Ab jetzt sprechen Engel zu uns – man wird leicht zum Gespött, wobei Lob, wie Beschimpfung gleich verletzend empfunden werden.

VII. Haus ist die Entrückung aus der Welt.
Jetzt erst wird der Seele die Einheit Gottes enthüllt und mit einem Schlag erkennt man die Bosheit der Materie gegenüber Gott.

Der Mensch ist von Natur aus ein „eingeborener Gottessohn", was sich jedoch nur langsam im Lauf des evolutionären Zyklus bemerkbar macht. Diese „Gott-Ebenbildlichkeit" manifestiert sich auch in der Gegenwart noch immer sehr schwach und tritt nur vereinzelt in Heiligen zu Tage, obwohl sämtliche Charaktereigenschaften im Menschen Anzeichen göttlicher Qualitäten aufweisen. Sie sind aber von der Maßgabe und dem Vermögen eines Ego verdeckt und infolge der weltlichen Verhaftungen an die Angebote der Bilder fast bis zur Unkenntlichkeit verzerrt. Ziel ist es jedoch, diese bewusstseinsmäßigen Eintrübungen wieder transparent zu machen. Der Mensch stellt den dreifachen Aspekt der Urenergie dar, weil ein Mensch im Prinzip - wie die Gottheit - auch eine „Dreieinigkeit" ist. Dieser göttlichen Trinität von „Wille – Liebe – Geist" entspricht analog im Menschen die Dreiheit von „Körper – Seele – Bewusstsein". Alle Lebensbereiche des Menschen lassen sich auf die „Dreieinigkeit" von Empfindungsfähigkeit, Bewusstsein und Willensimpulsen zurückführen. Denn ein jeder Gedanke strebt nach sichtbarer und „begreifbarer" Umsetzung, und hat so den Willensimpuls zur Gestaltwerdung in sich.

Allein die Annahme übergeordneter Bewusstseinsprozesse ermöglicht dem Menschen, die bisherige Bewusstseinsentwicklung der Menschheit als sinnvoll zu verstehen. Darum wird der Zusammenhang zum kosmischen Bewusstsein über die Urenergie wieder gefunden werden. In der Gegenwart ist zu beobachten, dass auch die Wissenschaft beginnt, die „Transzendenz" wieder zu entdecken. Heisenberg brachte diese Metaphysik in Verbindung zur Transzendenz, die er „Potentia" nannte, und die für ihn als transzendenter Bereich auch im Bewusstsein existiert. *„Quantenwellen sind wie die Platonischen Archetypen, die im transzendenten Bereich des Bewusstseins existieren, wobei die Teilchen, die sich manifestieren, die immanenten Schatten auf der Höhlenwand sind. Das Bewusstsein ist die Schaltstelle, welche die Welle eines in Potentia existierenden Quantenobjektes zum Kollabieren bringt, um es in der Welt der Manifestationen zu einem immanenten Teilchen werden zu lassen."*[244]

---

[244] Goswami: „Unser Bewusstsein ist ein in höchstem Maße umfassendes Bewusstsein; zudem ist es ein Bewusstsein auf transzendenter Ebene, die wir aus der physikalischen Raumzeit heraus als die unberührte Ebene erkennen können."

Diese Erkenntnis wird die bisherige „wissenschaftliche Plattform"
erschüttern, auf der die Materialisten stehen und wird den Weg dafür
ebnen, dass einerseits die Annahme der Existenz einer Seele nicht
mehr nur eine unabdingbare Hypothese bleibt und dass andererseits
die Bewusstseinsebene der Menschheit innerhalb der vielen Dimensionen nur ein winziger Ausschnitt ist. Vor allem werden die Forschun-
gen über Licht und Strahlungen diese Tatsache erhärten und beweisen, wodurch es zu einer Neuorientierung des Denkens in zwei
Richtungen kommen wird: in die äußere erforschbare Welt und in die
innere „Welt der Synthese", jene „Unschärferelation" von Materie und
Geist. Was den Menschen in der Gegenwart Not tut, ist „mehr Licht",
um die Seele zu „sehen", um den wahren Sinn der Worte zu erfassen:
„In Deinem Licht werden wir Licht sehen."[245]

---

[245] Psalm 36,10: „Bei dir ist die Quelle des Lebens; in deinem Licht schauen wir das Licht."

ANHANG

S. 181 Frequenztabellen in den Schlafphasen
(Meckelburg/Elektroenzephalogramm)

Wellen	Frequenz (Hz)	Merkmale
Beta	14 – 30	Arbeitendes Gehirn, Aufmerksamkeit, waches Tagesbewusstsein
Alpha	8 – 12	Ruhendes Gehirn, Entspannung, Vorschlafphase, Meditation
Theta	5 – 7	Schlaf, Bewusstlosigkeit, Einschlafen
Delta	< 4	Leichtschlaf, erste Träume, Absinken Blutdruck Tiefschlaf
REM		Traumstadium, paradoxer Schlag 3-4 mal EEG entspricht dem Traumfilm

S. 50 und S. 88

Der sechszackige Stern – das Symbol des Schöpfungswerkes (als Ganzes gesehen) – dessen nach unten gerichtetes Dreieck durch ein nach oben gerichtetes Dreieck im Gleichgewicht gehalten wird, wird einstmals ein wahreres Bild des vierten Reiches und seiner Funktion als schaffende und erhaltende Kraftordnung geben.

LITERATUR AUF EINEN BLICK (A–Z):

Anonymos /Telepathie, Kommunikation der Zukunft / BOD 2005

Anonymos / Der Traum des Jakob / Frankfurter Verlagsgruppe / 2006

von Aquino, Thomas / Die menschliche Willensfreiheit / Düsseldorf 1954

Areopagita, Dionysius / Die Hierarchie der Engel / München 1957

Assagioli, Roberto / Psychosynthese und transpersonale Entwicklung /
Junfermann 1992

Augustinus / Gesamtwerk

von Avila, Therese / Der Weg zur Vollkommenheit

von Avila, Therese / Die Seelenburg

von Avila, Therese / Die innere Burg / Zürich 1979

Bailey, Alice / Gesamtwerk / Genf 1932

Becker, V.-J. / Gottes geheime Gedanken / BoD

von Bingen, Hildegard / Der Mensch in der Verantwortung /
Otto Müller Verlag Salzburg 1965

Bohm, David / Wholeness and implicate order / London 1980

Bonaventura von Bagnoregio / Soliloquium / Kösel Verlag Kempten 1958

Capra, Fritjof / Das Tao der Physik

de Chardin, Pierre Teilhard / Die Entstehung des Menschen / C.H. Beck 1981

von Clairvaux, Bernhard / Das Buch von den Stufen der Demut und des Stolzes /
St. Benno Verlag Leipzig 1990

Davies, Paul / Gott und die moderne Physik / Bertelsmann 1986

Dürr, Hans-Peter / Physik der Transzendenz / Scherz 1999

Ende, Michael / Momo / Thienemann 1973

Essene, Verginia u. Nidle, Sheldo / Der Photonenring / Falk 1996

Gabriel, E. / Ein integrales Weltbild / München 1991

Gebser, Jean / Ursprung und Gegenwart / Novalis Verlag 1979

Goswami, Amit / Das bewusste Universum / Lüchow 2007

Hartmann, Nicolai / Ästhetik / München 1951

Heim, Burkhard / Elementarstrukturen der Materie / Resch 2004

Heisenberg, Werner / Physics and Beyond / New York 1971

Jasmuheen / Lichtnahrung /KoHa-Verlag

Jung, C.G. / Gesamtwerk

Kant, Immanuel / Praktische Vernunft

Kirchhoff, Jochen u. Krause, Helmut F. / Der Baustoff der Welt / Dionysos 1990

Lersch, Philipp / Aufbau der Person / München 1953

Lorber, Jakob / Johannes – das große Evangelium / Bietigheim 1981

Meckelburg, Ernst / Transwelt / Weltbild 1993

Ouspensky, P. D. / Auf der Suche nach dem Wunderbaren / München 1978

Planck, Max / Where is science going? / New York 1932

Plutarchos von Chaironeia / Gesamtwerk

Popp, Fritz-Albert / Biophotonen / Haug 2006

Prigogine, Ilya u. Stengers, Isabelle / Dialog mit der Natur / Piper 1993

Rohr, Richard u. Ebert, Andreas / Das Enneagramm / München 1990

Rohr, Richard / Das Enneagramm / Claudius Verlag München 1999

Savanorola, Girolamo / Gesamtwerk

Sheldrake, Rupert u. Fox, Matthew / Engel – die kosmische Intelligenz / München 1998

Sheldrake, Rupert /Das schöpferische Universum – die Theorie des morphogenetischen Feldes / Meyster 1983

de Spinoza, Baruch / Gesamtwerk

Sri Yukteswar / Die Heilige Wissenschaft / O.W. Barth 1976

Sri Aurobindo / Die Synthese des Yoga / Hinder 1972

Stein, Edith / Gesamtwerk

Swedenborg, Emanuel / Himmel und Hölle / Zürich 1977

Tipler, Frank J. / Die Physik der Unsterblichkeit / Piper 1995

Trismegistos, Hermes / Gesamtwerk

Underhill, Evelyn / Mystik / Bietigheim 1928

Werfel, Franz / Stern der Ungeborenen / Fischer 1958

West, John Anthony / Die Schlange am Firmament / Zweitausendeins 2000

Wheeler, John Archibald / Geometrodynamics / 1962

Wilber, Ken / Halbzeit der Evolution / Fischer 1998